古典文獻研究輯刊

二一編

潘美月・杜潔祥 主編

第 3 冊

陳壽《益部耆舊傳》輯錄與研究

陳 陽 著

《新疆回部紀略》校注

〔清〕慕璋著　李江傑校注

國家圖書館出版品預行編目資料

陳壽《益部耆舊傳》輯錄與研究　陳陽　著／《新疆回部紀略》
校注〔清〕慕璋著　李江傑校注 -- 初版 -- 新北市：花木蘭文化
出版社，2015〔民 104〕
目 4+74 面／序 8+ 目 2+156 面；19×26 公分
（古典文獻研究輯刊 二一編；第 3 冊）
ISBN 978-986-404-341-5 ／ 978-986-404-356-9
1. 女性傳記 2. 中國／ 1. 方志 2. 新疆省
011.08　　　　　　　　　　　　　104014537 ／ 104014643

古典文獻研究輯刊
二一編　第三冊　　ISBN：978-986-404-341-5 ／ 978-986-404-356-9

陳壽《益部耆舊傳》輯錄與研究
《新疆回部紀略》校注

作　　者　陳　陽／李江傑
主　　編　潘美月　杜潔祥
總 編 輯　杜潔祥
副總編輯　楊嘉樂
編　　輯　許郁翎
企劃出版　北京大學文化資源研究中心
出　　版　花木蘭文化出版社
社　　長　高小娟
聯絡地址　235 新北市中和區中安街七二號十三樓
　　　　　電話：02-2923-1455 ／傳眞：02-2923-1452
網　　址　http://www.huamulan.tw 信箱 hml 810518@gmail.com
印　　刷　普羅文化出版廣告事業
初　　版　2015 年 9 月
全書字數　47055 字／ 110289 字
定　　價　二一編 16 冊（精裝）新台幣 30,000 元

陳壽《益部耆舊傳》輯錄與研究

陳　陽　著

作者簡介

陳陽，女，四川大學中文系基地班本科、四川大學中文系古典文學文獻專業研究生畢業，獲文學碩士學位，曾在四川省郵政局、最高人民檢察院影視中心以及清華大學就職，現居住於北京。

提　　要

　　《益部耆舊傳》是魏晉時期著名史學家陳壽的作品，這部成於晉初的地方人物志，記錄了由漢及魏益部地區的大量「士女」事蹟，承載了陳壽「以示來世之好事」的願望，也展現了他內心深處的理想世界，成為陳壽入仕晉朝的立身之作，在當時廣為流傳。可惜這部著作今已亡佚，目前可見的本子，主要是《說郛》「宛委山堂本」中的一段輯本以及1915年四川存古書局刊刻的《益部耆舊傳》輯本（以下簡稱「存古本」）。一直以來，人們對陳壽的研究，都聚焦在號稱「前四史」的三國志上，鮮有學者關注陳壽的其他作品，這在魏晉南北朝研究日益深入的今天，不能不說是一種遺憾。

　　本書即是基於這一背景寫成的，共分輯錄和研究兩部分。輯錄部分是在「存古本」的基礎上重新輯錄、標點、整理而成的，分為《益部耆舊傳輯錄》、《益部耆舊雜記輯錄》以及《存古本未輯錄部分》三個部分，共計比「存古本」多輯出23人、29事，並對存古本所輯錄的71人事蹟重新進行了整理合併，將分散在不同篇頁的同一人故事重新整合，將故事所見的多個出處分列於篇末，以供研究者參考。

　　在此基礎上，還對現有輯錄所得進行了研究，介紹和闡釋了《益部耆舊傳》的一些基本問題，分析了輯錄所得的主要內容及思想特色，並從互補和互證兩個角度，對《益部耆舊傳》與同時期主要史書《華陽國志》、《後漢書》之間的聯繫進行了梳理。此外，還介紹了目前可見的「宛委山堂本」《說郛》輯本和「存古本」的基本情況，並簡要介紹了本次輯佚工作的特色以及輯佚過程中發現的問題。

　　通過輯錄和研究《益部耆舊傳》，我們可以更好地理解魏晉時代的巴蜀地區以及當時的「士女英彥」，更準確地感知當時的風土人情，也能更好地去研究陳壽本身的政治思想和史學思想。此外，由於《益部耆舊傳》在當時影響深遠，相當一部分內容已經滲透到同時期的史書中，深入地研究《益部耆舊傳》，亦可推進同時期其他相關史書的研究，應當引起我們的重視。

目

次

緒　論

　　陳壽一生，以一部《三國志》名垂青史，人們幾乎忘記了他還有一部名為《益部耆舊傳》的作品。

　　從《華陽國志・陳壽傳》、《晉書・陳壽傳》以及《隋書・經籍志》裏，我們可以看到，陳壽載入史冊的作品共有八種，除了著名的《三國志》外，還有《益部耆舊傳》十篇、《古國志》五十篇、《諸葛亮故事集》二十四篇、《官司論》七篇、《魏名臣奏事》四十卷，以及《釋諱》和《廣國論》。其中，《益部耆舊傳》在當時名重一時：就是這十篇《益部耆舊傳》，在表呈朝廷後讓當時的晉武帝俯首稱善，拜陳壽爲著作郎，使陳壽得以從多年被「清議」的廢黜狀態中掙脫出來，重新入朝爲官，堪稱陳壽入仕晉朝的「立身之作」。作爲與陳壽年代相仿的後輩常璩，在他的《華陽國志》裏對這部作品更是贊不絕口，認爲該書「煥乎可觀」〔註1〕，可「較美《史》、《漢》」〔註2〕。同時期史書《華陽國志》、《後漢書》亦多處參考《益部耆舊傳》，以爲人物故事。裴松之所注《三國志》，更是多處徵引此書，以全人物之原貌。

　　可惜這樣一部名重一時的史書，今天已無法窺其全貌，書中少許零星破碎的佚文，散見於唐宋類書和各類書籍的徵引中。今天能看到的後世輯本，主要是陶宗儀《說郛》中的一段文字，以及1915年四川存古書局刊刻的《益部耆舊傳》。當代對此書的研究，更是所見不多。這就爲我們進一步研究《益部耆舊傳》留下了空間。

〔註 1〕【晉】常璩撰，劉琳校注：《華陽國志校注》（巴蜀書社，1984 年 7 月），頁 891。
〔註 2〕【晉】常璩撰，劉琳校注：《華陽國志校注》（巴蜀書社，1984 年 7 月），頁 700。（以下引《華陽國志》者，均出於該版本。）

今天的書稿，是在 1915 年存古書局刊刻本的基礎上重新輯錄、標點、校注而成，並在此基礎上作一粗淺研究，希望能引起學者們對《益部耆舊傳》的重視和更深入的探討。

第一章　陳壽的生平、創作與政治背景

　　陳壽，字承祚，巴西安漢人（今四川省南充市），蜀漢後主劉禪建興十一年癸丑（233 年）生於蜀中。

　　陳壽的青少年時代可謂天之驕子，那時政局相對安定，統治者重視教育問題，陳壽所出之家安漢陳氏又是顯名州里的望族，因而少年時的陳壽得以師從大儒譙周，「治《尚書》、《三傳》，銳精《史》《漢》，聰慧敏識，屬文富豔」〔註1〕，成爲譙周門下的著名弟子，甚至被時人比做孔子門下的子游。學成之後，陳壽順利地步入仕途。延熙十年（247），姜維由鎮西大將軍「遷衛將軍，與大將軍費禕共錄尚書事」〔註2〕，陳壽跟隨姜維，任衛將軍主簿，後來又任東觀秘書郎、散騎侍郎、黃門侍郎。根據《宋書·百官志》記載，那時的散騎侍郎與黃門侍郎爲權要之職，可「共平尚書奏事」，陳壽年紀輕輕，擔此重任，可謂少年得志。

　　然而蜀漢朝廷逐漸走向了衰亡，諸葛亮死後，宦官黃皓逐漸取得後主劉禪的信任，於景耀元年（258）「爲中常侍，奉車都尉，操弄威柄。」〔註3〕姜維因爲常率眾在外，稀親朝政，欲除黃皓而力所不逮，後被黃皓所迫，不敢復還成都。大將軍姜維尚且如此，在姜維門下任主簿出身的陳壽境遇可想而知。再加上陳壽天性秉直，在「大臣皆曲意附之」的大環境下「獨不爲之（黃皓）屈」〔註4〕，自然難逃「屢被譴黜」〔註5〕的命運。

〔註1〕《華陽國志·陳壽傳》。
〔註2〕《三國志·蜀書·姜維傳》盧弼《三國志集解》（中華書局，1982 年 12 月）（以下《三國志》引文均自該書。）
〔註3〕《三國志·蜀書·董允附陳祗傳》
〔註4〕【唐】房玄齡等撰《晉書·陳壽傳》（中華書局，1974 年 11 月），頁 2137。（以下《晉書》引文均自該書。）
〔註5〕同上。

　　黃皓的弄權最終導致了蜀漢的滅亡。西晉王朝入主天下後，仍將中正之品評作爲朝廷選官用人的重要依據，選拔人物尤重「孝道」。惜哉陳壽，恰恰是在曹魏末年因父喪染病，讓使女調治丸藥，被時人所譏，交付鄉里清議，戴上了不孝的罪名。多年不能仕進。

　　幸而泰始四年（268年），與陳壽同學的羅憲入西晉爲官，宴飲之間向晉武帝舉薦了陳壽、常忌、壽良等一干蜀漢子弟〔註6〕，「既皆敘用」。陳壽藉此很快被舉爲孝廉，任佐著作郎，兼本地中正〔註7〕。陳壽的又一個同學文立，時爲散騎常侍，將陳壽所作《益部耆舊傳》表呈朝廷，得到晉武帝的贊賞。於是陳壽再任著作郎〔註8〕。在此任上，陳壽開始受命整理諸葛亮著作，不久調任平陽侯相〔註9〕。泰始十年（274年）二月，陳壽編成《諸葛亮集》

〔註6〕此處按《三國志·蜀志·霍峻傳》裴松之注：「（泰始）四年三月從帝宴於華林園，詔問蜀大臣子弟，後問先輩宜時敘用者。憲薦蜀郡常忌、杜軫、壽良、巴西陳壽、南郡高軌、高陽呂雅、許國、江夏費恭、琅邪諸葛京、汝南陳裕，既皆敘用，咸顯於世。」（《三國志集解》頁823 盧弼著，北京：中華書局1982年）

〔註7〕此處按《華陽國志·陳壽傳》「大同後，察孝廉，爲本郡中正」。又王隱《晉書》卷七《陳壽傳》有「陳壽舉孝廉，爲著作郎」句，則陳壽「察孝廉」與「爲本郡中正」及「爲著作郎」當爲同時。再按楊耀坤先生《陳壽評傳》（《陳壽裴松之評傳》楊耀坤、伍野春著，南京：南京大學出版社，1998年）45頁注1：按魏晉慣例，中正之職得由朝官兼任，則陳壽在任中正之時也已任佐著作郎。

關於此次爲官的時間問題，《三國志·蜀志·譙周傳》陳壽自述「（泰始）五年，余嘗爲本郡中正，清定事迄，求休還家，往與周別。」則陳壽此次爲官當在泰始四年或五年，正好與泰始四年三月羅憲宴飲薦壽相合。

〔註8〕按《華陽國志·陳壽傳》載「壽……乃並巴、漢撰爲《益部耆舊傳》十篇。散騎常侍文立表呈其傳，武帝善之，再爲著作郎。」

〔註9〕此處《晉書》、《華陽國志》說法不一。《晉書·陳壽傳》認爲陳壽在任著作郎後「出補陽平令」。《華陽國志·陳壽傳》認爲陳壽是在平吳後作平陽侯相。二者皆誤。錢大昕《廿二史考異》指出，陳壽在《諸葛氏集目錄》（《三國志集解》頁770，近人盧弼著，北京：中華書局1982年）中自稱「平陽侯相臣陳壽上」，《晉書》「陽平令」之說恐誤。關於任「平陽侯相」的時間問題，按楊耀坤先生《陳壽評傳》（《陳壽裴松之評傳》楊耀坤、伍野春著，南京：南京大學出版社，1998年）46頁注3，劉琳《華陽國志校注》成都：巴蜀書社，1984，851頁注6：陳壽《上諸葛亮表》中明言，上表時間是「泰始十年（274）二月一日」，而平吳是在太康元年（280）。因而任「平陽侯相」當在平吳前，《華陽國志》此說恐誤。又按《諸葛氏集目錄》稱「臣前在著作郎，侍中領中書監濟北侯臣荀勗、中書令關內侯臣和嶠，奏使臣定故蜀丞相諸葛亮故事。」是則壽在著作郎任上受命編《諸葛亮集》，而在編成之前即已任平陽侯相了。

二十四卷。再被調任大著作郎，位居諸著作郎之首，專掌史任，仍兼本郡中正〔註10〕。

　　鎮南將軍杜預在出任鎮南大將軍前，曾薦陳壽擔任黃門侍郎或散騎侍郎，可惜晉武帝已「適用蜀人壽良具員」〔註11〕，於是手詔陳壽爲治書侍御史。在此任上，陳壽寫下了《官司論》七篇，議所因革，又上《諱釋》及《廣國論》。

　　太康元年，武帝滅吳，一統天下，此時陳壽48歲。他開始著手整理三國史事，著《魏》、《蜀》、《吳》三書，合爲膾炙人口的《三國志》，其「善敘事，有良史之才」的才華開始被人們所公認。據《晉書・陳壽傳》記載，夏侯湛當時也在寫魏書，見陳壽的作品，便「壞己書而罷」。陳壽又著《古國志》五十篇，時人稱其「品藻典雅」〔註12〕。一系列才華逼人的作品讓陳壽登上了事業的頂峰，也引起了權臣的側目。當時的司空張華大重其才，欲以晉書相託，並要推舉陳壽爲中書郎。惜乎天妒英才，自古皆然。權臣荀勗向來嫉妒張華，陳壽爲張華所重，自然爲荀勗所疾，且荀勗本來就對陳壽《魏書》中的有些見解不滿，於是力排陳壽，授意吏部遷陳壽爲長廣太守。長廣郡偏僻邊遠，在青州，治所不其縣（今山東即墨市西南）。陳壽便以母老爲由辭官不就。後來老母去世，陳壽遵照遺命將母親葬在洛陽，未與其父合葬，又遭貶議，清議了數年的光陰。

　　陳壽爲官，幾起幾落。蓋其不但屢忤權臣，亦開罪於同鄉。《華陽國志・後賢志・陳壽傳》云「時梓潼李驤叔龍亦雋逸器，……初與壽齊望，又相昵友，後與壽情好攜隙，還相誣攻，有識以是短之。」《華陽國志・後賢志・李

〔註10〕　此處依《華陽國志・陳壽傳》：「華又表令次定諸葛亮故事集爲二十四篇……復入爲著作郎」及《晉書・陳壽傳》載「華又表令次定諸葛亮故事集爲二十四篇，時壽良亦集，故頗不同。復入爲著作郎」。王隱《晉書》卷七《陳壽傳》「陳壽舉孝廉，爲著作郎」之後，有「陳壽爲著作佐郎，遷大著作」句。《晉書》卷二十四《職官志》曰：「著作郎一人謂之大著作郎，專掌史任，又置佐著作郎八人，著作郎始到職必撰名臣傳一人。」故大著作郎當爲諸著作郎之首。陳壽至此，三爲著作郎，故「大著作」之語，當指此處。但陳壽擔任「平陽侯相」後，是否兼任「佐著作郎」，因無可考，存疑。

〔註11〕　《晉書》、《華志》均有類似記載。又（清）湯球所輯《九家舊晉書輯本》頁274（鄭州，中州古籍出版社1991年）王隱《晉書》卷七《陳壽傳》「杜預將之鎮，入辭，啓曰：『蜀有陳壽，才史通博，宜補黃散之職』。帝曰：『卿何說晚，壽可作治書侍御史不？』預對『惟上詔』，即手詔用壽爲治書侍御史。」

〔註12〕　《華陽國志・陳壽傳》

宓傳》也有「良壽、李驤與陳承祚相長短」的記載。這種同鄉才俊的相互詆毀，也增加了陳壽仕途的坎坷。是以常璩歎曰「位望不充其才，當時冤之。」〔註13〕

後來，朝廷再度啓用陳壽，任壽爲太子中庶子，彼時陳壽已年過花甲，尚未到任，即於元康七年丁巳（297年）病逝〔註14〕，終年六十五歲。

當年陳壽在譙周門下讀書時，譙周即認爲陳壽「必以才學成名，當被損折，宜深愼之。〔註15〕」可謂一語成讖。陳壽一生，皆如所言。

〔註13〕同上。

〔註14〕此處《晉書》、《華陽國志》所記不同。《晉書‧陳壽傳》曰「數歲，起爲太子中庶子，未拜。元康七年病卒。」《華陽國志‧陳壽傳》曰：「數歲，除太子中庶子。太子轉徙後，再兼散騎常侍。惠帝謂司空張華曰：「壽才宜眞，不足久兼也。」華表欲登九卿，會受誅，忠賢排擯，壽遂卒洛下。」二者出入頗大。按繆鉞先生《陳壽評傳》（《繆鉞全集》第四卷 石家莊 河北教育出版社，2004年）257頁注1，楊耀坤先生《陳壽評傳》（版本同4）50頁注1：《晉書‧惠帝記》載，張華受誅在永康元年（300年），即死於《晉書‧陳壽傳》所記陳壽病逝之後第三年。然按《華志》所載，陳壽是在張華受誅之後去世，則卒年應在300年之後。繆鉞、楊耀坤二位先生均認爲此處無可參證，存疑，暫從《晉書》。又王隱《晉書》卷七《陳壽傳》（版本同4）載陳壽「仕至中庶子」，與房玄齡《晉書》所載相近。因而此處仍依《晉書》。

〔註15〕《晉書‧陳壽傳》

第二章　關於《益部耆舊傳》的一些基本問題

　　《益部耆舊傳》是陳壽在蜀亡前後著手創作的一部地方人物志，亦是陳壽擺脫廢黜多年的「清議」狀態，入仕晉朝的立身之作。

　　那麼《益部耆舊傳》究竟寫了些什麼呢？要說清這個問題，首先要解決何為「益部」，何為「耆舊」的問題。

　　根據《漢書‧地理志》記載，「益州」原為古「梁州」之境，到漢武帝時，「攘郤胡、越，開地斥境，南置交阯，北置朔方之州，兼徐、梁、幽、并夏、周之制。改『雍』曰『涼』，改『梁』曰『益』」，分京師長安近畿七郡以外的地區為十三刺史部（冀、兗、青、徐、揚、荊、豫、幽、并、涼、益、朔方、交阯），又稱十三州。這時的「益州」包括漢中、廣漢、蜀郡、犍為、越巂、益州、巴郡及牂柯八郡，《益部耆舊傳》所涉及到的地理範圍也就是在這八郡之中。而「耆舊」則是指老人，也就是往昔的人。常璩的《華陽國志》曾用「士女英彥」四個字概括這些入傳的「耆舊」，認為對於他們的記載可以起到「以示來世之好事」的作用〔註1〕。據《華陽國志‧序志》「陳君承祚別為《耆舊》，始漢及魏，煥乎可觀」一句來看，這些「士女英彥」生存的年代，當是由漢及魏，時間跨度是相當大的。總體來說，《益部耆舊傳》是一部地方史志，記載了由漢及魏時期益州地區的大量先賢士女事蹟，他們或智慧，或堅毅，或廉正，或忠貞，均為當地傳頌的楷模。實際上，在陳壽之前，他們的事蹟就曾被著書立傳。《華陽國志‧陳壽傳》云：「益部自建武後，蜀郡鄭伯邑、

〔註1〕《華陽國志‧先賢士女總贊》

—7—

太尉趙彥信及漢中陳申伯、祝元靈、廣漢王文表皆以博學洽聞，作《巴蜀耆舊傳》。壽以爲不足經遠，乃並巴、漢撰爲《益部耆舊傳》十篇。」這就是我們今天要探討的《益部耆舊傳》。

　　關於《益部耆舊傳》的創作動機，王仲鏞先生在他的《陳壽〈益部耆舊傳〉探微》〔註2〕中認爲，陳壽《益部耆舊傳》的誕生與當時流行的「清議」之風息息相關。陳壽一生，兩度被「清議」所苦，不能仕進，但他畢竟出身士族，後來又位居中正，承擔著品第本郡人才的職責。他雖然厭惡「清議」的流弊，卻不可能完全否定「清議」本身的作用。所以想通過《益部耆舊傳》的撰作，和《三國志》一樣，達到「辭多勸誡，明乎得失，有益風化」〔註3〕的作用。

　　《益部耆舊傳》的消亡大概是在唐末五代時期，是書源於「清議」之風，也必然隨著「清議」之風的消亡而逐漸退出人們的視線。王仲庸先生認爲「在唐末五代時期，《益部耆舊傳》原書已經很難見到」。這一推斷，正與隋文帝時廢止九品中正制的社會現實相合，而王先生提出，北宋歐陽修曾參與《崇文總目》的編纂，其時已不載《益部耆舊傳》。亦是該書消亡於唐末五代的有力佐證。

〔註2〕王仲鏞先生《陳壽〈益部耆舊傳〉探微》，載于《四川師大學報》，1994年第3期，亦曾在南充某次學術會上宣讀。以下王先生觀點皆引自本文。
〔註3〕《晉書・陳壽傳》。

第三章 《益部耆舊傳》的主要內容及思想特色

　　由於當年廣爲徵引，《益部耆舊傳》在其他一些古老的書籍中留下了支離破碎的蹤跡，讓今天的我們得以在各種類書、史書以及古書舊著中將其斷簡殘篇輯錄出來，並可據此做一些粗略的探討。

　　劉大白先生在《魏晉思想論》中認爲：「魏晉的學術思想，是漢代經學的反動，是紊亂時代的反映，是老莊哲學的復活，他們研究學問的態度，是懷疑的、解放的，他們的人生是浪漫的、放任的。」〔註1〕但是，作爲史學家的陳壽，似乎並未感染這種浪漫主義的時代氣息。陳壽的品評人物，依然體現出一種儒家的穩健風格。

3.1 採掇人物仍本儒家思想

　　從本次輯錄的 91 位「士女英彥」來看，陳壽選拔的人物大都擁有儒家思想倡導的美德，如忠、孝、悌、智、仁、勇等等。「忠」「孝」「悌」者，可謂倫理關係中的英豪；而「智」「仁」「勇」者，可謂風采出眾的人傑。

　　先來說倫理關係中的英豪。

　　《益部耆舊傳》中，「孝悌」者有不貪戀財物，讓園於叔子的李孟元：

> 「李孟元修《易》、《論語》，大義略舉，質性恭順，與叔子就同居。就有痼疾，孟元推所有田園悉以讓就，夫婦紡績以自供給」（《初學記》卷十七等注引《益部耆舊傳》）；

〔註 1〕劉大白《魏晉思想論》（上海古籍出版社，1998 年 12 月），頁 40。

有變賣唯一財產，安葬母親的劉寵：

> 「劉寵喪母。時亂，墳墓發傷，寵乃矯母命，爲家貧無財，唯有手上金環，賣造墓供送，免發掘」（《書鈔》卷一百三十六等注引《益部耆舊傳》）。

雖然只有隻言片語，但陳壽對這些孝悌之士的贊賞和尊重是溢於文字之間的。如果說「李孟讓園」的故事還是更多地傾向於「義」的話，那葬母的劉寵則充滿了濃濃的人情味。這樣的「孝」不是老萊子那樣硬做出來的「孝」，而是合乎自然，順乎人情的。劉寵不顧母命，固執地變賣手上金環，於亂世葬母，一個「矯」字透著多少辛酸。

更值得重視的是投江尋父，孝感天地的「叔先雄」故事：

> 「孝女叔先雄者，犍爲人也。父泥和。永建初爲縣功曹，縣長遣泥和拜檄，謁郡太守，乘船墜湍水，物故屍喪，不歸。雄號泣晝夜，心不圖存。所生男女二人，並數歲，雄乃各爲作囊，盛珠環以繫兒臂，數爲決別之辭。家人每關防之，經百許日後稍懈，雄因乘小船於父墮處慟哭，遂自投水死。弟賢其夕夢，雄告之：「卻後六日當共父同出。」至期伺之，果與父相持於江上，郡縣表上，爲雄立碑，圖像其形焉」（《御覽》卷三百九十六又卷四百一十五注引《益部耆舊傳》）

這段故事亦見於《華陽國志》和《後漢書·列女傳》，值得注意的是，女子入傳的情況，在《列女傳》之前是屈指可數的。在這方面《益部耆舊傳》可謂開其先河。足見陳壽之品評人物，於公允之上更有獨特的己見。此後的《華陽國志》和《後漢書》也將女子事蹟載入史冊，並成爲日後史書效法的體例了。

儒家對孝子忠臣，一向並提不悖。《益部耆舊傳》中的杜眞、楊仁、任永君及馮季成可歸爲「忠臣」的典型。

如捨身救主的杜眞：

> 「杜眞字孟宗，廣漢綿竹人也。少有孝行，習《易》、《春秋》，誦百萬言。兄事同郡翟酺，酺後被繫獄，眞上檄章救酺。繫獄，笞六百，竟免酺難。京師莫不壯之。」（《後漢書》卷四十八《翟酺傳注》等引《益部耆舊傳》）

杜眞雖「兄事同郡翟酺」，實際上爲翟酺的弟子，也就是現代意義上的追隨者。

親族之間的「孝悌」放大到社會眾生之中，即是通俗意義上的「忠」。杜真的「少有孝行」放大到捨身救酺的程度，就是儒家所竭力提倡的「忠」了。子曰：「言忠信，行篤敬，雖蠻貊之邦行矣〔註2〕」，陳壽在記錄杜真故事時體現出的敬佩和贊賞，與儒家經典的要求是別無二致的。

子曰：「志士仁人無求生以害仁，有殺身以成仁〔註3〕」。對「忠誠」的要求提高到超越一般生命體求生本能的程度。類似超越本能的「忠誠」也同樣見於《益部耆舊傳》。如任永君及馮季成故事：

> 公孫述僭號，徵犍為任永君，許以大位，永君故託以清盲，妻於面前淫，若不見，子入井，忍情不問。述伏誅，永君澡浴，引鏡照形曰：「世適平，目即清。」妻乃自殺。馮信季成，亦不受公孫述聘，託清盲十三年，侍婢於面前淫而不問。述誅，取紙作書，婢因自殺。（《御覽》卷七百四十三注引《益部耆舊傳》）

二者因忠於原朝君主，均託清盲多年，忍受著妻妾淫於面前的痛苦，任永君甚至做到「子入井，忍情不問」，這樣超越了世態人情的忠誠，可謂是儒家推崇的極至了。

除了維護倫理道德的佼佼者外，《益部耆舊傳》還記錄了那些具有「智」「仁」「勇」等美德的蜀中人士。這裏又有兩類：一類是官，一類是民。

官是以禮治邦的好官。儒家理想的為政之道，是在乎人心的。子曰：「道之以政，齊之以刑，民免而無恥；道之以德，齊之以禮，有恥且格。」〔註4〕《益部耆舊傳》裏記載的官，少有王侯將相，大多是貼近百姓的父母官。這些官，有的智謀過人，如嚴遵，從「道旁女子哭聲不哀」中發現疑團，從「有蠅聚頭所」的細節中發現線索，找到「鐵錐貫頂」這樣的證據，得出女子「以淫殺夫」的結論。整個故事如一篇傳奇，可稱後世包公故事和狄仁傑故事的鼻祖。

有的為官簡樸，如趙典、張翕。趙典「為太常，雖身處上卿而布被瓦器；」張翕「遷越巂太守，初乘兩馬之官」，後來兩匹馬都死了，張翕居然「步歸京師」。這樣以身作則的官員，即使在今天，仍然是可以載入史冊的典範。

〔註2〕《論語・衛靈公》。
〔註3〕《論語・衛靈公》。
〔註4〕《論語・為政》。

但更多的，是在自己的管理區域形成了「治世」的好官。《益部耆舊傳》中的閭憲、羅衡、張霸、趙祈就是這一類型的代表。萬年地區在羅衡的統治下「縣界肅然」，百姓「夜不閉門，繫牛馬於道傍，曰：『以屬羅公』」。閭憲治下的男子杜成「夜行於路，得遺裝一囊」，次日清晨便交了公，因為「縣有明府君，犯此則慚。」趙祈為司隸校尉，可以做到「枹鼓不鳴，民無侵冤」。這樣的清平政治，亦是陳壽理想中的世界。陳壽《上諸葛氏集表》中曾描繪諸葛亮統治下的社會狀況：「科教嚴明，賞罰必信，無惡不懲，無善不顯，至於吏不容奸，人懷自屬，道不拾遺，強不侵弱，風化肅然也。」〔註5〕閭憲、羅衡、趙祈故事裏的情況，與這種描繪何其相似！但如前所述，陳壽撰寫此書時，當是泰始三年（267）之後，蜀國早已不復存在，經過黃皓弄權和多年戰亂，清平政治只能是一種理想中的境界了。陳壽想通過《益部耆舊傳》達到和《三國志》一樣「辭多勸誡，明乎得失，有益風化」〔註6〕的意圖，在這些故事中可見一斑。

《益部耆舊傳》中的「民」亦是良民，他們或意志堅定，或博學多才，或風采出眾。堪稱人傑。意志果決者如朱倉：「從處士張寧受春秋。糴小豆十斛，屑之為糧，閉戶精誦。寧矜之，斂得米二十斛，倉不受一粒」。博學多才者如景鸞：「少隨師學，經七州之地，能理《齊詩》、《施氏易》，兼受《河》、《洛》圖緯，作《易說》及《詩解》，文句兼取《河》、《洛》，以類相從，名為《交集》。又撰《禮內外記》，號曰《禮畧》」；風采出眾者如劉子政、邢顯：劉子政「談論津津，甘如粘蜜」，邢顯為州從事，人稱之曰：「行黨黨、達道術、邢子昇。」

另外一種值得注意的「民」是身懷絕技的「奇巧之人」。如《初學記》卷22引《益部耆舊傳》涪翁故事。「廣漢有老翁釣於涪水，自號涪翁」。《後漢書‧方術列傳》中的《郭玉傳》中記載：「郭玉者，廣漢雒人也。初，有老父不知何出，常漁釣於涪水，因號涪翁。乞食人間，見有疾者，時下針石，輒應時而效，乃著《針經》、《診脈法》傳於世。弟子程高尋求積年，翁乃授之。高亦隱跡不仕，玉少師事高，學方診六徵之技，陰陽隱側之術。」從「有老父不知何出，常漁釣於涪水，因號涪翁」一句可知，《後漢書》中的記載，蓋出於《益部耆舊傳》。兩相對比，可知《益部耆舊傳》中的涪翁即是《後

〔註5〕《三國志‧蜀書‧諸葛亮傳》。
〔註6〕《晉書‧陳壽傳》。

漢書》中郭玉的師祖，醫典《針經》、《診脈法》的作者，是個隱居民間的神醫。

　　另一位奇人是落下閎，是渾天說的創始人之一，經他改進的赤道式渾天儀，沿用 2000 年之久。在天文學史上首度準確推算出日、月食週期，並可據此校正陰曆。近代天文學史家朱文鑫曾評價他說：「自漢落下閎作渾天儀，始立儀象之權輿」。時至今日，落下閎依然在世界天文史上占有一席之地。甚而至於 2004 年 9 月 16 日，國際天文學聯合會將一顆國際永久編號爲 16757 的小行星定名爲「落下閎小行星」。

　　對於這位傑出的天文學家，早在《史記·曆書》中即有提及：「……巴落下閎運算轉曆，然後日辰之度與夏正同……」，《漢書·律曆志》也曾記載「民間治曆者凡二十餘人，方士唐都、巴郡落下閎與焉。」惜乎都對落下閎本人言之不詳，而《史記索隱》卷八明確注出：

　　　　姚氏按：《益部耆舊傳》云：閎字長公，明曉天文，隱於落下。

　武帝徵待詔太史，於地中轉渾天，改《顓頊曆》作《太初曆》，拜侍

　中不受。

再根據《北堂書鈔》、《文選·李善註》、《說郛》、《天中記》、《藝文類聚》等典籍採自《益部耆舊傳》的引文的相互補充，我們可以看到這位天文學家較爲清晰的輪廓：

　　　　落下閎字長公，巴郡閬中人也，明曉天文地理，隱於落下。武

　帝時，友人同縣譙隆薦閎，武帝徵待詔太史，於地中轉渾天以定時

　節，改《顓頊曆》，更作《太初曆》，拜侍中，辭不受，而曰：「後八

　百歲，其曆差一日，當有聖人定之」。

可見對落下閎較爲詳細的記載，最早是見於《益部耆舊傳》的。

　　對兩位奇人的記載，亦使《益部耆舊傳》有別於同代史書：《益部耆舊傳》之前，未曾有見將民間「明方術」者與「察人倫」、「明教化」之賢良相提並論者，而陳壽，不僅在《益部耆舊傳》中爲他們留下一席之地，還在《三國志·魏書》中特闢《方伎傳》，足見其在歷史脈絡把握上的功力。陳壽以後，《後漢書》、《晉書》、《唐書》均立「藝術」或「方伎」傳。其影響可見一斑。

3.2 對圖緯、讖語和志怪文化的重視

在這次輯錄出的《益部耆舊傳》中，共有九段故事與志怪和讖語有關，分別是張寬、楊球、符昭壽、楊由、楊宣、何汝、段翳、任文公以及哀牢夷故事，約占人物總數的 10%。

魯迅先生曾經在《中國小說史略·六朝之鬼神志怪書》中談道：「中國本信巫，秦漢以來，神仙之說盛行，漢末又大暢巫風，而鬼道愈熾；會小乘佛教亦入中土，漸見流傳。凡此，皆張惶鬼神，稱道靈異，故自晉訖隋，特多鬼神志怪之書。其書有出於文人者，有出於教徒者。文人之作，雖非如釋道二家，意在自神其教，然亦非有意為小說，蓋當時以為幽明雖殊途，而人鬼乃皆實有，故其敘述異事，與記載人間常事，自視固無誠妄之別矣。」〔註7〕

這段話精闢地勾勒出中國大地由秦至隋時志怪文化大行其道的時代背景，尤其提出「自晉訖隋，特多鬼神志怪之書」，甚至連身為統治者的魏文帝，都著有《列異傳》三卷，收在《隋志》之中，「以序鬼物奇怪之事〔註8〕」者也。在這樣的時代背景下，精「緯」之人，自然在陳壽的視線之中。再者，陳壽的老師譙周，在「研精六經，尤善書札」的同時亦「頗曉天文」〔註9〕，譙周的父親譙榮始也是「治《尚書》，兼通諸經及圖緯」〔註10〕，因而陳壽收錄諸多精於「河洛圖緯」或「天道感應」以及「一語成讖」的異人異事，亦在情理之中。

陳壽之志怪，重於記奇人及異兆，奇人是善「風雲占候」或「天文風角」，曉「《河》、《洛》圖緯」的高人，能通過細節上的徵兆進行推算預測，小到「傾之」之後事，大到生老病死，天災人禍，其言多驗。如楊由、任文公、段翳、何汝故事均為此類。前三者亦見於《後漢書·方術列傳》，所記事蹟均包括《益部耆舊傳》輯本所錄故事，亦較之詳盡完整。《華陽國志》亦載段翳、楊由事，與《益部耆舊傳》、《後漢書》所載惟有字句之別，任文公事則僅見于《華陽國志·益梁寧三州先漢以來士女目錄》，其事亡佚，據《御覽》卷四三二所引，亦與《益部耆舊傳》任文公故事有所交疊，蓋《華陽國志》、《後漢書》對此三人記載均出於《益部耆舊傳》矣。

〔註7〕 魯迅著《中國小說史略》，北京：東方出版社 2003 年 8 月版。
〔註8〕 〔唐〕魏徵等撰《隋書·經籍志》，中華書局 1973 年。
〔註9〕 《三國志·蜀書·譙周傳》。
〔註10〕 《三國志·蜀書·譙周傳》。

而「異兆」，作爲「天」對統治者一種或褒或貶的暗示，也出現在《益部耆舊傳》中。這其中大概有董仲舒「君權神授」的影子。如記載張寬之博學，用了這樣的故事：

> 漢武祀甘泉，至涇橋，有女子浴於涇水，乳長七尺。上怪其異，遣問之。女曰：「帝後第七車者知我所來。」時侍中張寬在第七車，對曰：「天星主祭祀者，齋戒不潔則女人星見。」（《太平御覽》、《藝文類聚》、《北堂書鈔》、《初學記》等注引《益部耆舊傳》）。

而贊賞爲官正直者，則用「廣漢景毅，益州太守，鳩果於所，事雛卵育」以及「楊球字仲宣，爲茂陵令……爲民所愛。比縣連歲蝗災，曲折不入茂陵」這樣的句子。最集中的例子當屬趙瑤事：

> 趙瑤爲緱氏令。到任，虎負其子出界。（《書鈔》卷七十八注引《益部耆舊傳》）

> 趙瑤爲緱氏令，齋戒請雨於虛皇，乃自責，稽首流血，應時天雨大澍。——（《書鈔》卷七十八注引《益部耆舊傳》）

又一種故事反映了當時的讖語文化。如「符太保骨」

> 王均咸平三年害兵馬鈐轄符昭壽，棄其屍於東門外，不見其元。觀者咸云：「此是符太保骨頭」。蓋昭壽好自親庖事，又僻嗜羹，每嫌羹薄。庖者嘗多取羊骨煉之，云：「勿妄觴此，此是符太保骨頭。」至是乃成其讖焉。——（《新編分門古今類事》卷十四注引《益部耆舊傳》）

如此的民間聲音，陳壽亦記載得有滋有味，可謂深得太史公之風了。

3.3 《益部耆舊傳》中的女子形象

陳壽的《益部耆舊傳》，還記錄了大量貞懿達禮的女子，這些女子都以立志守節，忠貞不渝或知書識禮受到鄉黨的贊歎和敬重。

忠貞不渝者在女子故事中占了相當大的比重，有十位之多，其忠貞守節的故事也足以讓後來人驚歎。

如王上妻袁福：

> 廣漢德陽王上妻者，同縣袁氏女也，名福，年二十適上。舅姑既沒，復遭上喪，悲傷感切，不妄言笑。有二子，養育遺孤，執心

純篤。及叔父憫其窮困，私以許張奉，掩迫合婚，其旦計欲殺奉，恐禍及母叔孤兒，永棄死讎，必生慷慨，流涕自殺而死。（《御覽》卷四百四十一注引《益部耆舊傳》）

又如周繕紀妻曹敬姬：

> 犍為南安周繕紀妻者，同縣曹氏女也，名禁，字敬姬。年十七適周氏，二年而夫亡隕。時禁懷妊數月，後產子元餘。喪事闋，遂移居，依託父母，欲必守義，育養孤弱。父憫其年少子稚，默以許同縣狐實。遣車馬衣服來欲迎禁，父乃告。禁勃然作色，悽愴言曰：「近依父母，本不圖此。」因流涕慷慨，乃自投舍後流水，於是舉家就赴救出，而氣息已絕。積二日一夜，乃復蘇息。二親由是知其至誠，謝實解婚。禁歔欷長歎，乃更將子還，依夫第居止，潔身執操，非禮不動。（《御覽》卷四百四十一注引《益部耆舊傳》）

類似的女子還有便敬妻、乘士會妻、廖伯妻、史賢妻、楊鳳珪妻。這些女子都承擔著年少喪夫的痛苦，偏偏又遇上了自以為是的親族，或是出於一相情願的同情，或是出於利益的驅動，強迫這些女子改嫁他人。這些女子在守節的堅定意志和遵從親族長輩的意願裏左右為難，只好選擇了慷慨自殘的辦法來逃避這場劫難。於是她們要麼割髮、要麼斷耳，要麼乾脆就自盡身亡。在陳壽的筆下，我們一方面可以看出這些女子都是順應儒家主張，忠於原配的傑出代表，另一方面，她們又何嘗不是忠於自己內心，不甘受人擺佈的烈性女子！陳壽在描繪這些女性方面並沒有千人一面，而是用細緻的筆墨勾勒出不同女性的個性和面容。如上兩例，王上妻與周繕紀妻均為自盡求死，但情形各自不同，王上妻在「掩迫合婚」後，曾有欲殺後夫的念頭，只是「恐禍及母叔孤兒，永棄死讎，必生慷慨，流涕自殺而死。」短短幾句，記錄了一個女子由憤恨轉至無奈的百轉千回；而周繕紀妻是在投靠父母後被另許他人的，她的神情，更多的是「悽愴」，她說「近依父母，本不圖此」，並直接走向了絕望。兩個女子截然不同的微妙心理躍然紙上。

此外，《益部耆舊傳》還記載了一對夫妻亦真亦幻的傳奇：

> 張真妻黃氏女也，名帛。真因乘船過江，船覆沒，帛求夫尸不得。帛至沒處灘頭，仰天而歎，遂自沉淵。積十四日，帛持真手于灘下出，時人為說曰：符有先絡，夔道有張帛者也。故名駕鴛圻。（《水經注》卷三十三，《御覽》卷一百六十六注引《益部耆舊傳》）

這段故事與孝女叔先雄的尋父故事有些類似，可見，「投水尋屍」在當時並非創舉，那麼，是否可能是一種類似於巫術的古老風俗呢？這條記載，從文化人類學的角度給我們提供了珍貴的史料。

值得注意的是，《益部耆舊傳》中所記錄的女子都是「自覺的守節」。她們生活的年代對於守節的要求並不像宋代以後那樣嚴格，逼迫她們改嫁的，大多是自家的親族，甚至是自己的父母，可見改嫁在當時並非羞恥之事。那麼，在近乎殘酷的選擇背後，陳壽讚賞的是否更多是這些女子對自身意志的堅持和對自身選擇的執著呢？

還有一條值得注意的故事是楊子拒妻事迹。

> 楊子拒妻，劉懿公女也，字公璞。貞勳達禮，有四男二女。拒早亡，教遵閨門，動有法則。長子元琮常出飲酒，還舍，母不見。十日，因諸弟謝過，乃數責之曰：「夫飲酒有不至涌者，禮也。汝乃沉荒，慢而無敬，自倡敗首，何以帥先諸弟也？」（《初學記》卷二十六，《御覽》卷八百四十五，《說郛》卷五十八，又卷九十四注引《益部耆舊傳》）

這則故事是眾多的「賢妻」故事中少見的「良母」形象，突出的是劉公璞的「貞勳」與「達禮」，她明事理，有威嚴，知進退，能夠言之有據，言之成理地指出兒子的錯誤，其作為獨立個體的風采躍然紙上。南朝宋劉義慶的《世說新語·賢媛》中出現類似的形象，已是一百多年以後了。

總體來講，陳壽將這些忠貞果決的女子與忠臣孝子並提，順應了儒家將「夫妻」作為倫理的重要一環的時代潮流。而且為女子立傳，在當時「丈夫雖賤皆為陽，婦人雖貴皆為陰」〔註11〕的情況下，不能不說是一種「前衛」的突破。

3.4 《益部耆舊傳》的語言特色

3.4.1 語言生動，如臨其境

陳壽記人，善於通過場景和對話描述人物，如講故事一樣，娓娓道來。
如楊宣故事：

〔註11〕〔漢〕董仲舒《春秋繁露·陰陽尊卑》，上海古籍出版社 1989 年。

> 楊宣爲河內太守，行縣。有羣雀鳴桑樹上，宣謂吏曰：「前有覆
> 車粟，此雀相隨，欲往食之。」行數里，視之，果如其言。——（《類
> 聚》卷九十二，《御覽》卷九百二十二等注引《益部耆舊傳》）

這一特點在與同類史書相比校時尤爲明顯，如《華陽國志》和《後漢書》均
有關於楊宣的記載，二者在談到「曉鳥語」這一段時，都用了「能暢鳥言」
四字，雖有提及，總讓人覺得乾癟枯澀，即使注意到了，也覺得是一種誇飾。
而陳壽的《益部耆舊傳》，卻連怎樣的場景，怎樣的推測，怎樣的應驗都記錄
下來了。短短幾字間，有桑樹、有鳴雀、有覆車、亦有人的智慧，讓人讀到
滿眼的色彩和滿耳的清脆，使人讀來歡喜，亦信他確是懂鳥語了，又不禁暗
暗稱奇。

3.4.2 民歌民謠，信手拈來

　　《益部耆舊傳》在寫人記事時常常將當時的民歌民謠嵌入文中，來側面
烘托人物，總結事件。

　　如在描述蜀郡太守樊智時所用的民謠：

> 民歌之曰：「樊守來，門夜開。持節去，憂惶懼。」——（《全
> 蜀藝文志》卷三《樊守歌》注引《益部耆舊傳》）

又如在體現柳琮「與人交結久而益親，其所拔進皆世所稱」時用的「鄉里語」：

> 鄉里爲之語曰：得黃金一笥，不如爲柳伯騫所識。——（《書鈔》
> 卷七十三，《御覽》卷二百六十三注引《益部耆舊傳》）

還有總結張霸「一郡慕化」時用的「民語曰」：

> 「城上烏鳴哺父母，府中諸吏皆孝友。」（《御覽》卷二百六十
> 二，《書鈔》卷三十五等注引《益部耆舊傳》）

除側面烘托人物外，民謠還被用來作爲事件的總結，如王忳故事，在講述了
他遇飛被走馬和斄亭遇鬼的故事後，信手拈來一段民謠作總結：

> 信哉少林世爲遇，飛被走馬與鬼語！——（《全蜀藝文志》卷三
> 《大度亭民謠》注引《益部耆舊傳》）

這些民謠與故事很好地融爲一體，既成爲總結故事的緊湊一環，又生動地體
現了人物性格，記錄了當時的民風所向，值得重視。

3.4.3 以點帶面，足見其人

　　從保存得較爲完整的《張嶷傳》來看，《益部耆舊傳》的記人手法是以點

帶面的，抓住人物性格的關鍵特點，濃墨勾勒，幾點既出，便足見其人。且看保存于裴松之注中的《張嶷傳》。

> 嶷出自孤微，而少有通壯之節。嶷受兵馬三百人，隨馬忠討叛羌。嶷別督數營在先，至他里，邑所在高峻，嶷隨山立上四五里，羌於要厄作石門，於門上施牀，積石於其上，過者下石，槌擊之，無不糜爛。嶷度不可得攻，乃使譯告曉之曰：「汝汶山諸種反叛，傷害良善，天子命將討滅惡類。汝等若稽顙過軍，資給糧費，福祿永隆，其報百倍。若終不從，大兵致誅，雷擊電下，雖追悔之亦無益也。」耆帥得命，即出詣嶷，給糧過軍。軍前討餘種，餘種聞他里已下，悉恐怖失所，或迎軍出降，或奔竄山谷，放兵攻擊，軍以克捷。後南夷劉胄又反，以馬忠為督庲降討胄，嶷復屬焉。戰鬥常冠軍首，遂斬胄。平南事訖，牂牁興古獠種復反，忠令嶷領諸營往討，嶷內招降得二千人，悉傳詣漢中。時車騎將軍夏侯霸謂嶷曰：「雖與足下踈闊，然託心如舊，宜明此意。」嶷答曰：「僕未知子，子未知我，大道在彼，何云託心乎！願三年之後徐陳斯言。」有識之士以為美談。嶷風濕固疾，至都寢篤，扶杖然後能起。李簡請降，眾議狐疑，而嶷曰必然。姜維之出，時論以嶷初還，股疾不能在行中，由是嶷自乞肆力中原，致身敵庭。臨發，辭後主曰：「臣當值聖明，受恩過量，加以疾病在身，常恐一朝隕沒，辜負榮遇。天不違願，得豫戎事，若涼州克定，臣為藩表守將；若有未捷，殺身以報！」後主慨然為之流涕。余觀張嶷，儀貌辭令不能駭人，而其策略足以入算，果烈足以立威，為臣有忠誠之節，處類有亮直之風，而動必顧典，後主深崇之。雖古之英士何以遠踰哉！——（《三國志.蜀志》卷十三《張嶷傳注》引《益部耆舊傳》）

一段張嶷故事，有智降叛羌，有勇斬劉胄，有招降反軍，有直言卻霸，有臨發辭主。前三者旨在記事，後兩者重在記言；前三者言其智、勇，後兩者顯其忠、直。五段故事，剛柔相濟，言行並重，道出張嶷為「後主深崇」的主要性格特徵，連綴成篇，可見其人，而後嘆服。篇末「余觀張嶷」一句，頗有太史公之風，足見陳壽「銳精『史』、『漢』」〔註12〕的痕跡。

〔註12〕《華陽國志・陳壽傳》。

第四章 《益部耆舊傳》與《華陽國志》、《後漢書》的互證和互補

　　《益部耆舊傳》提到的許多人物，也出現在常璩的《華陽國志》和范曄的《後漢書》中。其中，出現在《華陽國志》裏、現今可見的有 52 人，出現在《後漢書》裏的有 21 人，三本著作均有提及的有劉寵、李尤、王忳、楊由、段翳、景鸞、李固、翟酺、楊終、張霸、趙典、郭賀、任永君 13 人。從這 13 人的故事中，我們可以看出《益部耆舊傳》與《華陽國志》、《後漢書》之間的聯繫，這一聯繫集中體現在兩個方面，即「互證」與「互補」。

4.1 《益部耆舊傳》與《華陽國志》、《後漢書》的互證

　　《益部耆舊傳》中的很多故事，與《華陽國志》和《後漢書》相同或相似。兩相對照，可以起到一種「參其是非，校其優紬」〔註 1〕的作用，而《華陽國志》和《後漢書》的正史地位，亦可爲《益部耆舊傳》故事的完善提供佐證。

　　如「王忳」事：

　　　　王忳字少林，嘗詣京師，於客舍見諸生病，甚困。憫而視之，書生謂忳云：「我當到洛陽而病，腰下有金十斤，願以相與，死後乞收藏屍骸。」未及問其姓名，而呼吸困絕。忳賣金一斤，以給棺斂，餘九斤置生腰下。後數年，署大度亭長，到亭日，有白馬一疋入亭中，其日大風，有一繡被隨風而來。後忳乘馬，馬突入金彥門，彥

―――――――――――――――――――――――

〔註 1〕姚之駰《後漢書補佚》。《八家後漢書輯注》周天遊輯注（上海古籍出版社，1986 年 12 月），《序》頁 2 轉引

父見曰：「真得盜矣。」忳說得馬之狀，又取被示之，彥父曰：「卿有何陰德？」忳因書瘞諸生事，且說形狀。彥父悵然曰：「此我子也！」忳即以被馬歸彥父，彥父不受。遣迎彥，喪金具存。民謠之曰：信哉少林世爲遇，飛被走馬與鬼語。(《類聚》卷八十三，《書鈔》卷一百三十四等注引《益部耆舊傳》)

又有王純事：

王純爲郿令，槃亭有鬼，每殺止客。純直入亭止宿，至夜半，有女子稱冤，曰：「妾涪令妻也。過此亭，亭長殺妾十餘口，埋樓下，奪取財物。亭長今門下游徼是也。」其旦召問，遊徼具服其罪。(《書鈔》卷七十九注引《益部耆舊傳》)

「忳」、「純」二字同音，則「王忳」「王純」很可能爲同一人，且第一段段末有「民謠之曰：信哉少林世爲遇，飛被走馬與鬼語。」句，其「飛被、走馬」固然指本文所述，而「遇鬼」一說恰與「爲郿令」事相合。故筆者認爲兩段本爲一段。「民謠」句當爲兩段共同的結尾。

再來看《華陽國志》卷十中的「少林陰德，陽報是甄」：

王忳，字少林，新都人也。遊學京師，見客舍有一書生困病，忳隱視，奄忽便絕。有金十斤，忳以一斤買棺木，九斤還腰下瘞埋之。後爲大度亭長，大馬一疋來入亭中，又有繡被一領飛墮其前，人莫識者，郡縣以畀忳。後乘馬到雒縣，馬牽忳入它舍。主人問忳所由得馬，忳具說其狀，並及繡被。主人悵然曰：「卿何陰德而致此？」忳說昔埋書生事。主人驚曰：「是我子也，姓金名彥，卿令葬之，不報，天彰卿德。」辟舉茂才，除郿令。宿槃亭中，數有人爲鬼所殺。忳上樓，夜半有女子稱冤曰：「妾，涪令妻也。當之官，宿此，枉爲亭長所殺，大小二十口，埋在樓下，奪取財物。」忳曰：「汝何故以恒殺人？」女子曰：「妾不得白日，惟依夜愬，人眠不肯應，恚，故殺之。」初來時，言無衣，忳以衣衣之，言託投衣而去。旦召遊徼詰問，具服。即收同謀十餘人殺之，送涪令喪還郡里，當世稱之。

再來看《後漢書》「獨行列傳」裏的《王忳傳》：

王忳字少林，廣漢新都人也。忳嘗詣京師，於空舍中見一書生疾困，憫而視之，書生謂忳曰：「我當到洛陽，而被病，命在須臾，腰下有金十斤，願以相贈，死後乞藏骸骨。」未及問姓名而命絕。

忳即鬻金一斤，營其殯葬，餘金悉置棺下，人無知者。後歸數年，縣署忳大度亭長，初到之日，有馬馳入亭中而止。其日，大風飄一繡被，復墮忳前，即言之於縣，縣以歸忳，忳後乘馬到雒縣，馬遂奔走，牽忳入它舍，主人見之喜曰：「今禽盜矣！」問忳所由得馬，忳具說其狀，並及繡被。主人悵然良久，乃曰：「被隨旋風與馬俱亡，卿何陰德而致此二物？」忳自念有葬書生事，因說之，並道書生形貌及埋金處，主人大驚號曰：「是我子也。姓金名彥。前往京師，不知所在，何意卿乃葬之。大恩久不報，天以此章卿德耳。」忳悉以被馬還之，彥父不取，又厚遺忳，忳辭讓而去。時彥父爲州從事，因告新都令，假忳休息，自與俱迎彥喪，餘金具存。忳由是顯名。

仕郡功曹，州治中從事。舉茂才，除郿令。到官。至鬴亭。亭長曰：「亭有鬼，數殺過客，不可宿也。」忳曰：「仁勝凶邪，德除不祥，何鬼之避！」即入亭止宿。夜中聞有女子稱冤之聲。忳呪曰：「有何枉狀，可前求理乎？」女子曰：「無衣，不敢進。」忳便投衣與之。女子乃前訴曰：「妾夫爲涪令，之官過宿此亭，亭長無狀，賊殺妾家十餘口，埋在樓下，悉取財貨。」忳問亭長姓名。女子曰：「即今門下游徼者也。」忳曰：「汝何故數殺過客？」對曰：「妾不得白日自訴，每夜陳冤，客輒眠不見應，不勝感志，故殺之。」忳曰：「當爲汝理此冤，勿復殺良善也。」因解衣於地，忽然不見。明旦召游徼詰問，具服罪，即收繫，及同謀十餘人悉伏辜。遣吏送其喪歸鄉里。於是亭遂清安。

三段「王忳」事，雖然詳略各不相同，生動程度各異，但三段故事在情節上，甚至細節上都完全相同，如均爲「賣金一斤」，「餘九斤置生腰下」；所救書生名均爲「金彥」；所遇女鬼均爲「涪令妻」，而兇手又俱是「門下游徼」，可見三段故事的一脈相承。《華陽國志》、《後漢書》中的「王忳」故事，相對完整，足可證「王忳」、「王純」本爲同人；而《益部耆舊傳》所載，可探《華陽國志》、《後漢書》「王忳」故事之淵源，一句「民謠之曰：信哉少林世爲遇，飛被走馬與鬼語。」難能可貴地保存了民間的歌謠，也成爲「王忳」故事的生動總結，爲《華陽國志》、《後漢書》所無，「校其優絀」的作用在此得到了體現。

《華陽國志》所載多秉承《益部耆舊傳》，早有定論。常璩曾在《華陽國志‧序志》中自言：「乃考諸舊記先宿所傳並《南裔志》，驗以《漢書》，取其

近是，及自所聞，以著斯篇。又略言公孫述、《蜀書》、咸熙以來喪亂之事，約取《耆舊》士女英彥，肇自開闢……號曰《華陽國記》。」足可為證。然而《益部耆舊傳》對於《後漢書》的影響，卻鮮有提及。《益部耆舊傳》的輯錄，將這一問題清楚地提了出來。

試看記載張霸幼時讀書故事：

《益部耆舊傳》載：

> 張霸字伯饒，蜀郡成都人也。年數歲知禮義，鄉人號為「張僧子」。七歲通《春秋》，復欲進餘經，父母曰：「汝小未能也。」霸曰：「我饒為之。」故字伯饒。（《御覽》卷三百八十五注引《益部耆舊傳》）

《後漢書》載《張霸傳》：

> 張霸字伯饒，蜀郡成都人也。年數歲而知孝讓，雖出入飲食，自然合禮，鄉人號為「張曾子」。七歲通《春秋》，復欲進餘經，父母曰：「汝小未能也」，霸曰：「我饒為之」，故字曰「饒」焉。

其中，《益部耆舊傳》裏的「僧」當為「曾」形近之誤。這樣看來，《後漢書》此段記載除去多「雖出入飲食，自然合禮」一句外，幾乎與《益部耆舊傳》所載句句相同，當是源自《益部耆舊傳》無疑了。可見，范曄在寫作《後漢書》時，是充分參考過《益部耆舊傳》的。

4.2 《益部耆舊傳》與《華陽國志》、《後漢書》的互補

《益部耆舊傳》所遺材料雖然零星破碎，卻仍可見《華陽國志》、《後漢書》未提及之事，清康熙中姚之駰纂輯《後漢書補逸》時曾經說過：「夫他書可逸，惟史當補。近史文煩或可逸，古史文約尤當補……其缺者可以傳一朝之文獻，其同者且可以參其是非，校其優絀，於史學庶乎其小補也。」〔註2〕《益部耆舊傳》的記錄，正是起到了這種「補史」的作用。

具體來說，《益部耆舊傳》對《華陽國志》、《後漢書》之「補」可見於三種情況。

一是補充同一人物的不同側面：

〔註2〕姚之駰《後漢書補佚》。《八家後漢書輯注》周天遊輯注（上海古籍出版社，1986年12月），《序》頁2轉引。

仍以張霸事爲例，除去「幼時讀書」段落以及一句「棄若戟，棄若矛，盜賊盡，吏皆休。」的童謠外，再難看出重合之處，但《益部耆舊傳》的另兩段記載亦爲《華陽國志》、《後漢書》所無：

> 張霸字伯饒，爲會稽太守。舉賢士，勸教講授，一郡慕化，但聞誦聲，又野無遺寇。民語曰：「城上烏鳴哺父母，府中諸吏皆孝友。」（《御覽》卷二百六十二等注引《益部耆舊傳》）

> 張霸爲會稽太守，入海捕賊。遭疾風晦冥，波水湧起。士卒驚曰霸，霸曰：「無得恐！太守奉法追賊，風必不爲害。」須臾風靜波止。（《御覽》卷七十一等注引《益部耆舊傳》）

這兩段記載，一是以「一郡慕化」突出了張霸執政之賢，一是以「入海捕賊」突出了張霸之勇，豐滿了一身正氣、執政有方的張霸形象，而且保存了原汁原味的民間歌謠，彌足珍貴。

二是爲同一事件的豐富提供素材：

如《後漢書·翟酺傳》提到，安帝即位後曾廣封外戚，對此翟酺曾有一段言之鑿鑿的上書，論述了對「威權外假，歸之良難」的擔憂。其中，還有一段專論「政存約節」的文章，闡述儉德的必要性：

> 「夫儉德之恭，政存約節。故文帝愛百金於露臺，飾帷帳於皁囊。或有譏其儉者，上曰：『朕爲天下守財耳，豈得妄用之哉！』至倉穀腐而不可食，錢貫朽而不可校。今自初政已來，日月未久，費用賞賜已不可筭。歛天下之財，積無功之家，帑藏單盡，民物彫傷，卒有不虞，復當重賦百姓，怨叛既生，危亂可待也。」李賢注曰「東方朔曰：『文帝集上書囊以爲殿帷』」。

而《益部耆舊傳》記載翟酺時，有一殘句：

> 翟酺上事曰：漢文帝連上書囊以爲帳，惡聞紈素之聲。（《書鈔》卷一百三十二，《類聚》卷六十九注引《益部耆舊傳》）

正可與「文帝愛百金於露臺，飾帷帳於皁囊」一句及李賢注相呼應。

三是與現有的記載不合，堪「存疑」之用。

如《後漢書·翟酺傳》記載，翟酺「著《援神、鉤命解詁》十二篇」，而《益部耆舊傳》則載「《援神、句命解詁》十二篇，是酺弟子緜竹杜眞孟宗所著」（《經義考》卷二百六十七注引《益部耆舊傳》）。則爲這兩部書的作者，提供了另一種截然不同的說法。

第五章　輯佚工作

　　因爲《益部耆舊傳》的很多故事已被《華陽國志》和《後漢書》所汲取，後人在引用這些故事的時候，更多地是取自這兩部典籍，而不再提到《益部耆舊傳》了。從其亡佚至今，其內容多散落在各種類書中，目前可見的主要輯本是「說郛」和「存古」兩種本子。

5.1　說郛輯本

　　《說郛》爲明陶宗儀撰，彙集東漢至宋元名家作品，包括各種筆記、經史諸子和詩話、文論，共 617 篇，是私人編集大型叢書的一部巨著。其內容包羅萬象，涉及考古博物、古文奇字、奇異怪事、問卜星象、史實紀事、稗官雜說、詩詞評論等多個方面。

　　宛委山堂本《說郛》卷五十八有一段關於《益都耆舊傳》的輯本，注明作者爲陳壽。共收集《益部耆舊傳》人物十六個：分別是：楊由、趙瑤、洛下閎、張寬、李孟元、趙閎、朱倉、郭賀、張松、馮顥、張充、張霸、何袛、柳宗、何袛和楊子拒妻。每段故事亦只述一人一事，多用三言兩語描述。與《太平御覽》、《北堂書鈔》注引自《益部耆舊傳》的引文風格十分類似。但文字、情節又不盡相同，所輯錄人物明顯少於或異於《御覽》以及《書鈔》，其輯錄出處亦不得而知了。

　　另外，《說郛》卷十一亦有涪翁故事，注引自《芥隱筆記》：「《益部耆舊傳》：『廣陵有老翁，釣於涪水，自號涪翁。《後漢書·郭玉傳》亦然，山谷責涪州因此爲號。』」。

《說郛》卷一百七《解鳥語經》有「《益州耆舊傳》：『秦仲知百鳥之音，與之語皆應，聞之者莫辨。』」

《說郛》卷九十四又有「《益部傳》曰：楊子拒妻劉泰瑾，貞懿達禮。子元宗醉歸舍，劉十日不見。諸弟謝過乃責之曰：『汝沉荒不敬，何以帥先諸弟？』」

看來，陶宗儀將《益都耆舊傳》與《益部耆舊傳》、《益州耆舊傳》以及《益部傳》看成不同的四部書了。《漢書・地理志》記載，漢武帝分京師長安近畿七郡以外的地區為十三刺史部，又稱十三州。可見「益部、益州」本為同一地方的不同稱呼。關於《益都耆舊傳》的問題，《晉書・陳壽傳》曾記載「壽又撰《古國志》五十篇、《益都耆舊傳》十篇」，而生活年代距離陳壽不遠的同鄉常璩在《華陽國志・陳壽傳》裏明確提出：「壽……乃並巴、漢撰為《益部耆舊傳》十篇」，《隋書》、新舊《唐書》裏亦俱作《益部耆舊傳》，可見「益部、益都」之爭古有之矣，然同指一書卻是不爭的事實。根據所記人物及內容來看，亦是重合或相似的。《益部傳》更是《益部耆舊傳》的簡稱。《說郛》所載引自《益部傳》的「楊子拒妻」故事，在《初學記》裏亦有相同記載，並記錄語出「陳壽《益部傳》」，則當是引自陳壽《益部耆舊傳》無疑了。因而陶氏將四者截然分開，是失之謬矣。

5.2 存古輯本

中華民國四年（1915 年），四川成都存古書局曾刊刻過《益部耆舊傳》的線裝輯本（下文簡稱「存古本」），與《㟮嶽記》合印，現國家圖書館及四川大學圖書館均有藏本。該輯本篇末署「香雪樓主人識」，並有一段附言：「國學院舊輯有陳承祚《益部耆舊傳》佚文，第於《三國志》裴注、《太平廣記》、《蜀藝文志》三書所載，均失徵引，未知其偶。未檢之耶？抑別有說耶？又《志》及裴注尚引《耆舊雜記》附焉，亦抱殘守缺之意也。」香雪樓主人姓甚名誰，今已不可考。但從這段附言看，在存古本之前，尚有一個「國學院舊輯本」。「國學院」當是指「四川國學院」，即今「四川大學」前身，1912 年由「四川存古學堂」易名為「四川國學館」，繼名為「四川國學院」。「國學院舊輯本」今已不可見，依附言所言，當是取自《三國志》裴注、《太平廣記》、《蜀藝文志》中出現的《益部耆舊傳》引文，並且「均失徵引」。

「存古本」所輯故事，俱引自《太平御覽》、《北堂書鈔》、《初學記》、《說郛》及《三國志》裴注，輯本分爲「《益部耆舊傳》上」、「《益部耆舊傳》下」及「《益部耆舊雜記》」三部分，共收錄71人82事。亦是一事一錄，除秦仲、陽翁偉、嚴羽三段故事出處不明外，其他故事皆於文下注明出處。順序按出處次第排列，分別爲《太平御覽》、《初學記》、《說郛》、《北堂書鈔》、《太平廣記》、《全蜀藝文志》、《太平御覽》（女子故事）及《三國志》裴注。其中，收自《太平御覽》的有楊由、張寬、姜詩、嚴遵、張霸、柳宗、張彥、羅衡、趙珤、閻憲、楊球、段翳、張松、何祗、王忳、李孟元、哀牢夷、史賢妻、叔先雄、王上妻、楊鳳珪妻、周繕紀妻、便敬妻、巴三貞、乘士會妻、廖伯妻。收自《北堂書鈔》的有任昉、趙典、李尤、李固、趙祈、何汝、邢顯、李弘、賀、張則、景放、徐韋、趙瑤、王純、景鸞、楊申、董扶、翟酺。出自《初學記》的有楊仁、趙閎、涪翁。出自《說郛》的有楊由、趙瑤、洛下閎、朱倉、郭賀、馮顥、何祗。出自《三國志》裴注的有董扶、王商、任安、譙周、張表、張嶷、張浩、張任、李權、張松、何祗、諸葛亮、李氏三龍、王嗣、常播、衛繼。出自《太平廣記》的有楊宣，出自《全蜀藝文志》的有樊智與王忳歌謠。秦仲、陽翁偉、嚴羽故事未注明出處。

相對於「說郛輯本」，「存古本」收錄人物更多，故事更全，出處詳盡且更爲可信。惜乎輯佚之功有餘，整理之力不足。一則，同名同姓者故事未探求其內在聯繫，導致同一人的不同故事相距甚遠或重複出現；再則，同一故事在不同引書出現的，僅取引文之一種，未能對比增補，求其原貌。

5.3 筆者輯本

本書輯錄的版本，共分三部分：一爲「《益部耆舊傳》輯錄」部分；一爲《益部耆舊傳雜記》部分，一爲「《益部耆舊傳》存古本未輯錄部分」。共計收錄人物90個，事件109個。在「存古本」所輯錄71人的基礎上，又輯錄出霸栩、杜眞、符昭壽、景毅、劉寵、劉子政、任文公、任永君、馮季成、王離、王棠妻、楊統、楊終、張騫、張翕、張眞妻、趙瑛、朱遵、司馬相如以及楊琳、張充、何祗、何汝，共23人26事。存古本已有的人物部分，亦在任昉、張則、張霸名下各多輯出一段故事或片段。共計多輯錄23人，29事。其中，楊琳疑爲楊球之誤，張充疑爲張彥之誤，何祗疑爲何祗之誤，何汝疑爲何汝之誤，此四者均在注釋中注出，未列入「存古本未輯錄部分」。

此次輯錄，不僅重點參考了《太平御覽》、《北堂書鈔》、《初學記》、《古今事文類聚》、《藝文類聚》、《三國志》裴注及《說郛》等書中的相關記錄，還大量參閱了《玉海》、《天中記》、《冊府元龜》、《蜀中廣記》等後世類書、筆記中的相關記載，甚至參看了《全蜀藝文志》這樣的集類典籍。以便盡可能拾遺補缺，探求佚文全貌。

對於輯錄過程中遇到的大量相似或重複的引文，在輯本中一一加以比較及整理，並將重要異文在注釋中注出。對於同名同姓者故事，比較考證後認爲是同一人的，均列在一起，以便查閱研究。

5.4 輯錄中的幾個問題

5.4.1 關於「陽翁偉」故事是否典出《益部耆舊傳》的問題

在存古本中，曾有一則名爲「陽翁偉」故事：

> 廣漢陽翁偉，嘗乘蹇馬之野。而田間有眇馬者，相去數里，鳴聲相聞，翁偉謂其御曰：「彼放馬目眇。」其御曰：「何以知之？」曰：「彼田間馬罵此轅中馬，曰：『蹇馬』，蹇馬亦罵之曰：『眇馬』。」御者不之信，行至其處，往視，馬目果眇，始信服。

其出處注爲「同上」。其上爲秦仲故事：

> 「秦仲知百鳥之音，與之語皆應，聞之者莫辨。」

然秦仲故事未注出處。因而陽翁偉故事出處亦不得而知。後在《說郛》宛委山堂本卷一百七《解鳥語經》中俱見二者故事：

> 《益州耆舊傳》：「秦仲知百鳥之音，與之語皆應，聞之者莫辨。」

> 《史記》：「管輅聞有鳴鵲來，在屋閣上，聲甚急。輅曰：『東北一婦昨殺夫，牽引西家父。離妻候不過日在虞泉之際，告者至矣，至時果有東北五人來告，鄰婦手殺其夫，詐說西家人與夫有嫌，來殺我夫。鞠之皆分毫不爽。

> 廣漢陽翁偉，嘗乘蹇馬之野。而田間有眇馬者，相去數里，鳴聲相聞，翁偉謂其御曰：「彼放馬目眇。」其御曰：「何以知之？」曰：「彼田間馬罵此轅中馬，曰：『蹇馬』，蹇馬亦罵之曰：『眇馬』。」御者不之信，行至其處，往視，馬目果眇，始信服。

秦仲典出《益州耆舊傳》，當是《益部耆舊傳》中故事無疑了。我們亦可推斷

秦仲故事輯自《說郛》。但因爲中間夾雜《史記》載「管輅」故事，故「陽翁偉」是否典出《益部耆舊傳》不可妄下斷語。又見《藝文類聚》卷九十三記載陽翁偉故事：

> 《論衡》曰：廣漢陽翁偉，能聽鳥獸之音。乘蹇馬之野，而田間有放馬者。相去數里，鳴聲相聞，翁偉謂其御曰：「彼放馬目眇。」其御曰：「何以知之？」曰：「罵此轅中馬曰蹇馬，蹇馬亦罵之曰眇馬。」御者不信，使往視之，馬目竟眇。

情節與存古本大致相似，而載語出《論衡》。《天中記》卷五十五，《蜀中廣記》卷七十八亦均記錄此故事語出《論衡》。因此《益部耆舊傳》是否有「陽翁偉」故事亦當存疑，本輯本暫不收錄。

5.4.2 關於《益部耆舊雜記》的作者問題

關於《益部耆舊雜記》，記載比較混亂。《華陽國志》及《晉書》所載《陳壽傳》均記錄陳壽「撰益部耆舊傳十篇」，未提有《雜記》，《隋書・經籍志》記載有「《益部耆舊傳》十四卷，陳長壽撰」，又有《續益部耆舊傳》二卷，不注著者，似乎認爲是不同人所作的兩部書；《舊唐書・經籍志》僅載「《益部耆舊傳》十四卷，陳壽撰」，亦未曾提及《雜記》；《新唐書・藝文志》又載「陳壽《益部耆舊傳》十四卷，《益州耆舊雜傳記》二卷」，又將兩部作品全部歸在陳壽名下了。

《華陽國志・常寬傳》記錄常寬「續陳壽《耆舊》作《梁益篇》」，《隋書・經籍志》中的《續益部耆舊傳》二卷，很可能是常寬所爲。但並非是今天的《益部耆舊雜記》。那麼《益州耆舊雜傳記》當是僅在《新唐書・藝文志》裏有所記錄了。

盧弼先生在《三國志集解》中轉引沈家本先生的觀點：「《新唐志》載是書，「雜傳」二字誤倒，《楊戲傳》末云：『《益部耆舊雜記》載王嗣、常播、衛繼三人皆劉氏王蜀時人，故錄于篇。據此則《雜記》在陳壽之先，故壽得探之，疑即陳述書也。』」盧弼先生認爲「沈說是」[註1]。

但僅根據「《益部耆舊雜記》載王嗣、常播、衛繼三人皆劉氏王蜀時人，故錄於篇」就推斷出「《雜記》在陳壽之先，故壽得探之」，是否失之片面？陳壽所著《益部耆舊傳》所載人物範圍已是「由漢及魏」，甚至還錄有「哀牢

夷」部族的源起傳說，可見其取材範圍並不囿於本朝本代，且陳壽曾爲蜀國之官，收錄王嗣、常播、衛繼傳記亦並無不妥。

再說「疑即陳述書」的問題，《三國志・李譔傳》中，陳壽自己記載：「景耀中卒時，又有漢中陳術，字申伯，亦博學多聞，著《釋問》七篇，《益部耆舊傳》及志。」《華陽國志・陳壽傳》載「益部自建武後，蜀郡鄭伯邑、太尉趙彥信及漢中陳申伯、祝元靈、廣漢王文表皆以博學洽聞，作《巴蜀耆舊傳》。壽以爲不足經遠，乃並巴、漢撰爲《益部耆舊傳》十篇」。一則，陳壽未稱陳述書爲《益部耆舊雜記》，仍稱「《益部耆舊傳》及志」，則《雜記》未必是陳述所作；二則，陳述書在壽書之前，若與壽書並傳於世，緣何成書年代更早的《隋書》、《舊唐書》反而不載？《新唐書》又緣何將述書置於壽書之後？故此，《益部耆舊雜記》未必是陳述所作之書。

值得注意的是不同史書所記載的《益部耆舊傳》卷帙分合問題：《益部耆舊傳》的卷數由《華陽國志》及《晉書》中記錄的「十篇」，變成了《隋書》、新、舊《唐書》中記錄的「十四卷」，其原因及分合情況已不得而知，但《益部耆舊雜記》會不會是卷帙分合過程中的產物呢？由於材料有限，這個問題只能暫時存疑了。

從存古本的情況來看，香雪樓主人仍將《雜記》作爲《益部耆舊傳》的一部分，注明爲陳壽所作。再者，《說郛》所輯何祇、何祇事，注明作者爲陳壽。但據《三國志・蜀志・楊洪傳注》記載均爲何祇故事片段，兩段故事俱典出《益部耆舊雜記》。由是觀之，民間類書或筆記書籍中，已經將《雜記》混同於《益部耆舊傳》，認爲是陳壽所爲了。

故此，本輯本依然將《益部耆舊雜記》單獨列出，附於書後，以便研究者參考。

第六章　結　語

　　陳壽生於治世，長於亂世，歷經兩朝，一生跌宕。在他的身上，可以看到濃重的儒家思想和混亂的世態人情之間的強烈撞擊。陳壽少年師從大儒譙周，亦因才華出眾而被比喻爲孔子門下的子游，他的政治理想，是諸葛亮統治下那種「物究其極，科教嚴明，賞罰必信，無惡不懲，無善不顯，至於吏不容奸，人懷自厲，道不拾遺，強不侵弱，風化肅然」〔註1〕的治世，然而偏偏生不逢時，先遭黃皓弄權，亦逢改朝換代，又兩度飽嘗「清議」之苦，在這樣的環境下，陳壽無疑是苦悶的，從最初仕蜀時的「獨不爲之（黃皓）屈」，到仕晉作《三國志》後人們紛紛議論的「作曲筆」，陳壽的心境，定然是走過了一個相當曲折的歷程。即使是這樣，陳壽的作品，依然表現出一種對於理想的嚮往和追求，他稱贊英雄，尊重勇者，推崇賢良。體現出魏晉時代知識份子對國家強烈的責任感。

　　一直以來，人們對陳壽的研究，都聚焦在號稱「前四史」之一的《三國志》身上，鮮有學者關注陳壽的其他作品。從 1915 年存古本刊刻至今，鮮見有關《益部耆舊傳》的專文專論發表。而《益部耆舊傳》作爲陳壽入仕晉朝的立身之作，其筆法足可借鑒，其思想尤堪探求。整理和輯錄陳壽的《益部耆舊傳》，可以幫助我們更好地理解魏晉時代的人物、風俗、文化以及世態人情，也能更好地去研究陳壽本身的政治思想和史學思想。此外，《益部耆舊傳》所記載的故事與同時代的史書是有所交疊，又是有所差異的。它們之間的互證和互補，亦可推進《華陽國志》和《後漢書》等同時期史書的研究，其作用不可小覷，應當引起我們的重視。

〔註 1〕《三國志・蜀書・諸葛亮傳》。

第七章 《益部耆舊傳輯錄》

7.1 凡例

一、本輯錄據存古書局 1915 年輯本所提供的線索重新整理輯錄而成。存古輯本未收錄之輯文，單輯爲「存古本未輯錄部分」，附於篇後。

一、每條輯文均於破折號下注明出處，破折號後第一個出處爲主要依據，以後爲參考出處，概以文字多寡爲序；如文字大體相同，則以成書先後爲序。

一、本輯本主要以明以前類書及古注爲依據，清書有所提及的，若非重要異文，或非獨有條目，僅列於篇末，不作增補依據，異文亦不出注。

一、古類書、古注所引，即使內容相同，而文字往往繁簡各異，爲避免重複冗雜，故不一一列出。各條輯文均擇比較完善者爲主，他引確可補入者補之，凡補入之文則加方括號。

一、各輯文按人物姓氏拼音排序，以便檢索。

7.2 《益部耆舊傳輯錄》

哀牢夷

　　哀牢夷者〔一〕，其先有婦人名沙壹，居于牢山。嘗捕魚於水中，觸沉木，若有感。因懷姙十月〔二〕，產子男十人。後沉木化而爲龍出水，沙壹忽聞龍語曰：「若生我子，今悉何在？」九子見龍驚走，獨小子不能走，背

龍而坐。龍就而舐之。其母鳥語，謂背為九，謂坐為隆〔三〕，因名小子曰「九隆」。及後長大，諸兄共推以為王。──《太平御覽》（下文簡稱《御覽》）卷三百六十一

〔一〕《後漢書》卷一百十六「西南夷」中有類似記載。概此處記載應為「哀牢夷」部族之緣起及興衰，現只殘存緣起也。

〔二〕存古書局所輯《益部耆舊傳》（以下簡稱「存古本」）作「因懷（女辰）十月」

〔三〕存古本作「謂生為隆」，恐誤。

巴三貞

巴三貞者，閬中馬眇新妻義、西充國王元憤妻姬，皆閬中人也。閬中趙蔓君妻華，西充國人也。姬早失夫，介然守操。中平五年，黃巾餘類延益州，賊帥趙蕃據閬中城，拘迫衣冠，令人婦女為質〔一〕。義、姬、華等隨比入城〔二〕。後賊類爭勢，攻破閬中。時人或死或奔，家室相失。義、姬、華隨類出城走。傳聞後賊或拘略婦女。於是三人自度窮迫，恐不免於據逼，乃相與自沈水而死。鄉黨聞之，莫不感傷，號曰「三貞」。──《御覽》卷四百四十一

〔一〕「人」疑為「入」之誤。存古本亦為「入」。

〔二〕存古本「比」為「北」。

便敬妻

廣漢新都便敬妻者，同縣王氏女也，名和，年十七適敬。敬亡，和肓養遺孤，闔門守節，不隨宗家宴樂嘉會，居理甚修。蜀郡何玉，因謀問和兄著取和，遂相聽許。著深曉其夫死子小〔一〕，宜有改圖〔二〕，加貧衰無以自立，何氏公族必據福祚。和自陳說：「計斷決分，守全孤弱。」辭言未訖，慷慨涕淚，哀慟左右。然著終受玉幣，因欲迫脅。和乃斷耳示著，以信至不見聽，請以死謝。舉宗敬重，哀其大義。──《御覽》卷四百四十一

〔一〕存古本為「著深曉日夫死子小」

〔二〕存古本為「經有改圖」

乘士會妻

蜀郡廣都公乘士會妻者，同縣張氏女也。會早卒，年壯無嗣。欲有問者，親戚將以許之，發憤忼慨，斷髮割耳。事姑盡禮，肅恭供養，養族子以承宗廟〔一〕。──《御覽》卷四百四十一，《御覽》卷三百七十三

〔一〕《御覽》卷三百七十三作「蜀郡公乘會妻，同縣張氏女也。會早卒，後欲問者，女乃斷髮割耳以明不嫁。」

董扶

董扶字茂安〔一〕，少從師學，兼通數經，善歐陽尚書，又事聘士楊厚，究極圖讖。遂至京師，遊覽太學，還家講授，子弟自遠而來。永康元年，日有蝕之，詔舉賢良方正之士，策問得失。左馮翊趙謙等舉扶，扶以病不詣，遙於長安。上封事，遂稱疾，篤歸家。前後宰府十辟，公車三徵，再舉賢良、方正、博士、有道，皆不就，名稱尤重。大將軍何進表薦扶曰：「資游、夏之德，述孔氏之風，內懷焦、董消復之術方。今并、涼騷擾，西戎蠢叛，宜敕公車特詔，待以異禮，諮謀奇策。」於是靈帝徵扶，即拜侍中，在朝稱為儒宗，甚見器重，求為蜀郡屬國都尉。扶出一歲而靈帝崩，天下大亂。後去官，年八十二卒於家。始扶發辭抗論，益部少雙，故號曰「致止」，言人莫能當所至而談止也。後丞相諸葛亮問秦宓以扶所長，宓曰：「董扶褒秋毫之善，貶纖芥之惡。」──《三國志・蜀志・劉二牧傳注》，《北堂書鈔》（下文簡稱《書鈔》）卷九十八，《職官分紀》卷六，《淵鑑類函》卷二百二又卷二百六十六。

〔一〕《職官分紀》「扶」作「秩」，恐誤。

《書鈔》作「董扶發辭抗論，益部少雙，故時號曰『談止』，言凡善談者遇之則止，人莫能伍。」《職官》作「董秩少從師學，大將軍何進表薦：『資游夏之德，述孔氏之風，宜敕公車待詔，以異禮諮謀奇策。』靈帝徵拜侍中，在朝稱為儒宗，甚見器待。」

樊智

漢樊智〔一〕，遷為蜀郡太守，秩滿〔二〕，民歌之曰〔三〕：「樊守來，門夜開。持節去，憂惶懼。」──《全蜀藝文志》卷三《樊守歌》

〔一〕存古本無「漢」字。

〔二〕存古本無「秩滿」二字。

〔三〕存古本無「之」字。

馮顥

廣漢馮顥為謁者，逐單于至雲中。大將軍梁冀遣人求鷹，止晉陽，舍人不避顥〔一〕，顥收之，使人擊鷹，而亡也〔二〕。顥追捕甚急，冀辭乃止。——《御覽》卷九百二十六，《說郛》卷五十八（此處及下文出現的《說郛》均指宛委山堂本）。

〔一〕《說郛》卷五十八、存古本均無「顥」字

〔二〕《說郛》、存古本均無「也」字

涪翁

廣漢有老翁釣於涪水〔一〕，自號涪翁〔二〕——《初學記》卷二十二、《說郛》卷十一又卷十七。

〔一〕《說郛》「廣漢」作「廣陵」，

郭賀

郭賀拜荊州刺史，明帝巡狩到南陽，特見嗟嘆，賜以三公之服，黼黻冕旒，勑去幨露冕〔一〕，使百姓見此衣服，以彰其德。——《太平御覽》卷六百八十六，《說郛》卷五十八、《天中記》卷四十七

〔一〕《說郛》卷五十八「去」作「云」，「幨」作「幨帷」。

何汝

何汝字景伯〔一〕，為謁者。上直令持赤幘〔二〕，百僚不解〔三〕，（同僚問之，曰：「日當食」）〔四〕。至晡日果食也。——《書鈔》卷六十二又卷一百二十七，《蜀中廣記》卷六十八，《廣博物志》卷一，《淵鑑類函》卷一百五又卷三百七十。

〔一〕《書鈔》卷一百二十七、《蜀中廣記》卷六十八，《廣博物志》卷一均作「何汶」。《書鈔》卷一百二十七無「字景伯」三字。《蜀中廣記》、《廣博物志》，

《淵鑑類函》卷三百七十皆作「字景由」。

〔二〕《書鈔》卷一百二十七無「上直令」句,《蜀中廣記》作「忽持赤幘」。

〔三〕《書鈔》卷一百二十七作「同僚問之」,《蜀中廣記》卷六十八作「同僚恇問之」。

〔四〕據《書鈔》卷一百二十七、《蜀中廣記》卷六十八補。

賀

賀字太和〔一〕,州辟為從事,舉姦摘伏,部人無怨。——《北堂書鈔》卷七十三,《淵鑑類函》卷一百十一

〔一〕《淵鑑類函》卷一百十一作「賀太和」。

存古本按「賀名,佚其姓」。

段翳

段翳字元章〔一〕,善天文風角。有一諸生來學,積年,諸生畧究要術〔二〕,辭歸鄉里。翳為作一脂筒,中盛簡書,曰:「有變乃發視之。」生至葭萌,與吏爭津,吏櫪從人,頭破,開筒得書言:「到葭萌,與吏鬭,破頭者以此脂裹之。」生喟然而嘆,乃還卒其業。——《御覽》卷三百六十四,《淵鑑類函》卷二百五十九

〔一〕存古本、《淵鑑類函》俱作「段翳」,「叚」同「段」。

〔二〕存古本「要」作「其」

姜詩

姜詩母好食生魚,飲江水。詩至誠之感,一朝湧泉在於門側,流引江魚〔一〕,以結膳羞。——《御覽》卷七十

〔一〕存古本「魚」作「水」。

景放

景放為益州太守,威恩洽暢〔一〕,有鳩鳥巢於聽事〔二〕。——《書鈔》卷七十五,《淵鑑類函》卷一百十三

〔一〕存古本作「威恩流暢」。洽，周遍、廣博、融洽、通達意，作「洽」，是。
〔二〕存古本作「有鳩鳥巢，巢於聽事」。

景鸞

景鸞字漢伯，少隨師學，經七州之地〔一〕，能理《齊詩》、《施氏易》，兼受《河》、《洛》圖緯，作《易說》及《詩解》，文句兼取《河》、《洛》，以類相從，名為《交集》〔二〕。又撰《禮內外記》，號曰《禮略》。——《書鈔》卷九十六，《書鈔》卷九十七，《廣博物志》卷二十六，《蜀中廣記》卷九十一，《經義考》卷八

〔一〕《書鈔》卷九十七為「經涉七州之地」。
〔二〕《廣博物志》、《蜀中廣記》、《經義考》此處均作「名為奧集」。

李固

李固〔字子堅〕〔一〕，諫帝曰〔二〕：「〔臣〕一日會朝（中）〔三〕，見〔諸〕侍中皆〔諸家〕年少〔四〕，無一宿儒可顧問者。」乃〔進〕楊厚、黃瓊也〔五〕。——《書鈔》卷五十八，《御覽》卷二百一十九，《淵鑑類函》卷八十五

〔一〕據《御覽》卷二百一十九補
〔二〕存古本作「李固見帝曰」
〔三〕據《御覽》補
〔四〕同上
〔五〕同上

又

太尉李固，薦楊準，累世服。事臺閣，〔既〕閑練舊典〔一〕，且有漸用〔二〕，宜在機密，特拜尚書也。〔固薨，免官。尚書令陳蕃表行狀，復徵為尚書〕〔三〕。——《書鈔》卷六十，《御覽》卷二百一十二，《職官分紀》卷九，《淵鑑類函》卷七十四

〔一〕據《御覽》卷二百一十二補。
〔二〕《御覽》作「且有幹用」。存古本所輯作「上有漸用」。
〔三〕據《御覽》補。《緯略》作「李固薦楊准，累世服，事臺閣，練達舊典。」

李弘

李弘〔字士元〕〔一〕，為州從事。揚雄〔稱之〕曰〔二〕：不屈其志，不累其身，〔不夷不惠，可否之間。見其貌，肅如也；觀其行，穆如也；聞其言，戚如也〕〔三〕。——《書鈔》卷七十三，《職官分紀》卷四十，《淵鑑類函》卷一百十一

〔一〕據《職官分紀》補，《淵鑑類函》作「字仲元」
〔二〕據《職官分紀》補。
〔三〕同上。

李孟元

李孟元修易、論語，大義略舉，質性恭順，與叔子就同居。就有痼疾，孟元推所有田園悉以讓就，夫婦紡績以自供給。——《初學記》卷十七，《御覽》卷四百一十六、《說郛》卷五十八、《淵鑑類函》卷二百七十五又卷二百四十九。

李尤

李尤字伯仁，為議郎。安帝寢疾，使尤祠陵廟〔一〕，肅慎齊潔，辭祝俱美，上疾有瘳也。——《書鈔》卷五十六

〔一〕存古本「祠」作「祀」

廖伯妻

廣漢廖伯妻者，同縣殷氏女也，名紀。年十六適伯，伯早卒。既性聰敏，達於《詩》、《書》、《女傳》，進退間暇，又有美色。見貪，割面告誡，以全其節，曰：「求生害仁，仁者不為；紀生見禮義，豈獨使古人擅名者哉！」因作詩三章，以風父母。而舉縣嘉其才麗，媒介滋繁，遂援刀鑽斷指明情〔一〕——《御覽》卷四百四十一

〔一〕存古本作「遂援刀鑽斷指明情」。

柳琮

柳琮字伯騫〔一〕，蜀人〔二〕，為治中，與人交結久而益親，其所拔進皆

世所稱〔三〕，致位牧守。鄉里為之語曰：得黃金一笥，不如〔為〕柳伯騫所識〔四〕。——《書鈔》卷七十三，《御覽》卷二百六十三，《說郛》卷五十八、《天中記》卷三十四，《全蜀藝文志》卷三，《廣博物志》卷二十

〔一〕存古本、《天中記》「琮」作「宗」。
〔二〕據《全蜀藝文志》補。
〔三〕《御覽》卷二百六十三「拔」作「援」。
〔四〕據《全蜀藝文志》補。

羅衡

羅衡字仲伯，為萬年令。誅除姦黨，縣界肅然，民夜不閉門，繫牛馬於道傍，曰：「以屬羅公」。——《御覽》卷二百六十八，《書鈔》卷七十八，《淵鑑類函》卷一百十六。

又

誅鋤姦黨，門夜不閉。——《書鈔》卷三十六，《淵鑑類函》卷一百二十九

又

百寮嚴憚，罔不肅然。——《書鈔》卷三十六，《淵鑑類函》卷一百二十八

又

羅衡為萬年令，路不拾遺，人家牛馬皆繫於道傍。——《書鈔》卷七十八

落下閎

〔落下〕閎字長公〔一〕，〔巴郡閬中人也〕〔二〕，明曉天文〔地理〕〔三〕，隱於落下〔四〕。〔武帝時，友人同縣譙隆薦閎〕〔五〕，武帝徵待詔太史，於地中轉渾天〔以定時節〕〔六〕，改《顓頊曆》，〔更〕作《太初曆》〔七〕，拜侍中，〔辭〕不受〔八〕，〔而曰：「後八百歲，此曆差一日，當有聖人定之」〕〔九〕。——《史記索隱》卷八，《文選·李善註》卷四十九，《書鈔》卷一百三十、《說郛》卷五十八，《天中記》卷六，《藝文類聚》（下文簡稱《類聚》）卷五，《玉海》卷四又卷十，《淵鑑類函》卷三百六十九。

〔一〕「落下」二字，據《史記索隱》「而巴落下閎」詞條補，所輯爲該詞條注。《文選李善註》、《天中記》卷六作「落下閎」，《玉海》、《書鈔》、《類聚》等作「洛下閎」。《書鈔》卷一百三十作「洛下黃閎」，案，作「洛下黃閎」恐誤。按：《風俗通》曰：「姓有落下，漢有落下閎」，《五音集韻》卷十五「落」條「落亦姓，出《姓苑》，又漢復姓二氏：漢有博士落姑仲異，《益部耆舊傳》有閬中落下閎，善曆也。」，又《漢書》卷二十一「民間治曆者凡二十餘人，方士唐都、巴郡落下閎與焉。」師古注曰「姓落下名閎，巴郡人也。」此處當爲「落下閎」。

〔二〕此句據《文選》卷四十九班孟堅《公孫弘傳贊》「曆數則唐都洛下閎」句李善注引《益部耆舊傳》補。

〔三〕「地理」二字據《書鈔》及《文選》李善註補。

〔四〕《文選》李善註「落下」作「落亭」。

〔五〕此句據《文選》李善註補。

〔六〕「以定時節」四字據《書鈔》補。

〔七〕「更」字據《文選》李善註補。

〔八〕「辭」字據《文選》李善註補。

〔九〕「而曰」以次十五字據《天中記》卷六，《類聚》卷五，《玉海》卷十補。

譙周

益州刺史董榮，圖畫周像於州學，命從事李通頌之曰：抑抑譙侯，好古述儒。寶道懷真，鑒世盈虛。雅名美迹，終始是書。我后欽賢，無言不譽。攀諸前哲，丹青是圖。嗟爾來葉，鑒茲顯模！〔一〕——《三國志·蜀志·譙周傳注》，《玉海》卷五十七，《蜀中廣記》卷一百五

〔一〕《玉海》卷五十七只作「益州刺史董榮圖畫譙周像於州學，命從事李通頌之。」

任安

安廣漢人，少事聘士楊厚，究極圖籍。游覽京師，還家講授，與董扶俱以學行齊聲。郡請功曹，州辟治中、別駕，終不久居。舉孝廉茂才、太尉載辟，除博士、公車徵，皆稱疾不就。州牧劉焉表薦安：「味精道度，厲節高邈，揆其器量，國之元寶，宜處弼疑之輔，以消非常之咎。玄纁

之禮，所宜招命。」王塗隔塞，遂無聘命。年七十九，建安七年卒。門人慕仰，為之碑銘。後丞相亮問秦宓以安所長，宓曰：「記人之善，忘人之過。」——《三國志・蜀志・秦宓傳注》

任旿

任旿，蜀郡成都人。父修，字伯慶。為固始侯相，天下大蝗，獨不入界。〔一〕——《類聚》卷一百，《淵鑑類函》卷四百五十

〔一〕存古本無此條輯文

又

任旿遷司隸校尉〔一〕，杜門自守，不與豪右交通〔二〕，由是貴戚歛手〔三〕。
——《書鈔》卷三十七，《淵鑑類函》卷一百二十七

〔一〕《淵鑑類函》卷一百二十七作「任旿字文始，遷司隸校尉」。
〔二〕《淵鑑類函》卷一百二十七此處有「循法正身，直道而行」句。存古本此處有「直道而行」句。

史賢妻張昭儀

蜀郡史賢妻張昭儀。賢既犯罪被誅，儀取刀自割咽喉而死。——《御覽》卷三百六十八

叔先雄

孝女叔光雄者〔一〕，犍為人也。父泥和〔二〕。永建初為縣功曹，〔縣長遣泥和拜檄，謁郡太守〕〔三〕，乘船墜〔湍〕水〔四〕，物故尸喪，不歸。〔雄〕號泣晝夜〔五〕，心不圖存。所生男女二人〔六〕，並數歲，雄乃各為〔作〕囊〔七〕，盛珠環以繫兒〔臂〕〔八〕，數為決別之辭。家人每關防之〔九〕，〔經百許日〕後稍懈〔十〕，〔雄〕因乘小船於父墮處慟哭〔十一〕，遂自投水死。弟賢其夕夢，雄告之：「却後六日當共父同出。」至期伺之，果與父相持〔於〕江上〔十二〕，郡縣表上〔十三〕，為雄立碑，圖像其形焉。——《御覽》卷三百九十六又卷四百一十五

〔一〕存古本「光」作「先」

〔二〕《御覽》卷四百一十五作「父江和」

〔三〕據《御覽》卷四百一十五補

〔四〕同上

〔五〕同上

〔六〕《御覽》卷四百一十五作「所生男二人」

〔七〕據《御覽》卷四百一十五補

〔八〕同上

〔九〕《御覽》卷四百一十五作「家人每防閑之」

〔十〕據《御覽》卷四百一十五補

〔十一〕同上

〔十二〕同上

〔十三〕《御覽》卷四百一十五「郡縣表上」四字作「部縣長表言」

王商

　　商字文表，廣漢人，以才學稱，聲問著於州里，劉璋辟為治中從事。是時王塗隔絕，州之牧伯猶七國之諸侯也，而璋懦弱多疑，不能黨信大臣，商奏記諫璋，璋頗感悟。初，韓遂與馬騰作亂關中，數與璋父焉交通信，至騰子超復與璋相聞，有連蜀之意，商謂璋曰：「超勇而不仁，見得不思義，不可以為唇齒。老子曰：『國之利器，不可以示人。』今之益部，土美民豐，寶物所出，斯乃狡夫所欲傾覆，超等所以西望也。若引而近之，則由養虎將自遺患矣。」璋從其言，乃拒絕之。荊州牧劉表及儒者宋忠咸聞其名，遺書與商，敘致殷勤。許靖號為臧否，至蜀，見商而稱之曰：「設使商生於華夏，雖王景興無以加也。」璋以商為蜀郡太守，成都禽堅有至孝之行，商表其墓，追贈孝廉。又與嚴君平、李弘立祠作銘，以旌先賢。修學廣農，百姓便之。在郡十載，卒於官。許靖代之。——《三國志·蜀志·許靖傳注》

又

　　秦宓對王商曰：「昔堯優許由，非不弘也，洗其兩耳。」——《六臣註文選》卷五十五《劉孝標注陸士衡演連珠五十首》

王上妻

廣漢德陽王上妻者，同縣袁氏女也，名福，年二十適上。舅姑既沒，復遭上喪，悲傷感切，不妄言笑。有二子，養育遺孤，執心純篤。及叔父愍其窮困，私以許張奉，掩迫合婚，其旦計欲殺奉，恐禍及母叔孤兒，永棄死讎〔一〕，必生慷慨，流涕自殺而死。——《御覽》卷四百四十一

〔一〕存古本「死」作「怨」

王忳

王忳〔字少林〕〔一〕，〔嘗〕詣京〔師〕〔二〕，於客舍見諸生病〔三〕，甚困。〔愍而視之，書生〕謂忳云〔四〕：「〔我當到洛陽而病〕〔五〕，腰下有金十斤，願以相與〔六〕，〔死後乞〕收藏尸骸〔七〕。」未〔及〕問〔其〕姓名而〔呼吸困〕絕〔八〕。忳賣金一斤，以給棺殮〔九〕，〔餘〕九斤置生腰下〔十〕。後〔數年〕〔十一〕，署大度亭長，到亭日〔十二〕，有白馬一疋入亭中，其日大風，有一繡被隨風而來。後〔忳〕乘馬〔十三〕，〔馬〕突入金彥門〔十四〕，彥父見曰：「真〔得〕盜矣〔十五〕。」忳說〔得馬之〕狀〔十六〕，又取被示之，〔彥父曰：「卿有何陰德？」忳因書葬諸生事，且說形狀〕〔十七〕。〔彥父〕悵然曰：「此我子也！」〔十八〕〔忳即〕以被馬歸彥父〔十九〕，彥父不受。遣迎彥〔二十〕，喪金具存。——《類聚》卷八十三，《書鈔》卷一百三十四，《御覽》卷四百七十九又卷七百七，《山堂肆考》卷一百二，《淵鑑類函》卷三百六十一又卷三百七十八

〔一〕據《書鈔》卷一百三十四、《御覽》卷七百七補。
〔二〕據《書鈔》卷一百三十四補，《御覽》卷七百七無此句。
〔三〕《書鈔》卷一百三十四、《御覽》卷七百七「病」均作「疾」。《御覽》卷四百七十九「諸生」作「書生」。
〔四〕據《御覽》卷四百七十九補。
〔五〕同上，《山堂肆考》卷一百二作「我命須臾」。
〔六〕《御覽》卷四百七十九「與」作「贈」。
〔七〕據《御覽》卷四百七十九補，《御覽》卷四百七十九「收藏尸骸」作「乞藏骸骨」。

〔八〕據《書鈔》卷一百三十四、《御覽》卷七百七補。

〔九〕《御覽》卷四百七十九「忳賣金一斤，以給棺殮」作「忳即鬻金營葬」，《御
　　　覽》卷七百七「殮」作「柩」。

〔十〕據《書鈔》卷一百三十四、《御覽》卷七百七補，《御覽》卷四百七十九作
　　　「餘金悉置棺下」。

〔十一〕據《御覽》卷四百七十九補。

〔十二〕《御覽》卷四百七十九作「初到日」，從此至終，略作「有馬馳入亭而止，
　　　　其日大風飄一繡被復墮忳前」。《御覽》卷七百七作「到亭」。

〔十三〕據《御覽》卷七百七補。

〔十四〕據《御覽》卷七百七補，《御覽》卷七百七、《書鈔》「金彥門」均作「金
　　　　彥父家」。從「署大度亭長」至「此我子也」一段，《山堂肆考》卷一百
　　　　二作「後忳為大度亭長，有駿馬馳入亭而止，大風吹繡被墜前。忳乘馬
　　　　到雒縣，馬逸入他舍。主人曰：『此我家馬也，』因問所由得馬。」

〔十五〕據《書鈔》卷一百三十四、《御覽》卷七百七補。

〔十六〕據《書鈔》卷一百三十四、《御覽》卷七百七補。

〔十七〕據《書鈔》卷一百三十四、《御覽》卷七百七補。《御覽》卷七百七「忳
　　　　因書莝諸生事」作「因念莝諸生事」。

〔十八〕據《書鈔》補，《書鈔》「此我子也」作「眞我子也」，《御覽》卷七百七
　　　　作「彥父曰：『眞我子也。』」《山堂肆考》卷一百二作「主人悵然曰：『我
　　　　子也，姓金名彥。大恩久不報，天以此彰卿德耳。』」

〔十九〕據《書鈔》卷一百三十四補。

〔二十〕《書鈔》、《御覽》卷七百七「彥」俱作「生」。

又

王純

　　王純為郿令，鬱亭有鬼，每殺止客。純直入亭止宿，至夜半，有女子
稱冤，曰：「妾涪令妻也。過此亭，亭長殺妾十餘口，埋樓下，奪取財物。
亭長今門下游徼是也。」其旦召問〔一〕，游徼具服其罪〔二〕。──《書鈔》
卷七十九，《淵鑑類函》卷一百十七

〔一〕「其旦召問」四字，存古本做「詰旦召問」。

〔二〕按：疑「王純」爲「王忳」之誤，《華陽國志》、《後漢書》中所錄王忳故事
　　均包括「飛被走馬」與「遇鬼」故事，情節一般無二。

又

　　信哉少林世爲遇，飛被走馬與鬼語〔一〕！——《全蜀藝文志》卷三《大
度亭民謠》，《蜀中廣記》卷八

〔一〕按：此句以民謠形式單獨流傳，爲《華陽國志》、《後漢書》中王忳故事所
　　無，疑爲「王忳」故事之殘句。

邢顯

　　邢顯爲州從事，人稱之曰：「行黨黨，達道術，邢子昇。」顯字子昇〔一〕。
——《書鈔》卷七十三，《淵鑑類函》卷一百十一

〔一〕《淵鑑類函》卷一百十一作「邢顯爲州從事，人稱之曰：『德行堂堂邢子昂』
　　顯字子昂。」

徐韋

　　徐韋除都梁長，至縣，相地形勢，起田千有餘頃。——《書鈔》卷七十
八引《益部耆舊傳》贊，《淵鑑類函》卷一百十六。

閻憲

　　閻憲〔字孟度〕〔一〕，爲綿竹令。〔治以禮讓爲首，寬猛相濟。其聽察
甚明，簡選吏職，甚得其人〕〔二〕。有男子杜成夜行於路〔三〕，得遺裝〔一
囊〕〔四〕，開視，有錦二十疋〔五〕，明早送詣吏，曰：「縣有明府君，犯此則
慚。」〔六〕——《類聚》卷五十，《御覽》卷二百六十八又卷七百四，《天中記》卷
四十九，《淵鑑類函》卷一百十六又卷三百七十九

〔一〕據《御覽》卷二百六十八又卷七百四補。存古本作「字孟皮」。
〔二〕據《御覽》卷二百六十八補。存古本「甚得其人」作「甚難其人」。
〔三〕《御覽》卷七百四「杜成」作「杜盛」。存古本「夜行於路」作「夜于路」。
〔四〕據《御覽》卷二百六十八補，《御覽》卷七百四、《天中記》卷四十九均作
　　「得遺裝囊」。存古本亦作「得遺裝一囊」。

〔五〕《御覽》卷二百六十八又卷七百四、《天中記》卷四十九均作「有錦二十五
　　疋」。存古本亦作「二十五疋」。

〔六〕《御覽》卷二百六十八作「迄明，詣吏曰：『縣有明君，不能愍心故也。』」，
　　《御覽》卷七百四、《天中記》卷四十九均作「明送詣吏」。存古本作「迄明，
　　請吏曰：『縣有明君，不能愍心故也。』

嚴羽

　　嚴羽字子翼，仕郡功曹，刺史辟為從事。郡舉孝廉，〔羽〕曰〔一〕：「大
士貢名，下士貢身。齎函貢身，非高士也。」辭孝廉，取吏部，除無錫長
〔二〕。——《初學記》卷二十，《書鈔卷》七十九，《山堂肆考》卷八十二，《淵鑑類
函》卷一百十五又卷一百四十。

〔一〕據《書鈔》卷七十九補
〔二〕存古本無「除無錫長」四字

嚴遵

　　嚴遵為揚州刺史〔一〕。行部，聞道旁女子哭聲不哀〔二〕，問之〔三〕，〔對〕
云〔四〕：「夫遭燒死。」遵勅吏輿屍到〔五〕，〔與語。訖語，吏云：「死人自
道不燒死。」攝女〕〔六〕。令人守屍，曰：「當有物自往。」〔七〕吏白：「有
蠅聚頭所。」遵令披視，得鐵錐貫頂，考問，以淫殺夫〔八〕。——《類聚》
卷九十七，《類聚》卷六，《職官分紀》卷四十，《古今事文類聚》後集卷四十九，《淵
鑑類函》卷三百三十四又卷四百四十六

〔一〕《古今事文類聚》後集卷四十九「嚴遵」作「章遵」，疑誤。
〔二〕《類聚》卷六「旁」作「傍」。《古今事文類聚》「不哀」作「甚哀」。
〔三〕《類聚》卷六、《職官分紀》卷四十「問之」均作「問所哭者誰」。
〔四〕據《類聚》卷六、《職官分紀》卷四十補。
〔五〕《類聚》卷六「輿」作「舁」，《職官分紀》此句作「遵勅吏與語」。
〔六〕據《類聚》卷六補，《職官分紀》作「謂吏曰：『死人自過不燒死。』攝女。」
〔七〕《類聚》卷六「當有物自往」作「當有枉」。《職官分紀》作「當有物往」。
〔八〕「遵令披視……以淫殺夫」句《職官分紀》作「遵搜視，鐵釘貫項，搯問，
　　乃以淫殺夫。」

楊仁

楊仁字文義，明帝引見，問當代政治之事。仁對，上大奇之，拜仁侍御史。明帝崩，是時，諸馬貴盛，各爭入宮，仁披甲持戟，遮勒宮門，不得令入〔一〕。章帝既立，諸馬更譖仁刻峻，於是上善之〔二〕。——《初學記》卷十二，《山堂肆考》卷六十三

〔一〕《山堂肆考》作「不令得入」
〔二〕《山堂肆考》無「章帝……上善之」句。

楊鳳珪妻

犍為楊鳳珪妻者，蜀郡臨邛陳氏女也，名姬。珪早亡，時姬產子，適生六月，躬喪事，育幼孤。三年喪訖，兄弟宗親哀其子少年壯，謀議更配，以許蜀中豪姓。姬聞，仰天歎息，引刀割咽，幾死。於是九族驚愕，遂敬從其節。——《御覽》卷四百四十一

楊球

楊球字仲宣，為茂陵令。寬和多惠，以至誠接下，為民所愛。比縣連歲蝗災，曲折不入茂陵〔一〕。——《御覽》卷二百六十八

〔一〕《淵鑑類函》卷四百五十，《駢字類編》卷二百二十四有「楊琳為茂陵令，比歲連蝗災，曲折不入茂陵。」句，疑「琳」為「球」之誤。

楊申

楊申有兵雲圖〔一〕，時竇憲將兵在外，太守高安遣工從申，寫圖以進〔二〕。——《書鈔》卷九十六，《蜀中廣記》卷九十四，《淵鑑類函》卷一百九十七

〔一〕《蜀中廣記》卷九十四「申」作「由」，蓋申、由形近之誤。
〔二〕《淵鑑類函》此句作「寫圖以進憲。申口授以成圖」，並注明「以上《北堂書鈔》」，《蜀中廣記》卷九十四亦有此句，但「申」仍作「由」耳。

楊宣

楊宣為河內太守〔一〕，行縣。有羣雀鳴桑樹上，宣謂吏曰：「前有覆

車粟，此雀相隨，欲往食之〔二〕。」行數里，〔視之〕〔三〕，果如其言〔四〕。
——《類聚》卷九十二，《御覽》卷九百二十二，《古今事文類聚》後集卷四十五，《厄林》卷五，《蜀中廣記》卷七十八，《廣博物志》卷四十五，《淵鑑類函》卷四百二十四。

〔一〕《御覽》卷九百二十二、《古今事文類聚》後集卷四十五「河內太守」俱作「河西太守」。

〔二〕《御覽》卷九百二十二、《古今事文類聚》後集卷四十五、《蜀中廣記》卷七十八、《廣博物志》卷四十五「往」俱作「往」。

〔三〕據《御覽》卷九百二十二補。

〔四〕《厄林》卷五作「楊宣並聞雀聲而知覆車之粟。」

存古本作「楊宣爲河內太守，行縣，有羣雀鳴桑樹上，宣謂吏曰：『前有覆車粟。』」

楊由

楊由爲成都文學掾〔一〕，少治《易》，曉占候。忽有風起，太守問由，由曰：「南方有薦木實者，色黃赤。」頃之，五官掾獻橘數苞。——《類聚》卷八十六，《說郛》卷五十八

〔一〕《說郛》卷五十八「由」作「田」，恐爲形近之誤。

又

蜀楊由善風雲占候，文學令豐持雞酒以奉由〔一〕，時有客，不言。客去，豐起，欲取雞酒。由止之曰：「向風吹削柿〔二〕，當有持雞酒來者，度是二人。」豐曰：「實在外，湏客去取爾。〔三〕」——《御覽》卷九，《蜀中廣記》卷七十八

〔一〕《蜀中廣記》卷七十八無「蜀楊由善風雲占候」句。

〔二〕《蜀中廣記》卷七十八「削柿」作「削肺」。削肺，《顏氏家訓》曰：「削肺，削札牘之柿耳。古者書誤，則削之風角。書曰：「庶人風者拂地，揚塵轉削也。」

〔三〕《蜀中廣記》作「實在外，須客來取耳。」依文意，「客去」當是。

楊子拒妻

楊子拒妻，劉懿公女也〔一〕，字公璞〔二〕。貞勳達禮〔三〕，有四男二女。拒〔早〕亡〔四〕，教遵閨門，動有法則。長子元琮常出飲酒〔五〕，還舍〔六〕，母不見。十日，因諸弟謝過，乃數責之曰：「夫飲酒有不至湎者，禮也〔七〕。汝乃沉荒，慢而無敬〔八〕，自倡敗首〔九〕，何以帥先諸弟也？」——《初學記》卷二十六，《御覽》卷八百四十五，《說郛》卷五十八，《說郛》卷九十四，《山堂肆考》卷一百九十二，《天中記》卷四十四，《淵鑑類函》卷三百九十三

〔一〕《御覽》卷八百四十五作「劉臣公之女」。《說郛》卷九十四無「劉懿公女也」五字。

〔二〕《御覽》作「字奉漢」。《說郛》卷五十八、《天中記》卷四十四、存古本均作「字恭璞」。《說郛》卷九十四作「楊子拒妻劉泰瑾」。

〔三〕《御覽》無此句。《說郛》卷五十八作「貞靜達禮」。《說郛》卷九十四作「貞懿達禮」。

〔四〕據《御覽》、《說郛》卷五十八補。

〔五〕《御覽》「元琮」作「元珎」。《說郛》卷九十四作「元宗」。

〔六〕《御覽》、《說郛》卷五十八、存古本均作「自輿而歸」，《說郛》卷九十四作「醉歸舍」，此後句略作「劉十日不見，諸弟謝過，乃責之曰：『汝沈荒不敬，何以帥先諸弟？』」

〔七〕《御覽》「夫飲酒有不至湎者，禮也」均作「夫飲酒有節，不至沉湎者，禮也。」《說郛》卷五十八、存古本均作「夫飲食有節，不至流湎者，禮也。」

〔八〕《御覽》、《說郛》卷五十八「敬」均作「禮」，存古本作「慢而無禮敬」

〔九〕《御覽》、《說郛》卷五十八「倡」均作「為」。

翟酺

翟酺上事曰：漢文帝連上書囊以為帳，惡聞紈素之聲。——《書鈔》卷一百三十二，《類聚》卷六十九

又

時詔問酺陰陽失序，水旱隔並，其設銷復興際之本。酺上奏陳圖書之意曰：「漢四百年將有弱主閉門聽難之禍，數在三百年之間。鬥曆改憲，宜

行先王至德要道，奉率時禁，抑損奢侈，宣明質樸，以延四百年之難。」
帝從之。——《後漢書》卷四十八《翟酺傳》注

又

　　《援神、句命解詁》十二篇，按《益部耆舊傳》謂，是酺弟子緜竹杜
真孟宗所著〔一〕。——《經義考》卷二百六十七

〔一〕此條并輯入「存古本未輯錄部分」之「杜真」條。又《後漢書・翟酺傳》
　　　有「（翟酺）著《援神、鉤命解詁》十二篇」句，此處存疑。

張寬

　　益部耆舊傳曰漢武祀甘泉〔一〕，至涇橋，有女子浴於涇水〔二〕，乳長七
尺。（上）怪（其異）〔三〕，遣問之。女曰：「帝後第七車（者）知我（所來）
〔四〕。」時侍中張寬在第七車〔五〕，對曰：「天星主祭祀（者）〔六〕，齋戒不
潔則女人星見〔七〕。」

　　《太平御覽》卷六十二，《御覽》卷二百一十九又卷三百七十一，《藝文類聚》卷
四十八，《書鈔》卷五十八又卷八十九又卷一百五十八，《初學記》卷十二，《古今事
文類聚》前集卷十六，《說郛》卷五十八，《山堂肆考》卷二十一，《廣博物志》卷二，
《淵鑑類函》卷一百六十二又卷八十五又卷二百三，

〔一〕本條所見出處較多，一般為兩种開頭方式：一如本文，一為「蜀郡張寬，
　　　字叔文，漢武帝時為侍中，從祀甘泉」，此种居多，《太平御覽》卷二百一
　　　十九、卷三百七十一；《初學記》卷十二，《類聚》卷四十八、《北堂書鈔》
　　　卷五十八、卷八十九、卷一百五十八，《說郛》卷五十八等均採用第二種記
　　　錄方式，或在此結構上有所增減。其中，《書鈔》卷八十九、作「漢文帝時
　　　為侍中」，誤。

〔二〕《御覽》卷二百一十九、卷三百七十一，《類聚》、《書鈔》、《初學記》、《說
　　　郛》卷五十八等均作「至渭橋，有女子浴於渭水」，《古今事文類聚》為「至
　　　渭橋有女子浴於清水」，誤。

〔三〕據《御覽》卷二百一十九、《類聚》、《書鈔》、《初學記》補，《御覽》卷三
　　　百七十一均為「上怪問之」，《古今事文類聚》為「怪其異」。

〔四〕據《御覽》卷二百一十九、卷三百七十一，《初學記》、《類聚》、《書鈔》卷

八十九、卷一百五十八補，《書鈔》卷五十八爲「帝後第七車張寬知我所來」。《說郛》卷五十八作「帝後第七車知我已知」。

〔五〕《御覽》卷二百一十九、卷三百七十一、《類聚》、《書鈔》、《初學記》、《古今事文類聚》、《說郛》卷五十八均作「時寬在第七車」。

〔六〕據《御覽》卷二百一十九、卷三百七十一，《類聚》、《書鈔》卷八十九、卷一百五十八，《初學記》、《古今事文類聚》補。

〔七〕《御覽》卷二百一十九、卷三百七十一，《類聚》、《書鈔》卷五十八、卷八十九及《初學記》「不潔」均作「不嚴」；《御覽》卷二百一十九、卷三百七十一、《書鈔》卷五十八、《初學記》、《古今事文類聚》均作「則女人現」；《類聚》卷四十八作「則女子現」，《御覽》卷三百七十一爲「齋戒不嚴時則女人見」。

張收

西晉太康中，益州刺史張收畫〔一〕。——《全蜀藝文志》卷十，《說郛》卷九十、《蜀中廣記》卷一百五

〔一〕《說郛》卷九十、《蜀中廣記》卷一百五「畫」均作「筆」。

　　按：本條題爲《禮殿晉人畫》。又按：《蜀中廣記》卷一百五記載：《益州學館記》云：獻帝興平元年，陳留高朕爲益州太守，更茸成都玉堂石室東，別創一石室，爲周公禮殿。其壁上所畫上古、盤古、李老等神，及歷代帝王之像，梁上畫仲尼七十二弟子及三皇以來名臣。《耆舊》云，是西晉太康中益州刺史張收筆。

張則

張則爲牂牁太守，吏民號之曰臥虎。——《書鈔》卷七十五，《淵鑑類函》卷一百十三

號爲取龍〔一〕——《書鈔》卷三十六，《淵鑑類函》卷一百二十八

〔一〕《淵鑑類函》卷一百二十八作「張則兄弟有令名，爲牂牁令，鄉黨號爲取龍。」存古本無此條輯錄

張霸

　　張霸字伯饒，蜀郡城都人也〔一〕。年數歲知禮義，鄉人號為「張僧子」〔二〕。七歲通《春秋》，復欲進餘經，父母曰：「汝小未能也。」霸曰：「我饒為之〔三〕。」故字伯饒。——《御覽》卷三百八十五

〔一〕存古本無「蜀郡」二字。

〔二〕存古本作「張曾子」，後漢書卷六十六《張霸傳》、舊唐書卷一百八十九上「張僧子」均作「張曾子」，疑此處「僧」為「曾」形近之誤。

〔三〕存古本作「我饒之」。

又

　　張霸字伯饒〔一〕，為會稽太守。舉賢士，勸教講授〔二〕，一郡慕化，但聞誦聲〔三〕，又野無遺寇。民語曰：「城上烏鳴哺父母，府中諸吏皆孝友。」——《御覽》卷二百六十二，《書鈔》卷三十五，《說郛》卷五十八，《天中記》卷三十四，《淵鑑類函》卷一百二十六。

〔一〕《書鈔》卷三十五「一郡慕化」條記錄此事，僅「張霸為會稽守」六字。《天中記》卷三十四注引自「益郡耆舊傳」，咸歸於此。

〔二〕《說郛》卷五十八、《天中記》卷三十四均作「勸請教授」。

〔三〕《說郛》卷五十八、《天中記》卷三十四均作「但聞書聲」。

又

　　張霸為會稽太守〔一〕，入海捕賊。遭疾風晦冥，波水湧起。士卒驚曰霸〔二〕，霸曰：「無得恐！太守奉法追賊，風必不為害。」須臾風靜波止〔三〕。——《御覽》卷七十一，《天中記》卷九。

〔一〕《天中記》卷九作「張霸字伯饒，永元中為會稽太守。」

〔二〕《天中記》卷九「曰」作「白」，依文意，「白」當是。

〔三〕存古本無此條輯文。

又

　　張霸遷會稽太守，是後盜賊衰少，野無遺寇。童謠曰：「棄若戟，棄若矛，盜賊盡，吏皆休。」——《御覽》卷三百五十二，《淵鑑類函》卷二百二十四

張表

六五　張表，肅子也。──《三國志＿蜀志》卷十三《馬忠傳注》

　　按：存古本輯作「張表，肅子也。《華陽國志》云：表，張松子，未詳。閻宇字文平，南郡人也。」，非，此處僅「張表肅子也」五字出自《益部耆舊傳》，後文當引自《華陽國志》。

張浩

　　浩字叔明，治《律》、《春秋》，游學京師，與廣漢鐔粲、漢中李郃、蜀郡張霸共結為友善。大將軍鄧騭辟浩，稍遷尚書僕射，出為彭城相，薦隱士閻丘邈等，徵拜廷尉。延光三年，安帝議廢太子，唯浩與太常桓焉、太僕來歷議以為不可。順帝初立，拜浩司空。年八十三卒。──《三國志＿蜀志》卷十五《張翼傳注》

張彥

　　張彥字伯春，為治中從事。刺史每坐高床，治中單席於地〔一〕。──《御覽》卷二百六十三

〔一〕《御覽》卷七百○九有「張充為州治中從事。刺史每自坐高牀，為從事設單席於地」句，疑張充乃張彥之誤，《華陽國志》亦作「張彥」。

張嶷

　　嶷出自孤微，而少有通壯之節。──《三國志＿蜀志》卷十三《張嶷傳注》

又

　　嶷受兵馬三百人，隨馬忠討叛羌。嶷別督數營在先，至他里，邑所在高峻，嶷隨山立上四五里，羌於要厄作石門，於門上施牀，積石於其上，過者下石，槌擊之，無不糜爛。嶷度不可得攻，乃使譯告曉之曰：「汝汶山諸種反叛，傷害良善，天子命將討滅惡類。汝等若稽顙過軍，資給糧費，福祿永隆，其報百倍。若終不從，大兵致誅，雷擊電下，雖追悔之亦無益也。」耆帥得命，即出詣嶷，給糧過軍。軍前討餘種，餘種聞他里已下，

悉恐怖失所，或迎軍出降，或奔竄山谷，放兵攻擊，軍以克捷。後南夷劉胄又反，以馬忠為督庲降討胄，嶷復屬焉。戰鬥常冠軍首，遂斬胄。平南事訖，牂牁興古獠種復反，忠令嶷領諸營往討，嶷內招降得二千人，悉傳詣漢中。──《三國志＿蜀志》卷十三《張嶷傳注》

又

時車騎將軍夏侯霸謂嶷曰：「雖與足下疎闊，然託心如舊，宜明此意。」嶷答曰：「僕未知子，子未知我，大道在彼，何云託心乎！願三年之後徐陳斯言。」有識之士以為美談。──《三國志＿蜀志》卷十三《張嶷傳注》

又

嶷風濕固疾，至都寢篤，扶杖然後能起〔一〕。李簡請降，眾議狐疑，而嶷曰必然。姜維之出，時論以嶷初還，股疾不能在行中，由是嶷自乞肆力中原，致身敵庭。臨發，辭後主曰：「臣當值聖明，受恩過量，加以疾病在身，常恐一朝隕沒，辜負榮遇。天不違願，得豫戎事，若涼州克定，臣為藩表守將；若有未捷，殺身以報！」後主慨然為之流涕。──《三國志＿蜀志》卷十三《張嶷傳注》

〔一〕存古本「扶」作「挾」

又

余觀張嶷，儀貌辭令不能駭人，而其策略足以入算，果烈足以立威，為臣有忠誠之節，處類有亮直之風，而動必顧典，後主深崇之。雖古之英士何以遠踰哉！──《三國志＿蜀志》卷十三《張嶷傳注》

趙典

趙典〔字仲經〕〔一〕，為太常，雖身處上卿而布被瓦器。──《類聚》卷四十九，《書鈔》卷五十三又卷三十八，《御覽》卷二百二十八，《職官分紀》卷十八，《淵鑑類函》卷一百二十八。

〔一〕據《御覽》卷二百二十八補，《淵鑑類函》同《御覽》。《書鈔》卷三十八「趙」
　　作「趨」

趙閎

　　趙閎字溫柔，幼時讀《尚書》，默識其音句。——《初學記》卷十七

趙祈

　　趙祈字伯鸞，為司隷校尉，枹鼓不鳴，民無侵冤。——《書鈔》卷六十一，《淵鑑類函》卷一百七

趙玤

　　趙玤〔字孫明〕，〔一〕少好遊俠。行部，帶劍過亭長，亭長譴之，乃歎曰：「無大志，故為豎吏所輕耳〔二〕！」於是解劍挂壁曰：「玤不乘輜重佩綬不復帶劍〔三〕！」因之京師，詣太學受業，治《春秋》。變行厲操〔四〕，名德遂稱。除野王令，乃解劍帶之官。治官清約，以身率下，烟火不舉，常食乾糒。〔五〕——《書鈔》卷七十八，《書鈔》卷一百二十二，《御覽》卷二百六十八，《廣博物志》卷三十二，《淵鑑類函》卷一百十六又卷二百二十三

〔一〕據《御覽》卷二百六十八補。
〔二〕《御覽》「豎吏」作「亭吏」。存古本作「豎吏」
〔三〕《御覽》「輜重」作「輜車」，「佩綬」作「佩紱」。存古本作「乘車佩紱」。
〔四〕存古本「操」作「摻」。
〔五〕《書鈔》卷一百二十二略作「趙玤好遊俠，亭長辱之。玤乃歎曰：『吾無大志，故為人所輕。』乃解劍挂壁曰：『玤不乘駟馬車不復佩劍也！』」，《廣博物志》無「治官清約，以身率下，烟火不舉，常食乾糒」句。

趙瑤

　　趙瑤為緱氏令。到任，虎負其子出界。——《書鈔》卷七十八，《淵鑑類函》卷一百十六

又

　　趙瑤為緱氏令，齊戒請雨於虛皇〔一〕，乃自責，稽首流血，應時天雨大澍。——《書鈔》卷七十八，《淵鑑類函》卷一百十六

〔一〕存古本「虛皇」作「靈星」

又

趙瑤字元珪，為閬內令。遭旱，率掾吏齋戒，請雨靈應，一縣遍熟〔一〕。
——《書鈔》卷一百五十六，《類聚》卷二，《說郛》卷五十八，《蜀中廣記》卷二，《天
中記》卷三。

〔一〕《類聚》卷二作「趙瑤為閬中令。遭旱，請雨於靈星，應時大雨。」
《說郛》卷五十八、《蜀中廣記》卷二十四、《天中記》卷三均作「趙瑤為閬
中令，時西州遭旱。瑤率掾吏齋戒於零星池，歸咎自責，稽首流血，應時大雨。」
存古本亦如是。

周繕紀妻

捷為南安周繕紀妻者〔一〕，同縣曹氏女也，名禁，字敬姬。年十七適
周氏，二年而夫亡隕。時禁懷妊數月，後產子元餘〔二〕。喪事闋，遂移居，
依託父母，欲必守義〔三〕，育養孤弱。父愍其年少子稚，默以許同縣狐賓。
遣車馬衣服來欲迎禁，父乃告。禁勃然作色，悽愴言曰：「近依父母，本不
圖此。」因流涕慷慨，乃自投舍後流水〔三〕，於是舉家就赴救出，而氣息
已絕。積二日一夜〔四〕，乃復蘇息。二親由是知其至誠，謝賓解婚。禁歔
欷長歎，乃更將子還，依夫第居止〔五〕，潔身執操，非禮不動。——《御覽》
卷四百四十一

〔一〕存古本「繕」作「善」。
〔二〕存古本「元餘」作「餘」。
〔三〕存古本「欲必」作「必欲」。
〔四〕存古本「舍後流水」作「舍流水」。
〔五〕存古本「二日一夜」作「二日夜」。

朱倉

朱倉字雲卿〔一〕，之蜀，從處士張寧受《春秋》。糴小豆十斛，屑之為
糧，閉戶精誦。寧矜之，斂得米二十斛〔二〕，倉不受一粒。〔三〕——《御覽》
卷四百二十六，《御覽》卷八百四十一，《說郛》卷五十八、《天中記》卷四十五、《蜀
中廣記》卷九十一，《淵鑑類函》卷三百九十五。

〔一〕《御覽》卷八百四十一、《說郛》卷五十八、《天中記》卷四十五以及存古本「雲卿」均作「卿雲」。《淵鑑類函》亦作「卿雲」。《蜀中廣記》卷九十一作「朱倉字雲卿，什邡人」。

〔二〕《御覽》卷八百四十一、《說郛》卷五十八、《天中記》卷四十五「斛」均作「石」。

〔三〕《蜀中廣記》卷九十一「倉不受一粒」句後有「饑則吞紙，寒則抱犬」句。

7.3 《益部耆舊雜記輯錄》

王嗣

王嗣、常播、衛繼三人，皆劉氏王蜀時人，故錄于篇。

王嗣字承宗，犍為資中人也，其先，延熙世以功德顯著。舉孝廉，稍遷西安圍督、汶山太守，加安遠將軍。綏集羌、胡，咸悉歸服，諸種素桀惡者皆來首降，嗣待以恩信，時北境得以寧靜。大將軍姜維每出北征，羌、胡出馬牛羊氈毦及義穀裨軍糧，國賴其資，遷鎮軍，故領郡。後從維北征，為流矢所傷，數月卒。戎夷會葬，贈送數千人，號呼涕泣。嗣為人，美厚篤至，眾所愛信。嗣子及孫，羌胡見之如骨肉，或結兄弟，恩至於此。——《三國志·蜀志·楊戲季漢輔臣贊附錄》

常播

常播字文平，蜀郡江原人也。播仕縣主簿功曹。縣長廣都朱游，建興十五年中被上官誣劾，以逋沒官穀，當論重罪。播詣獄訟爭，身受數千杖，肌膚刻爛毒痛慘至，更歷三獄，幽閉二年有餘。每將考掠，吏先驗問，播不答，言：「但急行罰，無所多問！」。辭終不撓，事遂分明，長免刑戮。時唯主簿楊玩亦證明其事，與播辭同。眾咸嘉播忘身為君，節義抗烈。舉孝廉，除郪長，年五十餘卒，書於《舊德傳》，後縣令潁川趙敦圖其像，贊頌之。〔一〕——《三國志·蜀志·楊戲季漢輔臣贊附錄》，《御覽》卷六百五十

〔一〕《御覽》卷六百五十作「常播字文平，蜀郡江源人，仕縣主簿。縣長廣都朱淑，以官穀割沒當論重罪，播爭獄訟，身受杖數千，披肌割膚，更歷三獄，

幽閉二年。每將掠拷，吏先驗問：『伏不？』播答言：『忽得罰，無所多問！』辭終不撓，事遂見明也」。

衛繼

衛繼字子業，漢嘉嚴道人也，兄弟五人。繼父為縣功曹。繼為兒時，與兄弟隨父游戲庭寺中，縣長蜀郡成都張君無子，數命功曹呼其子省弄，甚憐愛之，張因言宴之間，語功曹欲乞繼，功曹即許之，遂養為子。繼敏達夙成，學識通博，進仕州郡，歷職清顯。而其餘兄弟四人，各無堪當世者。父恒言己之將衰，張明府將盛也。時法禁以異姓為後，故復為衛氏。屢遷拜奉車都尉、大尚書，忠篤信厚，為眾所敬。鍾會之亂，遇害成都。
──《三國志‧蜀志‧楊戲季漢輔臣贊助附錄》

李權

李權字伯豫，為臨邛長。子福。見犍為楊戲《輔臣贊》。──《三國志‧蜀志‧劉二牧傳注》

何祗

每朝會，祗次洪坐，嘲祗曰：「君馬何駛？」祗曰：「故吏馬不敢駛，但明府未著鞭耳。」眾傳之以為笑。祗字君肅，少寒貧，為人寬厚通濟，體甚壯大，又能飲食，好聲色，不持節儉，故時人少貴之者。常夢井中生桑，以問占夢趙直，直曰：「桑非井中之物，會當移植然。桑字四十下〔有〕八〔一〕，君壽恐不過此。」祗笑言：「得此足矣。」初往郡，後為督軍從事。時諸葛亮用法峻密，陰聞祗遊戲放縱，不勤所職，嘗奄往錄獄，眾人咸為祗懼。祗密聞之，夜張燈火見囚，讀諸解狀。諸葛晨往，祗悉已闇誦，答對解釋，無所凝滯，亮甚異之。出補成都令時，郫縣令缺，以祗兼二縣。二縣戶口猥多，切近都治，饒諸奸穢每比人。常眠睡，值其覺寤，輒得奸詐。眾咸畏祗之發摘，或以為有術，無敢欺者〔二〕。使人投籌，祗聽其讀，而心計之，不差升合，其精如此。汶山夷不安，以祗為汶山太守，民夷服信。遷廣漢，後夷反叛，辭：「令得前何府君乃能安我耳」。時難屈祗，拔

祇族人為〔之〕〔三〕，汶山復得安。轉祇為犍為，年四十八卒，如直所言。後有廣漢王離，字伯元，亦以才幹顯，為督軍從事。推法平，當稍遷，代祇為犍為太守。治有美績，雖聰明不及祇，而文采過之也。〔四〕——《三國志·蜀志·楊洪傳注》，《書鈔》卷一百四十三，《御覽》卷四百又卷四百三十二又卷三百九十三，《說郛》卷五十八，《天中記》卷五十一

〔一〕據《御覽》卷四百補。

〔二〕按：《御覽》卷三百九十三作「何祇為成都令，嘗眠睡，其覺悟便得姦詐，咸服其發摘，或以為有術，得知之無敢復欺者」，蓋「祇」、「祗」形近之誤

〔三〕據《說郛》補，《說郛》作「挾族人為之」。

〔四〕按：此條《三國志·楊洪傳注》所引最詳，其餘各書所引皆為片段：書鈔自「何祇家貧，為人寬厚通濟」起，至「時人少之」止。說郛引文自「汶山夷不安」起，至「汶山復得安」止。御覽卷四百自「何祇嘗夢井中生桑」起，至「君壽恐不過此，後果如直言」止。卷四百三十二自「使人投筭」起，至「其精如此」止。卷三百九十三自「何祇為成都令」起，至「得知之無敢復欺者」止。以下各書所引亦皆為片段，不再贅述。

張任

張任，蜀郡人。家世寒門，少有膽勇，有志節，仕州為從事。——《三國志·蜀志·先主劉備傳注傳注》

又

劉璋遣張任、劉璝率精兵拒捍先主，於涪為先主所破，退與璋子循守雒城。任勒兵出於雁橋，戰復敗，禽任。先主聞任之忠勇，令軍降之，任厲聲曰：「老臣終不復事二主矣！」乃殺之。先主歎息焉。——《三國志·蜀志·先主劉備傳注》

按：此條輯文存古本歸為「劉璋」條，因事多及張任，此處咸歸張任條。

李氏三龍

朝又有一弟，早亡。各有才望，時人號之李氏三龍〔一〕。——《三國志·蜀志·楊戲季漢輔臣贊注》，《卮林》卷五

〔一〕《厄林》卷五作「益部耆舊雜記曰：李邵字永南。弟朝，字偉南，又有一弟，
　　　各有才望，時號李氏三龍。」

張松

　　張肅有威儀，容貌甚偉。松為人短小，放蕩不治節操，然識達精果〔一〕，
有才幹。劉璋遣詣曹公，曹公不甚禮，公主簿楊脩深器之，白公辟松，公
不納。脩以公所撰兵書示松，松宴飲之間，一看便闇誦〔二〕，脩以此益奇
之〔三〕。──《三國志・蜀志・先主劉備傳注》，《御覽》卷三百八十九又卷四百三
十二，《天中記》卷二十五

〔一〕《御覽》卷四百三十二「果」作「異」。盖字形相近之誤。
〔二〕《御覽》卷三百八十九又卷四百三十二「看」均作「省」。
〔三〕御覽卷三百八十九「奇」作「異」。盧弼《三國志集解》注曰「宋本『奇』
　　　作『異』」。按：該篇《御覽》卷四百三十二略作「《益部耆舊傳》曰：張松
　　　識達精異，劉璋遣曹公。楊脩以公所撰兵書示松，飲讌之間，一省即便闇誦。」

諸葛亮

　　諸葛亮於武功病篤，後主遣福省侍，遂因諮以國家大計。福往具宣聖
旨，聽亮所言。至別去數日，忽馳思未盡其意，遂却馳騎還見亮。亮語福
曰：「孤知君還意。近日言語，雖彌日有所不盡，更來一決耳〔二〕。君所問
者，公琰其宜也。」福謝：「前實失不諮請公，如公百年後，誰可任大事者？
故輒還耳。乞復請，蔣琬之後，誰可任者？」亮曰：「文偉可以繼之。」又
復問其次，亮不答。福還，奉使稱旨。福為人精識果銳，敏於從政。子驤，
字叔龍。亦有名，官至尚書郎、廣漢太守。──《三國志・蜀志・楊戲季漢
輔臣贊孫德贊注》

7.4　《益部耆舊傳之存古本未輯錄部分輯錄》

霸栩

　　《益部耆舊傳》有霸栩。──《通志》卷二十八

杜真

杜真字孟宗,廣漢綿竹人也。少有孝行,習〔《易》〕、《春秋》〔一〕,誦百萬言〔二〕。兄事同郡翟酺,酺後被繫獄,真上檄章救酺。繫獄〔三〕,笞六百,竟免酺難。京師莫不壯之。——《後漢書》卷四十八《翟酺傳》注,《太平御覽》卷六百四十九,《蜀中廣記》卷九十一

〔一〕據《後漢書》《翟酺傳》注及《蜀中廣記》卷九十一補。

〔二〕《蜀中廣記》作「誦說日萬言」

〔三〕《蜀中廣記》作「後酺繫獄,真上檄章救亦繫獄,」

又

杜真孟宗周覽求師〔一〕,經歷齊魯,資用將乏,磨鏡自給。——《廣博物志》卷三十九,《天中記》卷四十九

〔一〕《天中記》卷四十九作「楊真孟宗」

又

《援神、句命解詁》十二篇,按《益部耆舊傳》謂,是酺弟子縣竹杜真孟宗所著〔一〕。——《經義考》卷二百六十七

〔一〕此條並輯入「异部耆舊傳輯錄部分」之「翟酺」條。又《後漢書.翟酺傳》有「(翟酺)著《援神、鉤命解詁》十二篇」句,此處存疑。

符昭壽

符太保骨

王均咸平三年害兵馬鈐轄符昭壽,棄其尸於東門外,不見其元。觀者咸云:「此是符太保骨頭」。蓋昭壽好自親庖事,又僻嗜羹,每嫌羹薄。庖者嘗多取羊骨煉之,云:「勿妄觸此,此是符太保骨頭。」至是乃成其讖焉。——《新編分門古今類事》卷十四

景毅

廣漢景毅,益州太守,鳩果於所,事雛卵育。——《御覽》卷九百二十一

劉寵

劉寵喪母。時亂，墳墓發傷，寵乃矯母命，為家貧無財，唯有手上金環，賣造墓供送，免發掘。——《書鈔》卷一百三十六，《御覽》卷七百十八、《天中記》卷四十九，《淵鑑類函》卷三百八十一

劉子政

劉子政談論津津，甘如粘蜜——《書鈔》卷九十八、《淵鑑類函》卷二百二

任文公

任文公當王莽之亂，奇物悉賣，唯留銅甑。——《蜀中廣記》卷六十八

又

文公為治中，時旱，白刺史云：「五月一日大水至。」及期果然。——《書鈔》卷七十三、《淵鑑類函》卷一百十一

又

任文公有道術，為州從事，越雋欲反，遣案虛實止傳，舍有風發，文公起曰：「當有逆變。」因率駕去，未能發者，為郡兵所殺。——《淵鑑類函》卷一百十一

又

公孫述時，武擔石折。任文公嘆曰：「西方智士死，吾當應之。」歲中卒。——《太平寰宇記》卷七十二、《蜀中廣記》卷二，《淵鑑類函》卷二十六

按同卷載：武擔山，俗曰「石筍」，在郭內州城西門之外大街中。

任永君

公孫述僭號，徵犍為任永君，許以大位，永君故託以清盲，妻於面前淫，若不見，子入井，忍情不問。述伏誅，永君澡浴，引鏡照形曰：「世適平，目即清。」妻乃自殺。——《御覽》卷七百四十三

馮季成

馮信季成，亦不受公孫述聘，託清盲十三年，侍婢於面前淫而不問。述誅，取紙作書，婢因自殺。——《御覽》卷七百四十三

司馬相如

謂之斯臾〔一〕——《史記索隱》卷二十六

〔一〕《史記》卷一百十七《司馬相如列傳第五十七》有「司馬長卿便略定西夷、邛筰、冉駹、斯榆之君，皆請爲內臣」句，《索隱》曰「斯榆，益部耆舊傳謂之斯臾」。

又

宅在少城中，笮橋下，有百許步是也。——《太平寰宇記》卷七十二

王離

有廣漢王離，字伯元。——《厄林》卷六

王棠妻

廣漢王棠妻文拯。其前妻子博學，好寫書。拯嘗爲手自作帙，常過其意——《御覽》卷六百六

楊統

統字仲通〔一〕，曾祖父仲續，舉河東方正，拜祁令〔二〕。甚有德惠，人爲立祠，樂益部風俗〔三〕，因留家新都，代修儒學，以《夏侯尚書》相傳〔四〕。
——《後漢書》卷三十上《楊厚傳》注，《蜀中廣記》卷五十五又卷九十一

〔一〕《蜀中廣記》卷五十五無「字仲通」三字。
〔二〕《蜀中廣記》卷五十五作「授郫令」，卷九十一作「拜郫令」。
〔三〕《蜀中廣記》卷五十五自此及止作「樂其風俗，於是居焉」。
〔四〕《蜀中廣記》卷九十一「以夏侯尚書相傳」後尚有文字，爲「建初中爲彭城令，益州大旱，統推陰陽消伏。縣界蒙澤。太守宗湛使統爲郡求雨，亦即降澍。自是朝廷災異多以訪之，統作《家法章句》及《〈內讖〉二卷解說》，位至光祿大夫，爲國三老，年九十卒。」

楊終

終徙於北地望松縣，而母於蜀物故，終自傷被罪充邊，乃作《晨風》之詩，以舒其憤也。——《後漢書》卷七十八楊終傳注，《蜀中廣記》卷九十一

張騫

騫，漢中成固人。——《史記索隱》卷二十七，《漢書》卷六十一《張騫李廣利傳注》

張翁

張翁遷越嶲太守，初乘兩馬之官，後並死，步歸京師。——《淵鑑類函》卷一百十三

張真妻

張真妻，黃氏女也，名帛〔一〕。真〔因〕乘船〔過江〕〔二〕，〔船〕覆沒〔三〕，〔帛〕求〔夫〕尸不得〔四〕。帛至沒處灘頭，仰天而歎，遂自沉淵〔五〕。積十四日，帛持真手於灘下出〔六〕，時人為說曰：符有先絡，僰道有張帛者也。〔故名鴛鴦圻〕〔七〕。——《水經注》卷三十三，《御覽》卷一百六十六，《太平寰宇記》卷七十九，《蜀中廣記》卷十五。

〔一〕《御覽》卷一百六十六、《太平寰宇記》卷七十九均作「僰道有張真，娶黃氏女名帛。」《蜀中廣記》卷十五作「張員妻」，以下「張真」處皆作「張員」，恐誤。《水經注釋》卷三十三作「張貞妻」，恐誤。

〔二〕據《御覽》、《太平寰宇記》補。

〔三〕據《御覽》、《太平寰宇記》補。

〔四〕據《御覽》、《太平寰宇記》補。

〔五〕「帛……沉淵」一句《御覽》作「自沉於水」，《太平寰宇記》作「於溺所仰天長嘆，遂自沉焉。」

〔六〕《御覽》作「積十四日乃抱夫屍出於灘下」。《太平寰宇記》作「積十四日，帛乃扶夫尸出於灘下」。

〔七〕據《御覽》補。《太平寰宇記》作「因名鴛鴦岸」。

趙瑛

趙瑛為青州刺史〔一〕，凡得屬託書於聽事〔二〕，置大器〔三〕，悉投置水中，一無所發。——《書鈔》卷三十七，《淵鑑類函》卷一百二十七

〔一〕《淵鑑類函》卷一百二十七作「趙瑛字稚圭，為青州刺史」。

〔二〕《淵鑑類函》卷一百二十七「聽」作「庭」

〔三〕《淵鑑類函》作「置大器水」。

朱遵

朱遵，武陽人。仕為功曹，率兵拒公孫述，絆馬死。贈復漢將軍，有祠。——《蜀中廣記》卷十二

參考書目

著作類

1. （漢）班固撰，（唐）顏師古注《漢書》，北京：中華書局，1962 年版。
2. （漢）董仲舒著，《春秋繁露》，上海：上海古籍出版社，1989 年版。
3. （晉）常璩撰《華陽國志校注》，劉琳校注，成都：巴蜀書社，1984 年版。
4. （南朝宋）范曄撰，（唐）李賢等注，《後漢書》，北京：中華書局，1965 年版。
5. （北魏）酈道元撰，陳橋驛注《水經注》，杭州：浙江古籍出版社，2001 年版。
6. （梁）蕭統編（唐）李善注《文選》，上海：上海古籍出版社，1986 年版。
7. （梁）蕭統編（唐）李善等注《六臣註文選》，杭州：浙江古籍出版社，1999 年版。
8. （唐）房玄齡等撰《晉書》，北京：中華書局，1974 年版。
9. （唐）魏徵等撰，《隋書》，北京：中華書局，1973 年版。
10. （唐）徐堅等著《初學記》，北京：中華書局，1962 年版。
11. （唐）歐陽詢撰，汪紹楹校《藝文類聚》，上海：古籍出版社，1965 年版。
12. （唐）虞世南輯《北堂書鈔》，北京：中國書店出版社，1989 年版。
13. （後晉）劉昫等撰《舊唐書》：北京：中華書局，1975 年版。
14. （宋）歐陽修，宋祁撰《新唐書》，北京：中華書局，1975 版。
15. （宋）樂史撰《太平寰宇記》，臺北：文海出版社，1993 年版。

16. （宋）李昉《太平御覽》，北京：中華書局，1960 年版。

17. （宋）祝穆撰《古今事文類聚》，北京：書目文獻出版社，1991 年版。

18. （宋）鄭樵撰《通志》，北京：中華書局，1987 年版。

19. （宋）王應麟撰《玉海》江蘇古籍出版社，上海書店 1988 年，聯合出版。

20. （宋）王欽若撰《冊府元龜》，北京：中華書局，1960 年版。

21. （宋）孫逢吉撰，《職官分紀》，北京：中華書局，1988 年版。

22. （宋）委心子撰《新編分門古今類事》，北京：中華書局，1987 年版。

23. （明）陶宗儀等編《說郛三種》，上海：上海古籍出版社，1988 年版。

24. （明）曹學佺撰《蜀中廣記》，上海：上海古籍出版社，1993 年版。

25. （明）董斯張著《廣博物志》，上海：上海古籍出版社，1992 年版。

26. （明）周嬰撰，《卮林》，上海：上海古籍出版社，1992 年版。

27. （明）楊慎編，劉琳、王曉波點校《全蜀藝文志》，北京：線裝書局，2003 年版。

28. （清）朱彝尊《經義考》，北京：中華書局，1998 年版。

29. （清）張英、王士禎等纂《淵鑑類函》，北京：中國書店，1985 年版。

30. （清）張玉書等編《佩文韻府》，上海：上海古籍書店，1983 年版。

31. （清）湯球輯，楊朝明校補《九家舊晉書輯本》，鄭州：中州古籍出版社，1991 年版。

32. 近人盧弼 著《三國志集解》，北京：中華書局，1982 年版。

33. 周天遊輯注《八家後漢書輯注》，上海：上海古籍出版社，1986 年 12 月版。

34. 劉大傑撰《魏晉思想論》，上海：上海古籍出版社，1998 年 12 月版。

35. 魯迅著《中國小說史略》，北京：東方出版社 2003 年 8 月版。

36. 繆鉞著《繆鉞全集》第四卷，石家莊：河北教育出版社 2004 年版。

37. 楊伯峻譯注《論語譯注》，北京：中華書局，1998 年版。

38. 楊耀坤、伍野春著《陳壽、裴松之評傳》，南京：南京大學出版社，1998 年版。

縮微膠片類

1. （唐）司馬貞撰《史記索隱》全國圖書館文獻縮微中心，1986 年，（明末氏汲古閣刻本）。

2. （宋）王象之撰《輿地紀勝》全國圖書館文獻縮微中心，2001 年，清抄本。

3. （金）韓道昭撰《萬曆已丑重刊韓道昭改併五音集韻》全國圖書館文獻
   縮微中心，2001 年。

4. （明）陳耀文編《天中記》，全國圖書館文獻縮微中心，2001 年（明萬
   曆刻本）。

5. （明）彭大翼撰《山堂肆考》，全國圖書館文獻縮微中心，2001 年（明
   萬曆二十三年金陵書林周顯刻本）。

論文類

1. 王仲鏞《陳壽〈益部耆舊傳〉探微》，載《四川師大學報》1994 年第 3
   期。

2. 曹書傑《陳壽入晉仕曆考年》，載《社會科學探索》1995 年第 6 期。

3. 瞿林東《論魏晉南北朝隋唐時期的歷史發展與史學特點》，載《河北師院
   學報》（社科版）1995 年第 4 期。

4. 孫紹華《〈三國志〉和陳壽的史識》，載《史學史研究》1997 年第 2 期。

5. 韓兆琦《中國古代傳記文學略論》，載《北京師範大學學報：社科版》1997
   年第 4 期。

6、陳長琦《魏晉九品官人法再探討》，載《歷史研究》1995 年第 6 期。

7. 李伯勳《陳壽編〈諸葛亮集〉二三考——兼談整理諸葛亮著作的一些做
   法》，載《成都大學學報》社科版 1995 年第 3 期。

8. 樂繼生《對陳壽及《三國志》所遭非議的辨正》，載《北方論叢》1995
   年第 6 期。

9. 林繼富《中國民間傳說與史官文化》，載《民間文學論壇》1997 年第 3
   期。

10. 孫家洲《漢代「應驗」讖言例釋》載《中國哲學史》1997 年第 2 期。

後 記

　　這部書稿曾陪我走過近一年的時光，很長一段時間裏，我都習慣於沉浸在各種標注著「《益部耆舊傳》曰」或「《益部耆舊傳》云」的文字裏，體味著一千七百多年前巴蜀大地上祖先們的智慧與豪邁，篤實與堅毅，並經常為能在各類典籍的字裏行間找到這個世界的一角剪影而欣喜不已。

　　這個世界給人的感覺是踏實的、篤定的，尋找這個世界的過程也就變得充滿了樂趣。因而，即使是在重新修訂輯本的今天，我都十分感謝將這片世界指點給我的羅國威教授。

　　早在四川大學基地班讀本科時，羅老師執教的「文獻學概論」就讓很多同學產生了濃厚的興趣，進而使我將文學文獻學作為繼續攻讀的專業。記得在三年多的時光裏，羅老師的悉心指導給了我更深一步的積累和認識，也正是在羅老師那裡，我第一次看到民國四年四川存古書局刊刻的《益部耆舊傳》複印本，開啓了對於這個世界的打量和探尋。

　　整理的過程是繁雜的，很多時候會在困惑裏兜圈子，羅老師的肯定給過我莫大的信心；在提綱的審定、資料的收集、輯本的修訂以及寫作過程中，羅老師的指導和支持是支撐我走下去的重要力量。這些記憶，哪怕是過上許多年，都鮮活地在那裡，不曾磨滅。

　　在書稿完成的今天，也唯有在這裡向羅老師致以深切的謝意和敬意。師恩如海，又怎樣才能算是報完這份恩情呢？

《新疆回部紀略》校注

〔清〕慕璋著 李江傑校注

作者簡介

〔清〕慕璋著，甘肅鎮原人，清朝舉人，曾任西寧縣教諭。光緒九年，在清政府擬在新疆建省之際，受命考察新疆，經採摘正史並調閱地方檔案纂成此書。

慕暲墓志銘

李江傑校注，1974年生，河北省石家莊市元氏縣人，南京大學文學博士，副教授，碩士生導師，現任石河子大學重點文科基地新疆非物質文化遺產研究中心副主任，主要從事古代文學與文獻研究、非物質文化遺產傳承與保護研究。現主持國家哲社藝術學課題一項，教育部青年課題一項，參與國家哲社課題一項、省級課題兩項，發表相關專業學術論文近二十篇。

提　要

《新疆回部紀略》成書於清代光緒年間，記錄新疆回部歷史、地理、人文風俗以及宗教信仰等新疆民族與歷史，所記新疆回部情形頗詳，可謂內容宏富，規模空前，實乃煌煌大作。

此書問世之前，雖不乏官方以及前哲時賢對新疆歷史、地理以及人文信息的記載，然對新疆回部關注不夠，更缺乏對其給予系統的記述和研究。清政府在天山南、北軍務始定之後，為加強西北邊境管轄，擬設立新疆行省。有鑒於此，清政府為實現對新疆回部的更好管理，於設立新疆行省之前，委派大吏橄霽堂（慕璋）馳赴新疆，調查回部情形，以作設縣之計。光緒九年，慕璋受命考察新疆回部情形，為追蹤溯源遂採摘正史，並調閱地方檔案文獻，考察詳覈，遂纂成此書。

本書原稿存陝西總督，底稿為慕璋之子少堂（慕壽祺）收藏，後捐贈甘肅省圖書館。全書十二卷、卷首總論，一至九卷記新疆回部沿革、疆域、山川、建置、官制、營伍、糧餉、錢法、軍臺及回務等，末三卷為霍集斯列傳、土爾扈特傳及特產等。全書內容豐富，記事簡賅，為研究新疆民族與歷史之重要參考文獻。

序

　　新疆不皆回族也，以回族居大多數，群稱之曰「回國」。回族亦非阿拉伯種也，其先皆突厥族，以信奉回教，故稱之曰「回部」。元太祖成吉思汗平西域，征服回部，對回部之宗教而聽其自由。以其人強悍，精神上之團結最堅，思有以分散之，故嘗遷徙於內地。世祖即位後，欲使漢、回感情日漸融洽，陝西行中書省設回回令史，陝西諸道行御史臺，設回回掾吏，其所見者大也。元以後，知此道者鮮矣，故亂事以發生。我朝疆域開拓跨越漢、唐天山南北胥奉正朔。然乾隆歲時，回人博羅尼都〔註1〕據喀什噶爾，霍集占〔註2〕據葉爾羌，致煩大兵。事在往昔，請以近事言之。同治初元，陝回肇亂，甘回應之，官不能軍，勢遂大猖。新疆孤懸關外，餉源斷絕，陝回妥得璘〔註3〕據烏魯木齊，分擾天山南北，迭爲義民徐學功〔註4〕所擊敗。喀回

〔註1〕博羅尼都（？～1759）清維吾爾族首領。一名大和卓木。世爲回部酋長，封建主瑪罕木特長子。初父子俱爲準噶爾部拘禁於伊犁。乾隆二十五年（1755）清軍克伊犁，得釋。歸葉爾羌（新疆沙車）統舊部。不久，弟霍集占（小和卓木）亦自伊犁遁歸，遂舉兵反清。旋敗亡巴達克山，爲土酋執殺。

〔註2〕霍集占（Khwāja-i Jahān, 滿：Hojijan，？～1759年），維吾爾人，新疆喀什噶爾和卓木家族白山派阿帕克和卓木之重孫，瑪罕穆特和卓木之子，大和卓木波羅尼都之弟，所謂「小和卓木」。

〔註3〕妥得璘（1788～1872），又名妥明。信仰伊斯蘭教，經名達吾提。也有稱其爲妥克明的思克的。東鄉族人。清乾隆五十三年（公元1788年）出生於甘肅河州（今寧夏回族自治州），一個貧苦農民家庭。信奉伊斯蘭教，成爲陝、甘、寧、青、新地區著名阿訇以及吐魯番地區東道堂的創始人。同治年間，他利用回族人民和其他各族人民反抗清朝封建暴虐統治的情緒和力量，推翻了清廷在烏魯木齊地區以及周邊地區的統治，以「清眞王至聖裔督招討總統兵馬糧餉大上人」的名義在烏魯木齊地區進行分裂割據統治長達九年之久。

金相印〔註5〕復引安集延酋長帕夏襲據喀什噶爾，與妥得璘戰，已而妥得璘敗死，新疆全省悉爲帕夏有。帕夏僭號稱王，結好英、俄。時俄人占伊犁，承認帕夏爲獨立國，英亦遣使往來。廷議將以天山南路封帕夏，佐候力持不可。今上御極之元年，左侯遣劉錦堂帥師西征，錦堂復重用董福祥、張俊諸名將，各帥所部掃火犁庭。光緒四年，天山南北兩路皆蕩平。帕夏仰藥死，新疆設省與洛汭〔註6〕關輔〔註7〕同爲腹裏。回部內附，不復用兵。皆含和吐氣而頌曰：「盛哉乎斯世，雖然安不忘危，古有明訓：地大物博易孽而牙〔註8〕，則筦樞衡，脈文武，不分畛域，和好鄰邦，惟賢監司是賴。」惟是規模初創，人材缺乏，今之權利害、講形式者多，重郵驛、修衙署，鮮有暇力爲民營長策，便計對所在回部尤多歧視，起覘新疆之人民、土地荒漠者如故，疲脊者如故致令夙相親愛之回族同胞，日且危疑震撼，強鄰百出其術以煽惑而無固結禦侮之方，精神上之感情不相聯屬，更安期主權之絕無障礙哉？是則經營西北者之責也，政府懼力求根本之計，以謀建設，欲明瞭回部內容可謂知所先務矣。

鎮原慕霄堂與余誼屬同寅，時相過從，深知其研究地理與種族源流非一朝夕，故矣頃奉長官命馳往天山瀚海間，纂《新疆回部紀略》一書，余索而觀之，其體例：曰沿革、曰疆域、曰山川、曰建制、曰官制、曰營武、曰糧餉、曰賦稅、曰軍臺、曰回務、曰夷務、曰古蹟，皆據同治以前檔案，詳細調查筆之於書，而於《哈密回部紀略》尤詳，蓋哈密爲甘肅入新疆之第一都會，回部親王駐此故也，現在之建置若何，正在草創間，政府將根據是編，觀以往之事實，謀將來之福利，故暫時從略，以俟補充。後之讀是編者，可知新疆之歷史與回部之碁，布於天山南路矣。余老矣，無鎮原皇甫謐之才，序左思《三都賦》。而是編書法謹嚴，記載翔實，紙貴洛陽行將拭目俟之。

光緒九年仲冬之月　西寧府學教授李時昇序

〔註4〕徐學功（1843～1912），清末軍事家、民團首領，字仲敏。
〔註5〕祖籍新疆。清代新疆回民起義首領。同治三年（1864）六月，與布魯特（今柯爾克孜）人思地克起兵反清，佔據南疆重鎮喀什噶爾（今新疆喀什市）回城，繼攻陷葉爾羌、和闐（今和闐）等城。後迎張格爾之子布素魯克及浩罕軍阿古柏進入新疆。清軍平定新疆，他四處逃匿。光緒三年（1877）被清軍查獲處死。
〔註6〕古地域名，亦稱什谷，即今河南鞏義河洛鎮洛口村一帶，在孝義鎮東 15.5 公里處，因洛河至此流入黃河而取名。
〔註7〕關：指關中。輔：三輔。
〔註8〕唐韓愈《平淮西碑》：「至於玄宗，受報收功，極熾而豐，物眾地大，孽牙其間。」「孽牙」，禍端，災禍的苗頭。

自　序

　　昔漢武帝追迣驕虜，創置張掖、武威、酒泉、敦煌四郡，以通西域。中遭新莽之亂，閉玉門關，遏絕西域朝貢。唐宋之隆時陷夷狄。國初，天山北路爲準噶爾所據，南部爲回部所據。乾隆間，次第平定。設伊犁將軍、烏魯木齊提督及各路領隊大臣，以鎮攝之。時則中國西北已有新疆之名稱也，而地方官吏則陝甘總督實進退之，則是新疆者，甘肅之新疆也。今上御極之四年，再平新疆回亂。未幾，俄國交還伊犁，乃設行省與腹地侔，脫離甘肅關係，舉漢唐所開辟之西域，奔走偕來，同我太平，原不徒纏回一類也。八年冬，今青海辦事大臣李公欽伯奉恭邸手札，以萬里新疆回部居大多數，樞府欲知其內容，以爲行政方針，就近遴派委員馳赴天山南北，考察地理之沿革，及回部一切之情形。

　　時余教諭西寧，李公以余文理牁通，尚堪驅策，會商總督檄爲調查員，車馬、繕宿、紙筆諸費，悉取諸公家。以九年二月朔，取道甘涼，抵酒泉，俯瞰祁連、合黎之山〔註1〕，環橐月氏〔註2〕、休屠之地。見夫人煙輻輳，渠道縱橫，嘻，壯哉！亶（dǎn）巨鎮也。及出嘉峪關，日驅車戈壁中，至新疆哈密，則回部哈密親王在焉。由哈密以至和闐，距崑崙八百餘里，目所

〔註1〕 合黎山位於甘肅甘肅省河西走廊中部。海拔 1380～2278 米山北是內蒙古的騰格里沙漠、巴丹吉林沙漠；山南和祁連山遙相呼映。兩山之間就是著名的河西走廊。

〔註2〕 起源於烏拉爾山、南西伯利亞一帶，居於河西走廊、祈連山古代原始印歐人種游牧部族，亦稱「月支」「禺知」。月氏於公元前二世紀爲匈奴所敗，西遷伊梨河、楚河一帶，後又敗於烏孫，遂西擊大夏，佔領嫣水（阿姆河）兩岸，建立大月氏王國。

睹，皆纏回也。調閱檔案，踏勘地形，考以史書，參以輿論，幾經審慎，始敢操觚，彙爲一書，名曰《新疆回部紀略》。

是年十月，回西寧竣事。案《唐會要》顯慶三年五月九日，以西域平，遣使分往康居國、吐火羅國，訪風俗物產，及古今廢置畫圖以進。令史官撰《西域圖志》、《玉海》〔註3〕。至道三年七月四日，眞宗詔宰臣曰：「朕欲觀邊防郡縣山川形勢，可擇使以往。」乃選左藏副使楊允恭，崇議副使竇神寶，閣門祇侯李允則乘傳視山川形勢。不久，地均淪陷，其所著述，今亦不傳。我朝仁鑠威覃蟠際日出沒地也，漢、唐、宋所未征服之地，櫜弓陳俎，喁喁向風，武功之盛，輿地之廣，可與元太祖成吉思汗輝映後先矣。雖然思危所以求安，慮退所以能進，懼亂所以保志，戒亡所以獲存也。成吉思汗平西域初至伊犁，利用回部以取甘涼，平西夏，西北上游胥隸版圖，子孫因之統一華夏，不及百年，豆剖瓜分，順帝退居漠北，一蹶而不能復振者，因無政治設施以鞏固其根本也。今聖天子賢宰衡勵精圖治，思患豫防，撫此邊遠之新疆，思所以長治而久安者，余知其必有合也。李公將以是編工繕進呈，圖上方略，俾回部長享洪鬯之福者，顧不巨歟。是編也，行李倉皇章成急就，不能鏡將來成其不刊，而芻蕘〔註4〕之策或亦當諸公所樂聽乎。爰誌其緣起如右。

光緒十年孟春之月　西寧縣學教諭慕暲序

〔註3〕中國類書，南宋王應麟編，凡200卷。《玉海》爲百科全書式的著作，取自「粹焉如玉，浩乎似海」之意。

〔註4〕芻蕘：割草打柴的人。認爲自己的意見很淺陋的謙虛說法。

序

　　新疆爲金天之奧區，古華胥國之舊址，自漢迄明，羈縻而已。我朝乾隆時，天山南北悉成編戶，此誠開闢以來所未覯，嗚呼盛矣。新疆設省之議，始自龔自珍，而成於左侯恪靖、劉中丞錦堂，然新設之諸郡邑，多者千餘戶，少或數百、數十名，口不敵內地之一鄉。惟南路各城較爲富庶，而強半回族，信教甚堅，與漢人不相往來，國家歲靡數百萬之新餉，若不得其要領，又無人認眞考查，說明源流，撫輯招來有名無實，何足以支柱強敵，鞏固邊防哉。吾師慕霽堂先生，隴東世家也，年十七肄業關中書院，從路閏生太史游，請求經史有用之學，及水利邊防諸要政。光緒丙子，由咸豐辛酉副榜，舉本省鄉試。先是，同治中從雷提督緯堂軍，克復金積堡，論功保知縣，加花翎同知銜。其計偕至京師也，閻文介公擬密保，例可選得知縣，決然捨去，就教職司鐸西寧以（維禮）之庸愚親炙道暉已八年於此矣。近聞新疆設行省，同人喜曰：「崑崙月窟之鄉，一變而爲弦誦之區矣。」先生曰：「否，否，新疆回亂十七年，人民寥落，土壤荒蕪，建設之初，欲與內地侔，非移民實邊不可。」聞者韙之。頃以《新疆回部紀畧》命門人清藁，乃得窺其全豹。古所謂大手筆者，不圖及身親見之古之大夫德音有九：一曰使能造命讀皇華之詩，詢度諏謀，皆史職也，豈僅光華於道路而已，後世使臣登高能賦乘傳懷人於政治，曾何裨益，以王漁洋之有事南海，所著《皇華紀聞》〔註1〕，內言鬼神荒渺，與夫鳥、獸、草、木非常之奇怪，搜討捃摭，點綴太平，其他復可論

〔註1〕清朝王士禎撰。康熙甲子，士禎以少詹事奉使，祭告南海。因綴其道途所經之地，搜採故事爲此書。多采小說地志之文，直錄其事。無所考證，不及其《池北偶談》諸書也。

哉！新疆隸入版圖，垂百餘年，往來天山瀚海間，而不著一字者，無論矣。
王芍坡〔註2〕遊歷新疆，所著《吟鞭勝稿》〔註3〕皆乾隆癸卯、甲辰、乙巳、
丙午四年中，于役之作，狄道〔註4〕吳松崖盛稱之，嘗讀其吟詠，大抵山林水
土、民風物產之類，求所謂政治關係，則未之睹也。試與《紀略》相比較，
孰輕孰重，不待智者而知矣。

昔元太祖既得伊犁，積粟練兵，遂以併兼西域，下甘涼，平西夏，得回
部之力居多。回教徒之入內地者，亦自元時始，非唐代之花門〔註5〕也。閱
元、明舊史，可恍然於其故矣。自元迄今，回族中武功彪炳頗不乏人，文學
界中何人才之少也？豈語言文字之不同耶？先生曰：「元代詩人，如馬祖常
非狄道人乎？明代文人如馬應龍，非河州人乎？金陵劉介廉，譯《天方典
禮》、《天方性理》〔註6〕等書，非由甘州而遷者乎？此皆回族中之錚錚者也，
甘新偏僻之區，回族為阿訇所誤，禁子弟不許讀儒書，故不知禮法者往往恣
睢生事，吳松崖亦嘗言之，雖然彼一時此一時也，天地間惟學問足以變化氣
質，時勢可以造就英雄，以今日之政治變遷，倘移東南失業之民，與新疆回
部相雜而處，薰染華風，闡明聖道，再由公家多設義塾，熱心教育，二十年
之後，安知無馬伯庸、馬廉訪其人接踵而起也？文翁化蜀〔註7〕，韓愈化潮

〔註2〕 王曾翼（1733～1794），字敬之，號芍坡，江蘇吳江人。光緒《吳江縣續志》
卷一七《人物二》有傳。乾隆二十五年（1760）進士，授戶部主事。累擢至
甘肅甘涼兵道。一生十餘年在西北任職，並因職務之便兩次跟隨陝甘總督福
康安到新疆視察。

〔註3〕 《吟鞭勝稿》（卷上）、《吟鞭勝稿》（卷下）和《吟鞭勝稿附》。《吟鞭勝稿》（卷
上）主要記錄山西、陝西和甘肅一帶的行旅見聞，《吟鞭勝稿》（卷下）又分
為《東行雜詠》《西行雜詠》《西行續詠》《回疆雜詠》，記錄了王曾翼頻繁察
訪的行程見聞，以新疆行旅詩為主。《吟鞭勝稿附》則分為《五君詠》《辛丑
蘭州紀事詩》《甲辰紀事十六首》，除了《五君詠》是歌詠故鄉的五位長輩學
者，其他都是紀事詩。這些行旅詩大體可以劃分為記行旅民俗、行旅風景、
行旅詠懷與行旅紀事四類。

〔註4〕 狄道：古地名，今甘肅臨洮縣。古代為狄人所居，故名狄道。

〔註5〕 山名。在居延海北三百里。唐初在該處設立堡壘，以抵禦北方外族。天寶時，
為迴紇佔領。後因以「花門」為迴紇的代稱。

〔註6〕 中國伊斯蘭教的哲學著作。清代著名伊斯蘭教學者劉智著。分《本經》和《圖
傳》兩大部分。《本經》共五章，輯譯編著了八十多種阿拉伯文和波斯文經籍
的有關論述。《圖說》係仿傚北宋理學家周敦頤以《太極圖》解說世界本體的
方式與《本經》互相闡發。全書共五卷，每卷列十二說，每說一圖一傳，共
六十篇。

〔註7〕 文翁，是廬江舒地人。少年時好學，通曉《春秋》，擔任郡縣小官吏時被考察

〔註8〕，不難復見於西北。」維禮〔註9〕敬聞師訓，退而讀《子適衛》一章，
益知所以治新疆之策矣，故並識之。

　　　　　　　　　　　光緒十年夏五月　西寧縣舉人受業來維禮謹序。

　　　　提拔。漢景帝後期，擔任蜀郡守，仁愛並喜歡教導感化。看見蜀地的民風野
　　　　蠻落後，文翁就打算誘導教化，加以改進。
〔註8〕唐元和十四年（公元 819 年），韓愈被貶來潮，酷愛音樂，其侄孫韓湘又精通
　　　　音律，他們對潮州文化影響很大。韓愈在《韓昌黎文集》中記敘當時的禮樂
　　　　「吹擊管鼓，侑香潔也」，可見盛況。
〔註9〕來維禮（1833～1903），字敬輿，一字心耕，號辰生，又號椒園，西寧朝陽人。
　　　　他在西寧文化教育史上有著重要的地位，在詩歌創作上也有卓越的成就。

目

次

前　言

　　《新疆回部紀略》一書成書於清代光緒年間，記錄新疆歷史、地理、人文風俗以及宗教信仰等新疆民族與歷史的一部煌煌大作。著者慕璋，甘肅鎮原人，清朝舉人，曾任西寧縣教諭。

　　清光緒年間，時天山南北軍務始定，清政府爲加強西北邊境管轄，擬設立新疆行省。此書問世之前，雖不乏官方以及前哲時賢對新疆歷史、地理以及人文信息的記載，然對新疆回部關注並不夠，更缺乏對其給予系統的記述和研究。有鑒於此，清政府爲實現對新疆回部的更好管理，於設立新疆行省之前，委派大吏檄霽堂（慕璋）馳赴新疆，調查回部情形，以作設縣之計。光緒九年，慕璋受命考察新疆回部情形，爲追蹤溯源遂採摘正史，並調閱地方檔案文獻，考察詳覈，遂纂成此書。

　　《新疆回部紀略》所記新疆回部情形頗詳，可謂內容宏富，規模空前，有：總論（亞洲、帕米爾高原、西南行者薩利曼山、蔥嶺、河源地、西域三十六國、迴紇、回回、移民、開礦、練兵、商埠、文化），分論：烏什、阿克蘇、葉爾羌、和闐、喀什噶爾、英吉沙爾、庫車、喀喇沙兒、吐魯番、哈密等，又分別記述各地沿革、疆域、山川、建置、官制、營伍、糧餉、錢法、軍臺及回務等，末三卷爲霍集斯列傳、土爾扈特傳及特產等。

　　書稿原存陝西總督，底稿爲其子少堂（慕壽祺）收藏，後捐贈甘肅省圖書館。全書十二卷、卷首總論，一至九卷記新疆回部沿革、疆域、山川、建置、官制、營伍、糧餉、錢法、軍臺及回務等，末三卷爲霍集斯列傳、土爾扈特傳及特產等。全書僅 4000 餘言，然內容豐富，記事簡賅，爲研究新疆民族與歷史之重要參考文獻。

附錄：慕暲墓誌 [註1]

皇清誥授 [註2] 奉政大夫 [註3]，寧靈廳 [註4] 教授慕霽堂先生墓誌銘

提督甘肅全省學政，翰林院編修蔡金臺撰文

八旗官學教習，甘肅靖遠縣知縣劉民書丹

先生諱暲，字霽堂，號雨溪。甘肅鎮原人也。其先五燕 [註5] 遺裔，居山左。逮明季，有諱永忠者，官鎮原，遂家焉。祖諱元春，字開泰，遷縣南古城山，高尚不仕。考諱性生，字牲甫，續學 [註6] 未遇並封奉政大夫。先生幼穎敏，下筆千言，咸豐辛酉中副車。同治初，陝回亂，牲甫公度賊西竄，必犯鎮原，練鄉團結寨自保。賊果大至，讎慕氏，盡力攻破之，慕氏老幼男婦殉者，七十餘人。先生憤不能平，走謁雷正綰 [註7] 軍門，爲畫策，攻破賊金積堡 [註8] 老巢，獎同知銜，候選知縣，並兩代五品封。賊平，先生觍

〔註1〕 墓誌於甘肅鎮原縣出土，（清）白廷錫鐫，清光緒30年（1904）9月16日銘，墓誌中「暲」與《新疆回部紀略》所署「璋」異文，實錄之。

〔註2〕 朝廷用誥命授予封號。

〔註3〕 文散官名。金始置，正六品上，元升爲正五品。明正五品初授奉議大夫，升授奉政大夫。清正五品概授奉政大夫。

〔註4〕 寧靈廳，中國清朝寧夏府所管的縣級行政區劃名。同治十一年（1872年）置，是清代的散廳，治所在「金積堡」（今寧夏回族自治區吳忠市西南金積鎮），屬甘肅省寧夏府管轄。民國時期1913年，「寧靈廳」改置爲「金積縣」，初屬寧夏道，後屬寧夏省。1960年，中國國務院批准廢金積縣。

〔註5〕 五燕，指十六國（也處於晉十六國時期的大環境）時期由慕容部鮮卑建立的①前燕、②後燕、③西燕、④南燕和由鮮卑化漢人馮跋實際控制、⑤北燕五個政權。

〔註6〕 謂治理學問。亦指學問淵博。

〔註7〕 雷正綰（？～1897）字偉堂，四川中江人，清朝將領。

〔註8〕 今寧夏吳忠金積鎮。

縷慕氏殉難事具稟，大吏聞於朝，朝議旌合例者凡二十七人，分別入祀忠孝節義祠，並各恤以世職，於是慕氏之節烈聞天下。光緒丙子，先生舉於鄉，是時如謁選，應銓選知縣。先生澹於仕進，呈請改教，遂以教職終焉。初權固原學正，調西寧教諭，再調寧靈廳教授。寧靈廳者，昔年逆回馬化漋倡亂之地，即先生攻破之金積堡也，種族雜，風俗悍，先生欲以文化之修孔廟，建申明亭箋注。章皇帝《勸善要言》刊印分送，家喻而戶曉焉。數年遠近烝烝，向學應試生童數倍往日。光緒甲午狄河之亂，寧靈無敢盜兵潢池者。

先生之教也，嗚呼！師道立則善人多，若先生者足以風天下矣。先生以道光十六年三月二十三日生，歿於光緒二十六年十二月十九日，享壽六十有六。元配楊宜人〔註9〕同治中殉回亂，繼配許宜人，生子五，壽禔貢生分省補用州同〔註10〕。壽祺字少堂，為余丁酉選拔所得士，癸卯舉人，揀選知縣。壽祐候選州判。壽禮從九職銜。壽祓留甘補用縣丞，畢業甘肅武備學堂。女一，適同知董天祐。孫二，承保、承藩。孫女五。

先生歿之明年，歸葬於鎮原古城山之祖塋側，越四年，少堂以狀來，乞余為銘。余前視學甘肅，稍稍能知先生者，不可以不文辭，銘曰，先生性肮冷宦，辭尊居卑，橋門璧水所樂在茲，卅年司鐸岩邑化之。嗚呼！是可以為人師。

大清光緒三十年秋九月既望勒石。

〔註9〕封建時代婦女因丈夫或子孫而得的一種封號。
〔註10〕官名。清代知州的佐官。屬於直隸州的，相當於同知；屬於散州的，則與州判分掌督糧、捕盜、海防、江防、水利諸事，均從六品官。

校注說明

〔1〕本書以慕璋之子少堂所存書籍爲底本，現存甘肅圖書館。又，甘肅省古籍文獻整理編譯中心編，苗普生主編，《中國西北文獻叢書二編·西北稀見方志文獻》（第四卷）影印收錄，線裝書局 2006 年 9 月出版。

〔2〕底本脫漏之補訂、他本之重要異文，均根據現存碑帖、碑傳、正史以及墓誌文獻等出校，與箋注並列。

〔3〕本書以箋注爲主，因歷史和地域原因，凡原書中所列歷史、典故、地理名稱、人名、封號等歷史、地理文化信息，以及今人較難懂的字句，均加以箋注。

〔4〕本書原文排版中以小字體對前文作箋注，本校注中將小字箋注置於（）中，並以細楷字體以示區別。若原文如案語、綜述、碑銘等記述以小字排版者，本校注則以細楷字體刊印以示區別。

新疆回部紀略

總　論

亞　洲

　　此洲為五洲中最大者，東臨太平洋，南鄰印度洋，北鄰北冰洋，西界歐洲，西南以蘇伊士河界非洲。面積占全陸四分之一，大於歐洲四倍，人口八萬萬，得全球人數之半，而中國人數又占亞洲人數之半，民族不一。西人稱在中國、日本、朝鮮者，為蒙古利亞種，在印度、波斯、阿拉伯、高加索者，為高加索種，在馬來半島者，為馬來種，回族在新疆南路者，為突厥種。

　　案：亞洲地勢以帕米爾高原為脊，亞洲六大山系皆自此發脈，分行四方。面東北行者為天山山脈、阿爾泰山脈，東行者為崑崙山山脈，東南行者，為喜馬拉雅山脈，西行者為興都庫什山脈，西南行者為薩利曼山脈，因此六大山脈分亞細亞為五大部：一東亞細亞，中國內部、東三省及日本、朝鮮是也；二北亞細亞，天山山脈、阿爾泰山脈以北之地，即俄屬西伯利亞是也；三西亞細亞，興都庫什山脈以南，薩利曼山脈以西之地，即波斯、阿富汗及俾路芝及小亞細亞、阿拉伯是也；四南亞細亞，喜馬拉雅山脈以南，薩利曼山脈以東之地，即印度與中國，印度兩半島是也；五中亞細亞，當帕米爾高原之東、北、西三面，東境為喜馬拉雅山脈、阿爾泰山山脈兩間之地，即青海、西藏、新疆、蒙古是也，西北境為興都庫什山脈以北，裏海以東，額爾齊斯河以西諸地，即俄領中亞細亞是也。

帕米爾高原

其地在新疆之西，印度克什米爾之北，俄領中亞細亞之南，在亞洲中央而略偏西南，是為人種發生之地。亞洲平原以此為最高，今為中、俄、阿富汗三國分領之地。一作波謎羅川（唐時有波謎羅，川即今帕米爾河），新疆蔥嶺北，河之南源也，或曰波謎羅者，波斯語平頂屋之義。亞洲諸大山皆發脈於此，東北行者，天山、阿爾泰山；東行者崑崙山；東南行者喜馬拉雅山；西行者印度庫斯山（一作興都庫什），西南行者薩利曼山。

案：波斯、西亞細亞之王國，面積六十二萬八千方里，民奉回教，地多沙漠，公元前三三十年，滅於馬其頓，其後迭屬於條支安息及波斯之薩山朝，阿拉伯之大食、蒙古之伊兒〔註1〕，今為英法勢力所迫，殆與半獨立國無異。

蔥嶺（崑崙之別名也）

蔥嶺之南屬英，西屬俄，東北屬中國，此三國者，皆地球最大、最強之國，關天下全局之安危者也。蔥嶺之東北，則新疆南北各城也。其東則青海及犛牛徼外諸番也，其東南則前後藏及哲孟雄〔註2〕、白布諸國也。皆中國累朝兵力所征服，其南則五印度，西南則阿富汗，皆屬於英，其西則克什米爾，西北則塔什干，敖罕基發諸回部，皆屬於俄，並峙連衡，如鼎三足。然天山南北兩路皆為中國有，回部強悍可用，皆統屬於新撫主權之下。夫國民之結合，非第形式上主權之統一也，而貴乎精神上，感情之統一。他日者控扼崑崙，鞭笞四海，長駕遠馭，繼黃帝而開王會之圖復可難哉。

河源地

羅布淖爾一地，古所稱星宿海也，居新疆東南，為漢時玉關之故道，南連蔥嶺，北接吐魯番，西達西寧、陝西，西抵莎車、哈密，周回二千餘里，縱狹而衰長，中有大河二道，句聯絡貫，土膏飫衍。向以規劃無人，交通不便，中國視同甌脫，土民不識耕耘，橫亙區中遠同化外，新撫擬募回民墾種，

〔註1〕13 世紀中葉蒙古人以伊朗為中心建立的帝國。「伊兒」（又作「伊利」）意為「藩王」，帝國諸稱臣於中國元朝的大，故名。

〔註2〕錫金古稱「哲孟雄」，印度錫金邦（Sikkim）位於喜馬拉雅山南麓，中國西藏和尼泊爾之間，地勢北高南低，全境海拔幾乎都在 1500 米以上。南部為肥沃的谷地，北部為山區。屬亞熱帶山地季風氣候。居民多為尼泊爾族人，多信奉藏傳佛教、喇嘛教。

而回民安土重遷，且以東作之事非所深諳，故應募者寥寥，宜令陝甘總督，陝西、新疆、西寧辦事大臣各派幹員，查明四至，籌劃拓墾，開濬溝渠，發給牛種，修建邑落，製造舟車，毋動浮言，勿惜小賞，二十年之後，新疆富庶，可與內地侔矣。

西域三十六國（見《後漢書・班超傳》）

西域諸國，皆在匈奴之西，烏孫之南。于闐（今于闐、和闐兩縣也），皮山（今皮山縣），烏秅（今巴達克山地），西夜（今莎車縣），子谷（今葉城縣），蒲犁（今蒲犁縣），依耐（今英吉沙爾縣），無雷（在帕米爾地方），大宛（今俄屬好罕），桃槐、休循、捐毒（皆蔥嶺間小國），莎車（今莎車縣地），疏勒（今疏勒縣），尉頭（今烏什縣），姑墨（今拜城縣），溫宿（今溫宿縣），龜茲（今庫車縣），尉犁、渠犁、危須、焉耆（皆今焉耆縣地），車師（今吐番縣），墨山（在今羅布泊北），劫國、狐胡（皆在今鄯善縣境），烏壘（在今輪臺縣），皆有城郭。其為沙壓而淪為戈壁者，則有姑羌、樓蘭、且末、小宛、精絕、戎盧、扞彌、渠勒八國（皆在敦煌以西，于闐以東），後分為五十五，稍散至百餘國。

案：西域之名，始於漢時，指敦煌以西諸國，而言其在今川南、滇、黔諸省之地，以迄於越南、緬甸，則謂之西南夷，後世常用「西域」二字以指西方諸國，或又稱西極，謂西方極遠處也。

迴紇

一作回鶻，國名也。本突厥之別種，元魏時，亦號高車部，或曰敕勒（訛為鐵勒），其部落曰袁紇，至隋曰韋紇，唐時稱曰迴紇，代突厥而有內外蒙古之地，後並於蒙古，宋元時曰畏吾兒，奉穆罕默德所創之教（本曰伊蘭斯教。案：當為伊斯蘭教。其教典曰可蘭經）元時恒混回鶻與回回為一，後人頗襲其誤。不知回鶻自遼至元，皆謂之畏吾兒，固與回回無涉。

回回

西域大食國種也，宋時據有中亞，《遼史》紀大石大敗西域諸國忽兒珊之兵，又紀耶律大石率眾西行，所歷諸部有維吾兒城，及回回大食部，後為元太祖所滅，《元史》亦稱為西域主，蓋就其奄有中亞，言則稱為西域大石，時為耳朝。元太祖時為花剌子模朝，就其一國而言，則謂之「回回」，即花剌子模朝也，興於西遼之時，而滅於成吉思汗之手。

案：明邱濬曰：「回回國在玉門關外萬里，陳、隋間入中國，金元以後蔓延滋甚。所至輒相親，守其所謂教門者尤篤，今在在有之。新疆等處居民多奉回教，因稱其人為回教，由稱之曰『纏頭』，以其頭纏白布而名之也。是皆回教徒，非大食國種也。」又案：大食國名即阿拉伯帝國，回教祖穆罕默德所創，強盛時奮有亞洲西部，非洲北部，及歐洲之西班牙。後分為二，都於亞洲之報達者，為黑衣大食，後為元太祖所滅；都於西班牙之哥爾多華者，為白衣大食，後為今之西班牙所滅。

移民

新疆南八城〔註3〕水澤紛歧，夙稱沃壤。北路伊犁、精河、烏魯木齊、塔爾巴哈臺等處，均膏腴衍飫，畝收十鍾〔註4〕。同治以前，各路領隊大臣曾以民屯墾，豐收倍蓰，比戶歡然。現在新疆設省，旗兵不久回京，營田水利接收無人，者東南諸省，人稠地狹，水旱偏災，時有所聞，土地所生。不足給求而糊口，一聽其飄零。海固為人馬牛，淡然漠然而不為之籌劃，政在養民之謂何矣。宜做漢武帝時成法，遣天下有罪者移徙新疆，准其攜帶眷屬，內地失業良民，願出關者，聽舉前代之視為荒遠難稽者，經而營之，疆而理之，俟有成效，應如何立學校，惠工商，變通今古，因地制宜，其在賢有司哉！

開礦

金礦以阿爾泰山為最旺，緣此山綿互數千里，為西北群山之大幹，塞外各大江大河之所發源也。左則科布多，右則塔爾巴哈臺，萬岫千峰，盤薄深遠，金質在石，取之不竭，誠中原之寶藏，天地之奧區矣，我守之可以自固，他人得之可以致富。舊日封禁各礦，宜一律開採，官督商辦，以濟餉需。又天山南北煤油礦所在皆有，而我猶拘守成法，視為緩圖，夫邊疆之利，自行開猶可保我利權，自甘放棄，事事仰給於人，必至無可駐足，而後已執眉睫之目論以天地自然之利，度外置之竊恐先機既誤，後悔奚追？不止如河伯之見笑於海若也。

〔註3〕八城指位於新疆南部（俗稱南疆）的八座城池：喀什噶爾、英吉沙爾、葉爾羌、和闐、阿克蘇、烏什、庫車、喀嘛沙爾。
〔註4〕古容量單位。春秋時齊國公室的公量，合六斛四斗。之後亦有合八斛及十斛之制。

練兵

新疆之兵，首推八旗勁旅，承平日久，暮氣漸深。其次則蒙古兵，惟自元明以還，溺心黃教，厭苦兵戎，偶有風鶴之驚，則潰敗逃亡，不堪一戰。同治時，花門肇亂，以回兵三百襲破烏里雅蘇臺，掠餉銀二十萬兩，數萬蒙兵聞風逃散。當是時政府議救烏，科調撥燕晉之兵，周章三載，竟無應者。博觀往事，可爲寒心。現在新疆平定，遊民散勇，狼狽爲奸，此等不軌之民，縱而逸之，則草澤之雄也，收而練之則干城之選也。餉出於地，兵寓於農，既實邊儲潛消隱患，事有似緩而實急，似難而實易，似迂闊而實切於事情者，此之謂也。非然者，強鄰密邇，蠶食鯨吞，事變之來，未知極不早練兵，何以固我西北。

商埠

同治初，帕夏與妥得璘互鬨，俄乘勢據伊犁，揚言爲我代守，而陰以兵助帕夏。同治四年，新疆平，時伊犁俄兵尚未退也。五年，遣崇厚使俄，索伊犁，崇厚不諳交涉，但得俄還伊犁，其他皆非所計，遂定議。俄以伊犁城還中國，向中國索銀五百萬盧布，而以伊犁西、南兩境劃歸俄領。廷議譁然，逮崇厚至京下獄，令曾紀澤赴俄重議，俄人堅執前約爲有效，於是中俄各備戰，紀澤竭力與俄商，乃雙方讓步，俄以伊犁九城及其南境一帶地歸我，我以盧布九百萬償俄。紀澤欲引渡叛回白彥虎，俄不許。七年，辟伊犁、哈密爲商埠，俄貨遂充斥於西北一帶。三十年後，蘭州亦爲俄人消貨場矣。

文化

自來治新疆者，每圖近功而昧遠略，對於回族，捨羈縻束縛之外，別無政策，別無教育，以致人民之志氣蜷伏，而不能發抒，見聞孤陋，而無從擴大，終其身崇拜一部《可蘭經》，視阿訇爲教主。久之，飲食、衣服與漢人殊，言語不相通，文字不適用，則教育未能普及之所致也，世界任何民族，凡在天地間，享有文明之榮譽者，皆集合其他各民族之文明，而相爲融洽，集合之分子愈複雜，文化之程度愈增高。今欲新疆回族進化趨新，先令讀中國書，受孔子戒，沾染薰陶，庶與漢人同化。

凡　例

一　是編以保守邊疆，發揚民氣爲宗旨，而近於神怪，及點綴風景之詞皆不
　　錄。

一　新疆雖已設省，而州縣名稱，地方官吏，以及賦稅兵制，暫沿舊制，其
　　新制若何規定尙在數年以後。

一　是編專紀新疆回部，其漢人所駐巴里坤等處，甘肅民政長官另派員調查，
　　權限所在，未便牽混。

一　《禹貢》〔註 1〕西戎即敘，已包括新疆在內，但文獻無存，故此編自漢時
　　始。

一　地理沿革以正史爲根據，其他稅則、兵制，調閱各地方案宗，而摘其大
　　要。

一　此編資料採至道光朝爲止，咸豐朝洪楊擾東南，塞外已鞭長莫及，同治
　　元年以後，新疆大亂，無事可考。

一　新疆種類最雜，而回部爲最強。此編紀回部源流，其關於治亂安危，另
　　行呈報，以備芻蕘之採。

一　新疆物產，和闐玉，哈密瓜，吐魯番葡萄，爲全國所無，誠特產也，其
　　他與關內同，故不錄。

〔註 1〕《禹貢》是《尚書》中的一篇。是戰國時魏國的人士託名大禹的著作，因以
　　　　《禹貢》名篇，全書一一九三字，以自然地理實體（山脈、河流等）爲標誌，
　　　　將全國劃分爲九個區（即「九州」），並對每區（州）的疆域、山脈、河流、
　　　　植被、土壤、物產、貢賦、少數民族、交通等自然和人文地理現象，作了簡
　　　　要的描述。設想在當時諸侯稱雄的局面統一之後所提出的治理國家的方案，
　　　　託名大禹，企望能夠得到施行。

目　錄

鎭原　慕暲　霽堂甫著

受業　韓樹義　來維禮　丁聯奎　劉耀鼎　仝校

〔註1〕清官名。清代派兵在新疆屯田，設領隊大臣以統索倫、額魯特等軍隊，駐伊犁、阿克蘇等地。光緒十年（1884），新疆建爲行省，設府、州、縣後，陸續廢除。

〔註2〕碑中記載：惟永漢二年八月，敦煌太守雲中裴岑將郡兵三千人誅呼衍王等，克敵全勝，除西域之災，震威到此，立海詞以表萬世。

烏 什

沿 革

烏什城在阿克蘇西二百餘里，回人舊謂之土爾番。土爾番者，譯言都會也。自漢及魏爲尉頭國〔註1〕、隋爲疏勒國地，唐置尉頭州，宋仍爲疏勒國地。元、明爲巴什伯里，今名烏什。烏什者，猶漢語云：峰巒飛騰聳峻也。其地三面據山，西面因山爲城，屬境二十二戶本數萬準噶爾時最爲表著，其阿奇木伯克〔註2〕霍集斯，乃準噶爾汗達民齊之所立也。乾隆二十三年，大兵破伊犁，而達民齊奔至烏什，霍集斯憑其詐力生擒達民齊父子以獻，身受王封，回人多不義其所爲。後霍集占叛逆，逃往阿克蘇，烏什兩路之人亦來從之作亂。詎霍集斯暴戾兇狠，反覆不可專任。召入京師，以哈密回長阿不都拉爲烏什阿奇木伯克，阿布都拉性既貪酷，所用皆哈密回子，尤多騷擾。時烏什辦事大臣素誠父子凶淫殘暴，回民若之賴黑木圖拉遂聚眾叛，殺素誠父子及阿布都拉，並戕害官兵，時南路之參贊大臣〔註3〕那世通以罪誅。伊

〔註1〕 《漢書·尉頭國傳》載：「尉頭國，王治尉頭谷。去長安八千六百五十里，戶三百，口二千三百，勝兵八百人。左右都尉各一人，左右騎君各一人。東至都護治所千四百一十一里，南與疏勒接，山道不通。……田畜水草、衣服類烏孫」。

〔註2〕 伯克原來是回部的首長，經清朝重新任命，按職責和品級稱某某伯克，共三十餘名目。最高的爲阿奇木伯克，掌綜回務，三品至六品。

〔註3〕 清官名。置於新疆伊犁、新疆塔爾巴哈臺、新疆烏什等地。清代新疆伊犁將軍下設參贊，又在塔爾巴哈臺、烏什等處各設參贊大臣，等級略次於將軍，皆由皇帝特旨簡派。掌參贊軍務，綜理政事，又戰時亦往往臨時置參贊大臣，輔佐統帥，助理軍務，分統軍隊。乾隆二十四年（1759年），清軍平定大小和卓之亂，置參贊大臣辦理喀什噶爾事務，受伊犁將軍節制。乾隆二十八年（1763年），以參贊大臣那世通總理回疆南八城事務。乾隆三十年（1765年），烏什辦事大臣素誠被殺，以永貴爲總理回疆事務參贊大臣，移駐烏什。

犁將軍明瑞，參贊大臣永貴討平之，逆回盡行誅滅，城市一空。

疆域

烏什地方諸峰環抱，大河交流，幅員遼闊，北望冰山，東通阿克蘇界，西南一帶山場沃野，草湖茂密，皆布魯特游牧舊地。嗣經分界彈壓，各安邊境，與回部兩無侵擾，東至提圖薩拉提地方九十里，交阿克蘇界；西至巴什雅哈卡倫九十里，其外布魯特固爾箚巴什部落二百餘里，交喀什噶爾界；南至屯珠素達巴罕二百四十里柯爾平，交葉爾羌界；北至貢古魯克卡倫五十里，其外貢古魯克達巴罕二百餘里，通伊犁交界。

山川

貢古魯克山，城北一帶自西而東皆大山，袤延數百里。西北有巴克塔山口通布庫部落，又西通蒙古多爾部落；正北庫庫爾山口、雅滿素山口，俱通布魯特游牧。

巴什雅哈瑪山，城西南百里，沖巴噶什部落在此山內游牧。

屯珠素山，城南一帶交葉爾羌界。

大河一道，源出胡什奇地方，自城西畢底里卡倫東流，分而為二：其南一支又東至城之西，分而為三，又東至城之東北復合而為一，又東流至色公園子，與北一支大河彙而東流至察哈拉克臺，出境，其水烏什所屬回莊並官墾屯田，皆開渠灌溉，資其利焉。

建置

烏什依山為城，自乾隆二十四年隸入版圖，至乾隆三十年，逆回賴黑水圖拉變亂。大兵平定後，重建城垣，周圍共長四百六十八丈有奇（南長一百三十六丈，北長一百三十丈，東長一百一十六丈，西除山頭占去地面外餘長八十丈），高一丈七尺（底厚一丈二尺，頂厚七尺），四門城樓四座，角樓四座，賜名永寧城。

城內建萬壽宮一座，城內西山坡上建。（山川社稷）壇一座。

關帝廟一座，御書匾：「靈鎮岩疆」，御書對聯：「軼倫名炳千秋日，靖遠威行萬里風。」

馬祖、火神殿各一座，觀音閣一座，韋馱殿〔註4〕一座。

〔註4〕彌勒殿，又叫韋馱殿。

城內建設

欽差辦事大臣衙署一處，印房〔註5〕一所，糧餉局一所，滿營佐領衙署一所，防禦衙署一所，管理營屯參將衙署一所，城守營都司衙署一所，管理馬廠守備衙署一所，侍衛並滿、漢官兵住房十七所，收稅官廳一所，臺卡官廳一所，東屯守備衙署一所，西屯守備衙署一所，西門外硝局一處。

官制

欽差辦事大臣一員（部頒銅印一顆），乾隆三十年平定逆回後，原駐參替大臣一員，辦事大臣一員。乾隆五十三年，參贊大臣移駐喀什噶爾，今仍設辦事大臣，印房章京一員，筆帖式二員，委筆帖式四員，額外委筆帖式五員，從九未入流職銜六員，額書十一名。

糧餉局章京一員，從九未入流職銜三員，額書四名。

侍衛六員。

滿營佐領一員，防禦一員，驍騎校一員。

城守營署都司一員，守備一員，千總一員，把總三員，經制外委七員，額外外委二名。

屯田參將一員，守備二員，千總二員，把總一員。

營伍

滿營兵一百四十六名，每歲操演八個月。鳥槍、鉛藥由本城庫內撥給，弓箭、撒袋、腰刀、旗幟、帳房，係各兵自原營帶來，在該營收貯。

綠營馬步守兵六百七十名，每歲操演八個月。鳥鎗、弓箭、鉛藥由本城庫內撥給，腰刀、號衣、馬鞍、賬房、火繩，係各兵自原營帶來以備操演，（庫貯一切軍械內鎗砲並修砲器具等項，係防所自行修補，至弓箭、旗幟如有殘缺，均由內地調解，以上各物係城守營經管。）

屯田兵二百五十名，每名種地二十畝，共種地五千畝，歲交大小麥共五千一百餘石，每人如納糧在二十石以上，奏請議敘參將紀錄一次，守備紀錄二次，專管千把〔註6〕加一級，兵丁賞給一月鹽菜銀九錢。

〔註5〕機構名。八旗都統衙門內部機構之一。掌管都統印信，辦理章奏文移，協辦各項事務，併兼管恩賞銀庫事宜。雍正中設置，乾隆時職制始備。

〔註6〕清代對武官千總、把總的並稱。

糧餉

每年滿、漢官兵鹽菜銀應需經費銀一萬二千兩，於四、五月間本處專摺。
奏調由陝甘總督撥解。

每年由阿克蘇分領搭放〔註7〕，官兵鹽菜錢一千一百五十千文，隨時報部
備銷。

每年出糶小麥二三千石不等變獲糧價，錢二三百千不等，搭放官兵鹽菜
錢文。（嘉慶四年，辦事大臣烏爾圖那遜奏，將積存餘糧，內請糶小麥一萬二
千石，一二年糶完，後報部停止。）

每年由內地調解，紬緞二三百匹不等，本處售變所獲錢文，搭放官兵鹽
菜，每年十月內截數報部。

每年由內地調解茶六百五十封，搭放官兵每封扣收價銀九錢四分零，約
收價銀五百餘兩，統隨經費搭放官兵鹽菜銀兩，入於本年奏銷報部。

辦事大臣歲支養廉銀七百兩（俱係銀款）。官兵鹽菜（銀六成錢四成），
章京筆帖式、滿營驍騎校以上，綠營經制外委以上（每兩合錢一百六十文），
委筆帖式以下滿、漢兵丁一切工食（每兩合錢二百二十文），糧員公費辦事人
等油燭採買官物（每銀一兩合錢一百文）報部題銷。

每年應支滿、漢官員鹽菜銀一千六百八十餘兩（除四成錢外，實放六成
銀一千餘兩）。

每年應支滿、漢兵丁、通事回子〔註8〕，鹽菜銀兩一萬五千餘兩（除四成
錢外，實放六成銀九千一百餘兩）。

每年應支書識〔註9〕冬月柴炭、油、燭銀三百四十六兩六錢（除四成錢外，
實放六成銀一百四十七兩九錢六分）。

糧員公費銀一百八十兩（除四成錢外，實放六成銀一百八兩）。

撥給阿克蘇錢價銀五百八十七兩八錢五分。

每年賞給屯田、硝局、軍臺兵丁，一月鹽菜銀三百五十八兩三錢（除四
成錢外，實放六成銀一百五十餘兩）。

〔註7〕財政名。凡某項收入之銀兩留於某處，歸入他項應發放之款內，如發放官兵
俸餉，或支給吏役工食銀兩等等，即為搭放銀。
〔註8〕回族翻譯官。
〔註9〕吏胥名。清代正額書吏之外的一種臨時性書吏，稱為書識。在經制之吏出缺
之後，書識可以遞補其缺。

賦稅

每年屯田兵丁二百五十名，每名種地二十畝，共種地五千畝，應交小麥四千八百餘石，大麥三百一十餘石。

每年回子八百一十戶，每戶額交糧二石四斗八升一合〔註10〕零，共交小麥一千零五石，大麥六百七十石，糜子三百三十五石（小麥每京石磨麵一百二十斤，糜穀每京石碾成米五斗，支放官兵口糧，大麥飼喂軍臺、硝局、屯工馬牛，按年報部）。

鋪面房一百七十二間（每間每月收取租銀一錢），住房五百七十四間（每間每月收取租銀五分），耕種菜地六百二十三畝（每畝每歲收取租銀二錢以上），一歲約共收房、地租銀六百七十五兩四錢（每銀一兩合錢二百二十文折收），搭放官兵鹽菜十月內報部。

每年抽收稅課喀什噶爾、葉爾羌回子，赴外番貿易牲畜、皮張等物，俱二十分抽收一分（不及分數者照依時價，錢二十文抽收一文）。外番布魯特、安集延回子販來牲畜、皮張等物，按三十分抽收一分（不及分數者依照時價，錢三十文抽取一文）。每馬一匹抽收錢五十文，每牛一隻抽收錢二十五文，每羊一隻抽收錢十二文，一歲約收錢十數千，以為稅務處公費（供辦祭品、香燭及修鋪器具，十月內報部開銷）。

牧廠

官抽稅項馬匹並年滿回京交留馬匹，又布魯特呈遞馬匹，歲收數目多寡不等（稅馬五六匹，交留馬二十餘匹，呈遞馬一百餘匹），又備差馬二百匹（自喀什噶爾分領者），俱係城守營派員經管。

官抽稅羊，歲收數目多寡不等（約二百隻上下），數目多者搭放官兵口食，數少者存廠牧放，係城守營經管。

以上馬匹羊隻每百匹隻，准倒六匹隻，所有軍臺備差馬內應，補缺額者均在官稅馬內照數撥補，以供差遣，仍將一歲動存馬匹、羊隻數目報部核銷。

屯工牛一百六十七隻，硝局牛十七隻，每年每百隻准倒十五隻，其倒缺在於伊犁、喀什噶爾，請領補缺隨時具奏。

硝局

管理硝局派千總一員，專司其事，兵丁二十五名，每年熬硝五千五百九

〔註10〕合：gě（量詞）十合為一升。

十餘斤，若照數交納並無短少，咨報兵部題請〔註11〕議敘照屯田例，官員加級紀錄兵丁賞給一月鹽菜銀兩。

每年熬獲硝五千五百九十七斤零，八月內撥運吐魯番硝七百三十四斤零，其餘硝斤烏什配造火藥，俱分別咨報戶、兵、工三部題硝。

每年配造火藥六千零七十八斤，二月內撥運阿克蘇操演，火藥八百六十餘斤，十一月內撥運喀喇沙爾〔註12〕，火藥九百四十斤，隨時咨報戶、兵、工部，其餘火藥本處操演，滿、漢兵丁需用入於冊內報銷。

每年配造火藥需用硫磺六百七斤，鉛一百七十六斤，向由阿克蘇回子交納鉛磺，內照數動撥以資需用，其收到鉛磺數目咨部備查。

卡倫〔註13〕

巴什雅哈瑪（東至烏什城九十里，西通布魯特、喀什噶爾，南靠山，北至畢底爾十里），侍衛一員，滿兵十名，回子五名。

畢底爾（東至沙土四十里，西通布魯特，南至巴什雅哈瑪十里，北通布魯特），卡倫達一名，滿名六名，回子二名。

沙土（東至雅滿素四十里，西至畢底爾四十里，東南至烏什城四十里，北通布魯特），侍衛一員，滿兵十五名，回子十二名。

雅滿素（東至公古魯克四十里，西至沙土四十里，東南至烏什城二十里，西通布魯特），卡倫達一名，滿兵五名，回子二名。

公古魯克（東至畢得克里十里，西至雅滿素四十里，南至烏什城六十里，北至公古魯克山二百里），侍衛一員，滿兵七名，回子四名。

畢得克里（東至阿克蘇界，西至公古魯十里，西南至烏什城五十里，北靠雪山），侍衛一員，滿兵四名，回子四名。

以上卡倫供差馬匹，係該滿兵由原營乘騎之馬，自備差遣查閱。

軍臺

烏什底臺（東至阿察塔克臺八十里，馬十九匹），委筆帖式一員，外委兵

〔註11〕猶奏請。

〔註12〕清乾隆二十三年（1758年）於其地築城，定名喀喇沙爾，維吾爾語意為「黑城」。光緒八年（1882年）置喀喇沙爾直隸廳，歸阿克蘇道管轄。光緒二十四年（1898年），喀喇沙爾直隸廳升為焉耆府。即今新疆焉耆回族自治縣。

〔註13〕清代在東北、蒙古、新疆等邊地要隘處設官兵瞭望戍守，併兼管稅收等事的地方叫卡倫。

五名，回子十戶。

阿察塔克臺（東至察哈拉克臺八十里，西至烏什底臺八十里，馬十五匹，牛四隻），委筆帖式一員，外委兵五名，回子十戶。

察哈拉克臺（東至阿克蘇底臺八十里，西至阿察塔克臺八十里，馬十五匹，牛四隻），委筆帖式（阿察塔克兼管），外委兵五名，回子十戶。

軍臺馬共四十九匹，按照三分倒斃之例開報，又每臺安設鐵瓦車〔註14〕二輛，五年修補一次，在於稅項內動用報銷，如倒馬並未逾額，照例將官兵咨部議敘。

事宜

一　正五八月接奉，欽賜荷包、錠藥〔註15〕、荔枝，恭摺謝恩。

一　春、秋兩季查閱滿、漢官兵技藝，繕摺具奏。

一　查閱軍臺卡倫，繕摺具奏。

一　布魯特呈遞馬匹，隨時彙奏。

一　坐卡倫侍衛三年期滿，具奏。

一　屯田禾苗長髮情形，四月內具奏。

一　屯田滿、漢官兵數目，庫貯軍械，倉庫銀錢糧石，場牧馬牛，按季咨送伊犁將軍，喀什噶爾參贊大臣。

一　每年查報回子伯克有無私買外番博羅爾回子，年終咨報理番院，喀什噶爾參贊大臣。

一　滿、漢官兵數目，年終咨報兵部，伊犁將軍，喀什噶爾參贊大臣。

一　印房、糧餉、章京、卡倫侍衛、駐防滿營官員履歷，年終咨報兵部，伊犁將軍，喀什噶爾參贊大臣。

一　由內地發遣給回子伯克為奴人犯十三名，伊犁改發給官兵為奴當差編管人犯十六名，有無脫逃事故，咨報刑部理藩院，伊犁將軍，喀什噶爾參贊大臣備查。

一　本處有無起立異端邪教，年終咨報喀什噶爾參贊大臣衙門轉咨。

〔註14〕鐵瓦車是勒勒車的一種改進，其車輪外圈裝一道鐵圈，並在車輪上加上鉚釘，比勒勒車更加結實輕便。

〔註15〕製成錠子狀的小塊藥物。

回務

烏什回部戶口，舊時最爲繁盛。乾隆三十年，逆回叛亂，誅戮淨盡。三十一二等年，陸續由阿克蘇，葉爾羌，喀什噶爾，和闐等處，徙撥回子七百零八戶至，乾隆四十一年，查出長成餘丁，回子一百一十四戶。四十五年，查出長成餘丁，回子二十六戶，共八百四十八戶，內除撥給眾伯克燕齊回子〔註16〕三十八戶，實在種地回子八百一十戶，每年交糧並無增減。

伯克 〔註17〕

五品阿奇木伯克一員（由參贊大臣在各伯克內揀選調放）。六品哈孜伯克一員，七品明伯克三員，七品巴濟格爾伯克一員，七品密喇卜伯克二員，通知莫洛三名，全頂回子四名（以上各缺由本處揀選，咨送參贊大臣驗放）。

布魯特

奇里克部落四品，頂戴花翎布魯特一名，五品頂戴花翎布魯特一名，六品頂戴藍翎布魯特一名，全頂布魯特一名。

胡什齊部落五品頂戴花翎布魯特一名，六品頂戴藍翎布魯特四名，全頂布魯特一名。

以上伯克回戶並布魯特銜名，每年春、秋二季，咨報理藩院，喀什噶爾參贊大臣備查。

〔註16〕 各級伯克被授予三至七品的官秩外，清朝還要撥給他們一定數量的耕地和種地人，稱爲「燕齊」。林則徐《回疆竹枝詞》之八：「眾回摩頂似緇流，四品頭銜髮許留。怪底向人誇櫛沐。燕齊回子替梳頭」。

〔註17〕 「伯克」係突厥語音譯，意爲「首領」、「管理者」等。原爲突厥汗國的官號，初見於8世紀的突厥文碑銘，爲顯貴和統治者的尊稱。伯剋制是中國清末以前新疆回部實行的官制，主要通行於維吾爾（回人及塔蘭奇）、柯爾克孜、塔吉克等族地區。伯克原爲回鶻官職，唐宋時已見於史籍。明清時期，西域天山南路的世俗官僚稱爲伯克。中亞一些城市的統治者也自稱伯克。清乾隆二十四年（1759年）平定大小和卓之亂後，清廷保留了回部原有的伯克官職，並加以改革，將其納入清朝官制中。同治新疆回亂和阿古柏入侵後，伯剋制度趨於瓦解。光緒十年（1884年）新疆建省，清廷下諭廢除各級伯克，新疆全境實行與內地相同的官僚體制。

阿克蘇

沿革

阿克蘇在烏什東二百里，庫車西一千五十里，距京師一萬七百九十里，自漢及魏爲溫宿國〔註1〕，隋爲龜茲地，唐爲溫宿州，元明爲伯什巴里地，今名阿克蘇。阿克者白也，蘇水也，其地河水色白故名。人戶繁盛，地當孔道，故內地商民外藩貿易者，來往聚集於此，乃回疆第一衝繁要區也。

疆域

阿克蘇所轄地方，東至河色爾臺六百九十里，交庫車界，河色爾臺東北山內一百三十里，尼雜爾阿塔地方東南通庫車，北通著勒吐斯山，土爾扈特游牧處，西北通伊犁，東通喀喇沙爾，又尼雜爾阿塔東北三十里。阿爾通夥什地方，北通著勒土斯山，東通喀喇沙爾，西北通伊犁，此二處安設卡倫，三月內撥派官兵防守，九月內俟土爾扈特出山撤回阿克蘇城。南三百里至都齊特臺，交葉爾羌界，城西至阿哈雅爾地方，交烏什界，城北至噶克察哈爾海臺，交伊犁界，計程五百九十里，臺南即穆蘇爾達巴罕，所謂水山也，又城東里許，有本處回民土城一座，迤東四百五十里有拜城一座，迤東八十里有賽里木城一座，皆回民居住也。

〔註1〕 溫宿國，都城溫宿城，東去長安八千三百五十里。有戶二千二百，人口八千四百，軍隊一千五百人。有輔國侯、左右將、左右都尉、左右騎君、譯長各二人。東到西域都護治所烏壘城二千三百八十里，西到尉頭三百里，北到烏孫赤谷六百一十里，土地物產等都與鄯善諸國相同。東到姑墨二百七十里。王莽統治時期，姑墨王丞殺溫宿國王，吞併了溫宿國。

山川

穆蘇爾達巴罕《西域瑣談》云：穆蘇爾譯言冰達巴罕山也，在伊犁、阿克蘇之間，爲南、北兩路緊要必由之孔道，其北爲噶克察哈爾臺，其南爲塔木哈塔什臺，由噶克察哈爾臺南望雪海無垠，春、夏亦冰雪泥淖，人畜皆於山坡側嶺，羊腸曲徑而過。馬失足落雪海中，則沈墜杳然，不可復見。凡二十餘里過此即冰山，無草木無沙土，橫仄平陂，無在非冰，冰之厚薄，初不知其幾何，尋丈層巒疊嶂，千百仞攢空，巉巉如嵩華者皆冰也。遇冰有裂隙下視，窅黑不見其底，水流之聲澎湃如雷鳴。行人聚駝骨橫布其上而過其陡處，亦間有冰蹬陟降攀援滑蹉萬狀，矼步不謹，輒落冰澗中矣。時聞冰裂，其聲砳然，山谷相應，人畜急貫而行，莫不戰慄。冰上石子大者如屋如樓，小者如拳如栗，不一而足。往往有數丈大石惟徑尺，冰柱支撐而立，行人必經其下，設中途日暮昏暗不能行走，必擇穩厚大石伏於其上，夜靜聞如鐘鼓鉦鐃之聲，絲竹管絃之奏，通宵聒耳，乃遠近冰裂之繁響也，且其冰長落無常，時而突起也，則高三百丈餘，時而陷沈也，則下三百丈許，道路無一定之所。有神獸一，非狐非狼，每晨視其蹤之所向，踐而遁之，必無差謬。又有神鷹一，其色青白，大如鵰，或有迷山徑者，聞鷹鳴，尋聲而往，即可尋歸大路。迤西山峰矗起插雲，如筍林立，望之青碧燦然，蓋堅冰夾峭石也，水色黑，其上不可登降矣。其南八十里至塔木哈塔什臺，河流浩瀚即冰山湧出之水也，東南長趨數千里，支分派別，盡歸羅卜淖爾即蒲昌海，一名黝澤，又名鹽池，潛行數千里，至青海境內之星宿海復出矣。自塔木哈塔什臺南行四站皆戈壁，無水草，近臺八十里巨石嶙峋，犬牙交錯，遍路塞衢，牲畜皆於石隙置蹄而步焉，此山每歲遣官致祭一次，祭文由部頒發。

渾巴什河在阿克蘇城西五十里，源出穆蘇爾達巴罕，水自北來西南流，折而東南千餘里入羅卜淖爾也。

滴水崖山，城東溫巴什地方，察爾齊克西南六十里，山產銅，有銅礦一處，沿山刨碰石煎煉銅斤，石洞高二尺餘，深達八九丈至十數丈不等，無水草，其所用柴水俱係馱礦石之驢帶回應用，察爾齊克爲上銅廠。

鹽池溝山，在鄂依斯南四十里，亦有銅礦，無水草，爲下銅廠。

古蹟

千佛洞，河色爾臺東南山峽中三十餘里有千佛洞，山排佛洞高低不等，長四里餘，約有洞數百，山係砂石，人能上者少，不能上者多。洞寬有一二

間至三四間，大小不等，洞內抹石灰，上畫諸佛之像，五色粧彩，模糊剝落不知創於何代，並無記載碑文。

建置

阿克蘇舊築土城一座，東西長三十五丈，南北長三十五丈，周圍共長一百四丈。高一丈二尺，女牆高四尺，底寬八尺，頂寬五尺，四面城樓，角樓八座，北城樓係觀音閣，地居衝要，內地商民及外番人等，鱗集星萃，街市交錯，茶房、酒肆、旅店，莫不整齊，八雜兒街長五里為南路，各回城四達之區，舊設游擊一員，稽查往來路票，後改領隊大臣一員彈壓。嘉慶二年，參贊大臣覺羅長麟，奏請頒給阿克蘇辦事大臣印信，為專辦阿克蘇一切事務之任。城內建蓋辦事大臣衙署一所，公館一所，清漢印房辦事公廨一所，糧餉局主事衙署一所，城守營游擊衙署一所，千總、把總住房各一所，滿營佐領住房一所，防禦驍騎校住房二所，滿營兵丁住房一處，綠營兵丁住房一處，城西門外恭建萬壽宮一座。

關帝廟一座，東門外有稻屯一處，立風、雨神廟一座。

阿克蘇東四百五十里，拜城一座，拜者回語富厚也。回民四五百戶，其初多烏什人，為霍集占祖父所惡，逐居拜城，其後人竟免賴黑木圖拉之難，亦天數也。無官兵駐守，設伯克五員管理。

拜城東八十里賽里木城，庫車西北二百十里，地當大路之衝，城在雪山之麓，群山環繞，氣候稍寒，八九月間木葉盡脫。乾隆二十三年，大兵至庫車，而賽里木回人首先迎降，令設伯克六員管理。

官制

辦事大臣一員（部頒銅印一顆）。

管理糧餉局章京一員（嘉慶四年，辦事大臣陽春奏請部頒銅關防一顆）。

筆帖式一員、委筆帖式三員、貼寫〔註2〕五名

滿營佐領一員、防禦一員、驍騎校一員；綠營游擊一員、千總二員、把總二員

經制外委二員、管錢局把總二員

〔註2〕抄錄文書的人員。《清會典事例・吏部九・驗封清吏司》：「凡京吏之別三，一曰供事，二曰儒士，三曰經承；外吏之別四，一曰書吏，二曰承差，三曰典吏，四曰攢典；皆選於民而充之，役五年而更焉。非經制者曰貼寫，曰幫差，其濫者禁之。」

管銅廠游擊一員（嘉慶五年，辦事大臣陽春奏，派游擊一員專管）、把總一員、經制外委二員。

兵防

滿營兵丁六十名（撥給賽里木拜城三名），綠營馬步守兵二百六十五名（種稻穀兵十八名），庫貯軍械（威遠砲二位，隨砲什物俱全，鉛封口二百出，生鐵群子一千個，鳥槍一百二十杆，鉛丸二萬四千出，戰箭六百枝，撒袋、九龍袋、角弓、雨旱苫單、馱鞍等項，共四百四十件，鉛五千七百八斤八兩，硫磺六百六十六斤十五兩九錢五分八釐，火藥一百二十五斤），錢局馬、步守兵六十名，銅廠馬、步守兵二百九十八名，賽里木庫貯軍械（鳥槍三十杆，鉛丸八百六十出，火藥九兩七錢六分，火繩一十二丈一尺六寸，旗幟、九龍袋，戰箭、腰刀、馬鞍、斛斗等項共一百二十七件），拜城庫貯軍械（鳥槍八杆，鉛丸三百八十出，火藥三斤六兩，火繩三丈六尺，火藥葫蘆、角弓、戰箭、撒袋、腰刀、馬鞍、斛斗等項共四十二件），銅廠庫貯軍械（鳥槍一百杆，鉛丸二萬出，火藥二百斤，火繩二千丈，九龍袋、長矛等項共三百件）。

糧餉

每年調解經費銀八千六百兩，應收陝省停解伊犁息銀一千四百兩；

辦事大臣歲支養廉銀四百兩，又兌支京城養廉銀四百兩（俱係銀欵）；

滿、漢官兵鹽菜銀一千三十餘兩（銀七錢三，搭放七成銀七百二十餘兩），滿、漢兵丁、匠役，鹽菜，並賞給銅廠、錢局、軍臺兵丁，一月鹽菜銀共一萬一千三百三十餘兩（銀七錢三，搭放七成銀七千九百三十餘兩），冰山坐臺兵丁，勒鞋銀一百三兩二錢。

每年應收局鑄錢二千七百三十千九百四十七文，又收紬緞變價錢一百二十餘千文（每銀一兩折合錢二百文）。

又收稅項錢七八十千文不等，又收房租、地基錢一百二十餘千文（每銀一兩合錢二百二十文）。

每年支給官員三成錢，四五十千不等（每銀一兩合錢百六十文），滿、漢兵丁、回子匠役等項三成錢，七百四十餘千文（每銀一兩合錢二百二十文），滿、漢官兵羊價錢二百五千文零（每隻折銀五錢合錢一百一十文）。

冰山運送伊犁布匹，背價錢五十七千七百文。支給銅廠公費錢五十一千

一十文。支給水手工食錢八千文。支給交銅回子錢三百三十八千四百四十文。賞給錢局兵回，並補修器具錢六十千文。撥給庫車、喀喇沙爾鹽菜錢一百九十二千六百五十一文。撥給烏什鹽菜錢一千一百餘千文。每年支給滿、漢官兵口糧，並銅廠、軍臺馬牛料石大小麥、稻、黃米，共糧七千四百八十二石二斗零。

賦稅

阿克蘇回民額交糧六千一百六十五石八斗零（小麥三千一十一石四斗四升九合二勺，大麥兩千七百五十四石五斗一合七勺，糜子三百石）。

賽里木回民額交糧九百四十六石五斗八升七合（小麥四百六十三石七斗三升四合，大麥四百八十二石八斗五升三合）。

拜城回民額交糧五百二十三石四升一合（小麥三百零三石二斗九升五合七勺，大麥二百一十九石七斗四升五合三勺）。

稻屯兵丁交納稻穀五百二石三斗五升。

回民應交糧，折布匹四千三匹一丈五尺（縫作運送硫磺夾布袋，現存口糧一百二十七條，塔哈爾三十九條）。

每年阿克蘇回民交納銅七百斤（鼓鑄錢文搭放本處鹽菜需用）。交鉛三百斤又糧折鉛三百斤，撥給喀什噶爾、葉爾羌、烏什三處操演兵丁需用。交硫磺二千四百斤，又糧折硫磺三千一百餘斤（運送烏什、吐魯番、烏魯木齊，配造演兵丁火藥需用）。應交運送伊犁硫磺一千三百七十八斤一兩八錢三分五釐（嘉慶三年，暫行停運，俟十年後再行運送）。每年抽收馬、驢、牛、羊稅錢，六七十千文不等，搭放本城官兵鹽菜之用（乾隆二十九年，辦事大臣卞特哈奏，設抽收牲畜稅務，按每錢百文抽稅錢三文）。

阿克蘇城貿易商民自行建蓋鋪面房一百一十餘間，住房七百六十餘間（鋪面房每間租銀一錢，住房每間租銀五分），約收銀五百九十餘兩（每兩折合錢二百二十文），共折收錢一百二十餘千文，搭放官兵鹽菜之用。

錢法

錢局原在烏什安設。嘉慶四年，參贊大臣覺羅長麟，奏請移在阿克蘇城內安爐鼓鑄，所有銅廠官兵及錢局督造收發事宜，俱歸阿克蘇辦事大臣管理。（嘉慶五年爲始，由部頒發乾隆通寶、嘉慶通寶祖錢二枚，按二八成鑄造，派糧員監造。）

溫巴什銅廠派游擊一員專管，把總外委三員，兵丁二百九十八名，每年採煉銅一萬六千二百斤（除運送伊犁銅三千斤外，實交本城銅一萬三千二百斤），共實鑄錢一千六百餘千文每文重一錢二分，以爲烏什、阿克蘇、賽里木、拜城搭放官兵鹽菜之用。

阿克蘇、賽里木、拜城、庫車、沙雅爾、哈喇沙爾等六城，回民每年額交銅七千二百餘斤，共鑄錢八百九十餘千文（以四成八釐賞交銅回子），散給各城交銅回子錢三百三十八千文零（以五成二釐搭放官兵鹽菜），搭放烏什、阿克蘇、庫車、喀喇沙爾等四城官兵鹽菜。

阿克蘇額交賦銅七百斤，鑄錢八十六千文零，搭放本城官兵鹽菜。

以上錢局共收各項銅二萬一千一百餘斤，共應鑄錢二千六百餘千文。

錢局淘獲渣銅餘鑄錢至一百二十千文，以六十千歸公，以六十千獎賞兵回匠役，並修補鑄錢器具此係乾隆五十七年，烏什辦事大臣富尼善具奏。

河道

托什罕河（城西一百二十里），原設渡船二隻。

瑚瑪喇克河（城西四十里），原設渡船四隻。

湯納哈克河（城西八里），原設渡船二隻。

楚克達爾河（城南五十里），原設渡船二隻。

穆雜喇特河（城東一百七十里），原設渡船二隻。

以上額設船十二隻。每船一隻需鐵一百零三斤七兩，價錢三百一十一文，木板三十塊，價錢二百六十四文。三年拆造所用錢文在稅項下，動用報部開銷。又每河撥派使船回子四名，以渡摺報行旅，每名每日給口食錢八文。自四月起至九月止，五個月支發錢文報部開銷。

卡倫 〔註3〕

阿爾通伏夥什卡倫（在尼雜爾阿塔東北三十里）。

尼雜爾阿塔卡倫（在河色爾臺東北山內一百三十里）。

每卡倫安設委筆帖式一員，滿兵十名，卡倫達一名，回子十名，三月內派往，九月內撤回。

〔註3〕卡倫是清朝特有的一種防禦、管理設施，它在清代的社會治安、生產、資源管理，以及邊防建設、疆域形成等方面均起到了不可忽視的作用。

軍臺

　　都奇特臺至洋阿里克臺（八十里）。

　　洋阿里克臺至愛扈爾臺（一百七十里）。

　　愛扈爾臺至阿克蘇底臺（七十里）。

　　阿克蘇底臺至箚木臺（八十里）。

　　箚木臺至哈拉玉爾滾臺（八十里）。

　　哈拉玉爾滾臺至察爾齊克臺（一百四十里）。

　　察爾齊克臺至鄂玉斯塘臺（八十里）。

　　鄂玉斯塘臺至拜城（六十里）。

　　拜城至賽里木（五十里）。

　　賽里木至河色爾臺（八十里）。

　　河色爾臺至庫車（一百六十里）。

　　以上每二臺設委筆帖式一員，每臺派綠營兵五六名至七八名不等。回子十戶，馬十四匹至十五六匹不等，牛十隻至十二三隻不等，每臺車二輛。

回務

　　阿克蘇三品阿奇木伯克一員，四品伊什罕伯克一員，五品噶雜納齊伯克一員，五品商伯克一員，六品伯克一員，七品伯克三十七員。額設金頂回子二十二名，金頂布魯特六名。

　　賽里木三品阿奇木伯克一員，四品伊什罕伯克一員，五品噶雜納齊伯克一員，六品伯克一員，七品伯克二員。額設金頂回子五名。

　　拜城四品阿奇木伯克一員，五品伊什罕伯克一員，六品伯克一員，七品伯克二員。額設金頂回子三名。

　　三城交納官賦，回民九千五百七十八戶。

事宜

　　——　每年二三月，奏調甘省應解經費銀兩。

　　——　每年進京年班伯克〔註4〕回至阿克蘇筵宴，具奏。

〔註4〕清代新疆維吾爾族伯克定期赴京朝觀的制度。伯克為清廷封授的維吾爾族地方官員。乾隆二十四年（1759），新疆大、小和卓之亂被平定，清廷令各城伯克分三班每年輪流至京師入觀。後成定制，並增為六班，每年於八月中旬在阿克蘇會齊，十二月下旬到京。在京參加瞻觀、觀光、筵宴等活動後返回。嘉慶十六年（1811）改為九班。道光十九年（1839）又改為每隔二年朝觀一次，直至光緒十三年（1887）廢除伯剋制而停止。

—— 八月內年班伯克起程至阿克蘇筵宴，具奏。

—— 錢局春秋兩季鑄獲錢文，數目九月內具奏。

—— 稻屯收穫稻穀，每名在一十八石以上者，將該管稻屯官兵，奏請交部議敘。

—— 每年領到軍臺、錢局、稻屯等處補缺馬牛，九月間具奏。

—— 每年春季將三城回子伯克履歷、賦役於二月內造冊，咨送理藩院喀什噶爾參贊大臣。

—— 每年接到喀喇沙、土爾扈特、霍碩特入山咨文。派官兵坐卡倫兩處咨報（兵部、理藩院、伊犁將軍、喀什噶爾參贊衙門。）

—— 每年冬季將三城伯克回子履歷、賦役造冊咨報。

—— 年班伯克呈進貢物數目，於三月內造冊咨報，喀什噶爾參贊衙門彙辦。

—— 土爾扈特、霍碩特九月出山，撤回卡倫咨報各處。

—— 更換駐防官兵，九月間造冊，咨報喀什噶爾衙門。

—— 銅廠交銅於正額外多交五千斤者，將該管銅廠官兵咨請議敘。

—— 錢局應鑄正額錢文外，多鑄錢一百二十千者，將該錢局官員兵丁咨請議敘。

—— 軍臺遞送公文摺報並無遺誤者，將該管軍臺官兵咨請議敘。

—— 軍臺定額倒斃牛隻、馬匹數目咨報各衙門。

—— 查閱軍臺馬匹、牛隻、車輛、軍器無虧，咨報兵部。

—— 每年四季派官致祭冰壩，咨報禮部。

—— 駐防滿、漢官兵年終造冊，咨報各衙門。

—— 本處並無脫逃人犯，咨報刑部。

—— 本處並無買過外番部落人口，年終咨報理藩院。

—— 本處並無興起邪教，咨行喀什噶爾參贊衙門。

葉爾羌

沿革

葉爾羌，漢爲莎車國，北魏爲渠莎國。考《通鑑》：漢武帝元鼎二年，張騫使西域，通於漢者三十六國，自玉門、陽關出西域有兩道，從鄯善旁南山循河西行至莎車，爲南道。宣帝元康元年，故莎車王弟呼屠自立爲王。馮奉世進擊莎車，攻其城，莎車王自殺，立昆弟子爲王。注：莎車者，即今之葉爾羌也，或謂古罽賓國地。

又以爲大食、月氏之地，考《隋書·漕國傳》：漕國，在蔥嶺北，漢時屬罽賓國也。今考蔥嶺在葉爾羌西南，南北兩山，皆其分支，番名「塔爾塔什達巴罕」，其說近是。至大食、月氏治監氏城未詳何地，皆不可考矣。其地唐以後併入于闐，明稱葉爾奇木，或稱葉爾欽，乃訛音也。葉爾者，漢語土宇；奇木者，廣大也；土宇廣大，物產豐饒，故名。世爲迴紇舊居。

國朝平定準噶爾以前，其酋和卓木墨特，準葛爾使其總理回城，居住葉爾羌後，和卓木墨特漸有異心。被準噶爾誘至伊犁禁錮之，生二子，長曰布喇尼敦，次曰霍集占，即所謂大、小和卓木也。和卓木墨特死，其二子仍在伊犁。

乾隆二十年，大兵平定伊犁。將軍班第始將大、小和卓木放回葉爾羌。彼時布喇尼敦、霍集佔據城以叛。

《西陲紀略》云：乾隆二十三年春，大兵進勦兩和卓木，圍大和卓木於庫車城，而小和卓木自葉爾羌往援，我兵大破之。九月，阿克蘇、烏什兩城相繼投降，阿克蘇逐去霍集占所置伯克，獻城以降。烏什霍集勘伯克亦以城

降。十月，將軍兆惠領兵直抵葉爾羌。兆惠以四百餘人剿賊眾萬餘，被圍於黑水，堅壁固守，賊不敢犯。適尚書舒赫德、伯富德、公阿里袞，自阿克蘇領兵援之。先是，和闐六城歸順，遣侍衛齊淩札布、噶爾舒守之。嗣被小和卓木攻陷三城。

二十四年四月，將軍兆惠遣副都統巴圖濟爾噶爾〔註1〕、胡爾起等，分兵往救之，殲厥渠魁，賊望風逃遁。閏六月，喀什噶爾、葉爾羌回種相繼投降，布喇尼敦、霍集占勢窮力盡，遁入拔達克山部。十月，將軍兆惠進兵拔達克山，其罕蘇爾坦沙獻布喇尼敦、霍集占首級，納款稱臣。十一月，大功告竣，定今名。

疆域

葉爾羌，距京師一萬二千三百八十五里，東至阿克蘇一千四十里，西至喀什噶爾五百餘里，南至和闐七百七十里，北面係湖灘戈壁，並無接壤回城。所屬大小村莊三十五處，額定回民納糧者一萬四千六百戶（今生齒增至數萬，並未加賦也），所轄地方東至伊勒都臺九百里，交阿克蘇界；東南至齊靈卡倫三百四十里，桑珠卡倫三百二十里，與布魯特交界；又東南至波斯坎木臺，交和闐界；南至庫庫雅爾卡倫二百八十里，西南至色哷庫勒八站，與布魯特雜處，通拔達克山部落，西北至塞里克臺四十里，其北面皆空閒之地，並無人煙。

山川

闞勒山，又名密爾岱，一名米勒臺，在葉爾羌西南二百餘里，山極高峻，積雪春夏不消，或即古所謂崑山也。遍山皆玉，五色不同，有重至數千斤者，名擦子石，其最佳者在高峰絕頂，人不能到。土產犛牛，慣於登陟，回人攜具乘牛攀援而上，火焚椎鑿，任其自落，方收取焉。

瑪爾瑚盧克山，在闞勒山之南峰，勢相連，多產綠玉，堪充磬料。距葉爾羌城四百餘里。

蔥嶺，東南達和闐，又自玉山直達西界，數百里折而北行，又數百里包喀什噶爾屬境，又折而東行，入布魯特境，通伊犁、烏什、阿克蘇諸山。考

〔註1〕清前期人。額爾特肯氏，本為額魯特蒙古杜爾伯特部宰桑，降歸清朝後，隸蒙古正黃旗。先後從征準噶爾，討伐小和卓木霍集占叛亂，屢有功，官至內大臣，封騎都尉世職。

《通鑑》云：西則限以蔥嶺，注：蔥嶺在葉爾羌西南，南北兩山皆其分支。信然。其山重岩疊嶂，積雪堅冰。乃雲山上悉生蔥，恐未確也。今回語呼數千里一帶之山，統曰塔爾塔什達巴罕，而又隨地易名耳。

翠生石山，在拔達克山部落之西，距葉爾羌城三十站，產青金石，其軟者名翠生石，其部落人販其石，售於回地，故附載焉。

玉河，距葉爾羌西南一百五十六里，自米勒臺山溝流出，其源則由溫都斯坦部落西山後，環繞山崗，曲曲東流三千餘里，始抵玉河，其南支則又分入和闐境矣，水勢甚猛。其中產雜色子玉，至重者不過三十餘斤，小者自鵝卵、棗栗耳。每年八、九月間，水淺採之，以充土貢。《漢書》所謂「蔥嶺河」者，即此水也。

建制

葉爾羌舊有土城一座，高三丈三尺，周圍共二千一百四十二丈，合計十一里九，分東、西、北三面各開一門，南面二門，城內建蓋衙署、倉庫。乾隆二十四年，在於城內西南隅，建立辦事大臣衙署一所，大門三間，官廳二門三間，辦事公堂三間，內宅兩院，總辦大臣住房十九間，協辦大臣住房十八間，均繫歷任大臣自行修造。印房辦事章京公廨三間，稿案房三間。章京二員，每員各住房六間。筆帖式二員，每員各住房三間。委筆帖式、貼寫書識等，共住房二十三間。均繫舊有回房改建，自行修補。糧餉局辦事章京等公廨三間。銀錢庫房四間。清漢檔房四間。倉廠六十間。管局糧員住房七間，管局都司住房五間。千把、外委等住房十七間。筆帖式住房三間。委筆帖式、貼寫書識等，共住房十二間。

管理臺卡處侍衛公所一處（坐落頭門內），副將衙署一處（坐落大南門內），城守營游擊衙署一處（坐落大南門內），中營都司衙署一處（坐落頭門內）。

乾隆二十五年八月，在於城內恭建萬壽宮大殿三間，東西朝房六間，左側碑亭一座，建立御製平定回部勒銘葉爾奇木之碑（碑文載卷首）。

城東北五里許，乾隆二十四年，將軍兆惠等建修顯忠祠一所，陣亡大臣正祠三間，東、西兩廡滿、漢陣亡兵丁，各三間，傍修陣亡大臣、官員墳墓一處，兵丁墳墓一處，春秋二季、歲暮致祭三次。祠內敕賜「丹忱共炳」四字，祠外建御製雙義詩碑亭一座（詩載卷首）。

　　城東南七十里，洗泊地方，乾隆二十四年，將軍兆惠奏建關帝廟。御賜「顯祐寺」清漢字匾額，又「永鎮西濛」匾額，春秋致祭，建顯祐寺木碑文。

　　　　通古斯魯克碑記，國之大事在祀與戎禮，有功德則祀之。皇清受命，百神效靈，奄一區宇，乃崇德報功詔秩宗稱殷禮，天神地祇至於鬼神，莫不祀事祭以二分隆以九拜惟帝最崇。帝神聖文武載在《漢書》，不具論。有道之世，乾綱坤維又或國有大事，往往帝其祐之，以昭瑞應爲神又最靈。

　　　　乾隆十有九年，治化薰蒸，人民歡洽，惠題鑒西之倫白雁赤之，○○〔註2〕彼准夷自作弗靖款塞奔走來質厥成。皇帝曰：中外一體，準部之不德不臣茲迨百年，今西方既庭予，曷爲不受整我六師以定爾戎神其相之。

　　　　明年春，乃命將西征熊虎桓桓、麟鳳師師、馬騰士飽、電掣風馳，軍行如神，遂定伊犁。旋驅伊犁以西凡諸哈薩克、布嚕特之格於準部冠帶不通者。惠以天子之命賴○○○○○盡降其部。

　　　　二十三年秋八月，師踰雪嶺，直獲回巢，不洽旬，而阿克蘇、烏什諸城悉下。賊酋霍集占者，先以附庸於准，准以歲時責方物不與，執而拘之。伊犁之捷，我軍實○○○○○隅於葉爾羌奇木。冬十月，師進軍其城下。初六日，賊乃出騎五千，戰於城東，大破其眾。惠計城險兵寡，艱於困取，遂移師渡河，絕其遁窟，具檄調諸路合力攻取，賊又悉眾迎敵，拒戰於通古斯魯克，我軍擊之，奮死力無不以一當百，轉戰三日夜，所殺獲賊無算，斬其驍師，我軍來自數千里外，故馬既疲而矢亦窮，度難全勝，乃會議諸大臣官員，依黑水互完柵相持時，則以三千之懸卒敵數萬之賊師，主客勞逸之勢殊，謂濱於危者數矣。至於賊用詭計決水不能濡，縱火不能熱，飛炮丸如雨，曠日持久，賊屍壘壘。我軍卒無傷者，衣單而叩天不寒，食冰而禱神得泉。謂非陰有物以相之，而胡出萬全若是？惠既窮籌策，孤軍深入遠厪宸衷神機勝算。特命定邊右副將軍富德統諸路之兵，倍道前發。參贊舒赫德亦策應赴援。

　　　　二十四年春正月戊子，賊分兵拒敵於呼爾滿之野，接戰三晝

夜，內外道梗。我軍未之知也。辛卯風夜半賊困○○，我精健人攀梯直越賊柵，突搗其營，因風縱火毀其壁壘，軍實器械，馘俘數百餘賊，參贊果毅公阿里袞亦即於是時會兵合擊，賊三面受敵，眾大潰，賊酋僅以身免。是役也，惠出萬有一危之計以儌敵而○如約同仇共愾，破賊於一日。是天作之合，而又未必非帝應於默也。夏六月，師再進，下其二城。秋九月，副將軍富德等，三挫其鋒，降其萬眾，追北至拔達克山，闔部繫頸〔註3〕，函賊酋首級以獻，西域悉平。豈非帝相貞師佐天子以奏膚功耶。嗚呼！帝之靈如見已武成軍士，請於通古斯魯克之墟而立廟焉，歲時祭祀，定邊將軍兆惠等，謹攄其事而爲之。記詩曰於赫皇清璇圖式啓右序百神，帝有加禮，帝扶炎運，惟德之親川珍嶽貢薄海悉臣準，人不德自亂，而紀欽闗有言，曷爲遺己。天子曰：咨整我六師，遐爾一體，勞之徠之蒸徒增增師如時雨，撫彼準夷，以服個部，恢恢仁綱，蠢蠢賊首之死致生不德讎，我是用征，深入其阻，彼眾我寡，帝則臨汝如籠之鳥，如釜之魚，獲其大醜〔註4〕。帝克相子，皇矣聖謨假哉，帝祉〔註5〕告厥成功用昭肇祀，有翼其廟，有桷其楹，以妥以祐，翊我太平。兆惠　富德　阿里袞　舒赫德　五福　閆相師　容保　溫福　明瑞　阿桂　巴祿　富景　愛隆　豐安　達爾當阿　哈達哈　仝建

　　葉爾羌城內，乾隆二十四年，駐防官員、兵丁，貿易民人公捐建蓋關帝廟一座。

　　城南五十里大河旁，乾隆四十二年，辦事大臣高璞捐蓋龍王廟一座。

　　敕賜「神祐濛疆」四字。

古蹟

　　和卓園，在辦事大臣署內，本係和卓木墨特花園，其中桃、杏、蘋婆、葡萄等，花木最盛，引河水鑿爲池沼，臺榭、橋梁曲折有情，有娑羅樹一株，

〔註3〕繫繩於頸。表示降服。漢賈誼《過秦論上》：「百粤之君，俯首繫頸，委命下吏。」

〔註4〕大酋，魁帥。唐柳宗元《平淮夷雅・方城序》：「辛入蔡，得其大醜，以平淮右。」

〔註5〕上天或皇帝的福祐。《詩・大雅・皇矣》：「既受帝祉，施於孫子。」

旁曰「大樹亭」，將軍新柱所建，北有觀音閣，臺高七八丈，乃和卓木墨特舊居，皆係綠琉璃磚砌成。

回城內東南隅，有古塔一座，周圍約十二三丈，外無簷楹窗檻，中有磄磴至頂，三十餘丈，下闊上銳，其頂容集二十餘人。從座至頂並無木石，盡係陶磚石灰砌就。遠近瞻之，形如天柱，土人名之曰「圖特」，乃喀喇和臺國人所建。天欲雨，塔內生潮土，人以爲驗。云城內有殘敗墳塋一處，土冢坍塌，基址尚存，旁有松樹數十株，石鑿駝馬羊，又有石人兩對，盔帽烏紗，執笏佩劍，唐宋粧也。土人言此係喀喇和臺國人之墓，因與回教相左，經禮不宜，是以自喀喇和臺國潰敗以後，回人欲剗毀其墳，輒爲風雨所阻，故荒墓故址至今尚存。

土神廟塋中大樹，乃乾隆二十四年，將軍兆惠壁壘，嘗憩此樹下。至乾隆三十七年，印房辦事、兵部武選司主事博慶撰記。

> 葉城東南故塋中有樹焉，其大數抱，亭亭如蓋。說者曰，昔定邊將軍之剿逆酋也，嘗壘於此而息於樹下。賊偵知之，鏃矢之，相加炮石之，相擊恒爲大樹之所捍蔽，故其創痕累累，久而彌新，余視之良然，蓋聞太上立德，其次立功，皆可以致不朽。古今來落落英才，炳麟天壤，往往有當時則然，沒則已焉之憾，若夫奇蹟相媲，歷久而不渝者，不少概見，而況無知之草木乎？以當日而言之，若跋扈者幾許，若反覆者何限，既已化爲飛塵，蕩爲冷風矣。而茲樹迄今巍然而獨存，溯其勁節效靈，與夫禦葘捍患之蹟，固有神氣磅礡以憑之，而非出於偶然者，然非將軍之功，震驚於殊俗，亦烏能蒙獨詣之名見稱於今，茲則其遭遇蓋奇矣哉。然自十數年來，其事已往，其蹟已陳，乃於廢井頹垣之上，荒煙斷葤之中，一披覽焉。而昔之血戰艱難，猶赫赫若前日事，則似將軍之功又藉此樹以傳之者乎。而使凡蒞茲土者，觸於目而警告於心，所以仰紹前微而念，撫遺黎者繼繼承承，勉於勿墜，謂非茲樹之波而及者而不可也，其功其德，蓋有能辨之者。余既記其事，又從而歌之曰：高天蒼蒼，厚地茫茫，將軍大樹，地久天長。大樹上掛木牌云：此昔日大將軍捍禦之樹耶。雖年久自火，而其迹固應長存。所以，飭諭左右居民，此係福地，加意小心護持，修整牆圍，不得擅動木植，以垂永久，實亦勝事之遺基矣。

官制

辦事大臣一員（部頒銀印）協辦大臣一員

印房章京二員，糧餉局章京一員（由京派來者，三年更換；由本處筆帖式升補者，七年期滿再行送京），筆帖式三員，委筆帖式七員，侍衛十二員（住卡倫七員，在三年期滿送京）。城聽差五員，輪班更替。滿營佐領二員，驍騎校二員。

綠營副將一員，游擊一員，都司二員，千總三員，把總六員，經制外委九員。（游擊、都司三年更換，副將、千總、把總、外委俱五年更換）

營伍

滿營兵丁二百名，綠營馬步守兵六百七十三名。庫貯軍械（大神砲二位，隨砲各物俱全。熟鐵封口四百七十四出，生鐵群子三千八十九出，威遠砲六位，鐵封口八百六十一出，鉛封口一千三十九出，鐵群子五千一百六十三出，鉛群子四千八百三十七出。子母砲一位，隨砲各物俱全。鐵砲子六百六十出。特門砲一位，隨砲各物俱全。鉛砲子四千四百出。馬蹄砲八位，鳥槍五百三杆，鉛丸十九萬九千一百七十八出。火藥一萬八千五百二十一斤零，火繩一萬六百八十五丈零，硫磺七百一十一斤，鉛三百七十三斤，戰箭一萬二千一百一十四枝，賑房用弓撒袋、雨旱箭罩、九龍袋、烘藥葫蘆、腰刀、長矛、長號、陣鼓、銅鑼、旗幟等項，共二千零二十四件。）

糧餉

每年調解經費銀八千兩，又收陝省停解伊犁息銀三千四百五十兩，辦事大臣歲支養廉銀一千一百兩（銀錢各半，一百文合），協辦大臣歲支養廉銀七百兩。糧員公費銀一百八十兩（銀錢各半，一百文合），章京侍衛滿、漢官員鹽菜銀二千二百六十餘兩（按銀二成，錢八成搭放，一百六十文合），滿、漢兵丁、通是回子等鹽菜銀一萬六千九十餘兩（四成銀，六成錢搭放，二百二十文合）。

滿、漢官員、兵丁歲支口糧六千一百餘石。

和闐領隊大臣二員，養廉銀按季赴葉爾羌領取。

滿、漢檔房冬月柴炭銀一百一十五兩五分（每兩合錢百文）。

備辦致祭供品筵宴食物價值，採買運送伊犁布匹染價，口袋繩索價值，

及官兵口食，羊隻折價等項，錢七百餘千文。

貢賦

葉爾羌通屬回民，交納正項各色糧二萬一千三百六十餘石。交納正賦錢二千三百八十千文。巴爾楚克交納正賦錢六十千文。貿易商回交納正賦錢七十五千文。交納金子六十九兩六錢，折交布匹。又交貢葡萄二百斤，果膏四瓶。葉爾羌、和闐採進貢玉石一萬八千餘斤（無定額）。

餘糧變價採買布匹（糧一萬三千八百七十四石六斗二升二勺變價錢文，採買布四萬九千一百四十二匹，棉花一萬斤運送伊犁）

租稅

商民開設鋪店，房租銀一百七十餘兩（每兩合錢二百二十文），共錢三十七千文。

抽收稅物變價錢，二百六十餘千文。

餘糧變價錢搭放官兵鹽菜（餘糧一千石約變錢一百餘千）。

水磨租錢一千五百文。葡萄變價錢八千文。

紬緞變價銀二千三百七十餘兩（每兩合錢二百文），共售變錢四百七十四千零。

藥材變價錢八九千文不等。

卡倫

梁噶爾（城正西八十里）。侍衛一員，滿兵六名，綠營兵十名。

夥什喇卜（城西南二百六十里）。侍衛一員，滿兵六名，綠營兵六名。

庫庫雅爾（城南二百八十里）。侍衛一員，滿兵七名，綠營兵八名。

玉喇里克（城南二百四十里）。侍衛一員，滿兵四名，綠營兵五名。

齊靈（城東南三百四十里）。侍衛一員，滿兵三名，綠營兵五名。

桑珠（城東南三百二十里）。侍衛一員，滿兵五名，綠營兵六名。

賽里克（城東北四十里）。侍衛一員，滿兵三名，綠營兵六名。

軍臺

喀喇卜札什臺（城西北七十里），接英吉沙爾腰臺。

愛吉特虎臺（城東北七十里）。賴里克臺（九十里）。

邁那特臺（七十里）。阿郎格爾臺（一百里）。

阿克薩克瑪拉爾臺（六十里）。皮產里克臺（六十里）。

海南木橋臺（七十里）。巴爾楚克臺（八十里）。

庫庫車爾臺（八十里）。洪阿喇克臺（一百四十里）。

烏圖斯克滿臺（八十里）。伊勒都臺（五十五里）。

伊勒都臺至阿克蘇交界都奇臺（八十里）。

每二臺設委筆帖式一員，每臺派綠營兵五名，回子十戶，馬十四匹至十七八匹不等，牛二隻至十七八隻不等，車二輛，共騾四頭，共驢四頭。

伯克（共五十四員）

三品阿奇木伯克一員，四品伯克四員，五品伯克十五員，六品伯克二十七員，七品伯克七員，額設金頂回子三十八名。

和　田

沿革

　　和闐距京師一萬二千一百五十里，即古于闐國。漢書肅宗時詔徵班超還，疏勒舉國憂恐。其都尉黎弇曰：「漢使棄我還，我必復爲龜茲所滅耳，誠不忍見漢使去。」因以刀自剄。班超至于闐，王侯以下皆號泣曰：「依漢使如父母，誠不可去。」抱超馬腳不得行超恐于闐終不聽其東，乃上疏曰：「臣孤守疏勒於今五載，戎夷情數臣頗識之。問其城郭大小，皆言倚漢與倚天等。臣以是傲之，則蔥嶺可通也。」

　　今考疏勒爲喀什噶爾，于闐爲和闐，相距一千三百餘里。而葉爾羌乃其適中之地。

　　和闐者，回人謂漢人爲黑臺和闐，即黑臺之訛音。漢任尚棄其眾於此，故以漢人名其地。西域聞見錄譯爲赫探，音相近也。其地有玉河，產玉千里，連山相次，桑麻禾黍，宛然中土，亦回疆一大城也。

　　國朝乾隆二十三年，尚書舒赫德遣侍衛往撫其地，六城伯克傾心迎降。而霍集占以其地僻，可守攻陷。三城將軍兆惠赴援，乘大霧擊走之，和闐復定。

疆域

　　和闐城距葉爾羌東南七百餘里，本城外所屬五城：曰哈喇哈什城，和闐城西北七十里；曰玉瓏哈什村，城東十里；曰車哷村，玉瓏哈什東南二百二十里；曰克里雅城，車哷東南一百九十里；曰塔克村，克里雅南山內一百二

十里，屬境三十二。此六城其最著者也：車呼地方產細棉，善養蠶，能織紬帛；克里雅地方山內三百二十里科羅卜產金，又阿克布歸地方產金，距克里雅一千二百里玉瓏哈什大河產玉；哈喇哈什大河亦產玉。

和闐所轄地方，東至克里雅所屬之策爾滿二千八百三十里；南至察克瑪克曲底雪山五百八十里；北至塔克僧勒六百里。交阿克蘇界；西至波斯坎木臺七百三十里，交葉爾羌界；西南至賽勒克塔賴四百里；東南至塔克村四百里，又至所屬之伊瑪木拉四百七十里，（南通西藏），一帶俱大雪山；東北至哲爾幹素五百八十里，交沙雅爾界；西北至塔克達巴罕一百八十里。

山川

雪山。和闐屬境正南一帶數千里皆大山，金玉皆產其中；西南袤延至葉爾羌之米勒臺山，連岡不斷；東南直達西藏；正東綿亙抵青海之庫爾坤山，其東麓則為巴延喀喇達巴罕山，北則星宿海，為黃河之源，山南則為金沙江諸南幹水之源。

玉河。和闐城西哈喇哈什地方大河一道，源出西南四百二十里大雪山，名桑谷樹雅，兩處產玉；又城東五里玉瓏哈什大河一道，源出西南雪山，距城二百八十里，其河產玉；又城南五百里哈琅圭塔克地方小河一道，產玉。水皆北流，各回莊開渠灌田，資其力焉。

考後晉天福中，鴻臚鄉張匡鄴使于闐，著行程記，言玉河在于闐城外，其源出崑山，西流一千三百里，至于闐界疏為三河，一白玉河，二綠玉河，三黑玉河。五六月水漲，玉隨流而至，多寡視水小大。七八月水退可取，土人謂之撈玉。以今驗之，河果有三。

國朝乾隆二十一年，定東西兩河，春、秋採玉二次。四十八年，於桑谷樹雅二處添採。五十二年停採春玉，每年止採秋玉一次。嘉慶四年停止四處採玉。（嘉慶四年三月，奉旨弛禁私玉，和闐領隊大臣具奏和闐產玉五處，惟玉瓏哈什離城稍近，玉色亦佳，其餘哈喇哈什、桑谷樹雅、哈琅圭塔克四處所產玉石，色黯質粗，玉極平常。奏明停其採取，每年酌減回夫一百五十名）每年秋季止，向玉瓏哈什採玉十五日，所獲玉石解送葉爾羌。奏充土貢〔註1〕，

〔註1〕 土貢，語出自《尚書·禹貢》孔安國序之「禹別九州，隨山濬川，任土作貢」。
相傳夏禹根據各地物產不同，規定不同的貢納項目。在租稅制度逐步健全以後，上貢並未消失，而成為賦稅之外，臣屬或藩君向君主的進獻。某內容多為土產、珍寶、異物。

並無定額。

　　以上三河之水皆北流，至和闐城北三百餘里合而爲一，又東與葉爾羌之河匯流而東，注羅卜淖爾也。考《通鑑》注云：蔥嶺在回部葉爾羌西南，于闐，即今和闐，在葉爾羌東南。蒲昌海，即今羅卜淖爾。在回部闢展〔註2〕西南，其葉爾羌河、和闐河合而東流爲塔里木河。厄爾勾河又東注於羅卜卓爾，即古所謂河水，一出蔥嶺，一出于闐，合注蒲昌海者也。

　　克里雅河，源出南面大雪山三百九十里，北流歸入大河。

　　車呼河，源出西南雪山二百八十里，水勢微小，僅足澆灌田畝。

　　塔克河，源出東南雪山八十里，水勢微小，不敷灌田，僅足飲用。

建置

　　和闐城，名伊里齊，舊有土築城垣，高一丈九尺，周圍三里三分，四門，其城東南隅隔截向東開一門，爲駐箚領隊大臣、官員、兵丁之處，其三面皆回人居住。城東玉瓏哈什村無城，車呼村無城，克里雅有土城一座，塔克村無城。西面哈喇哈什有土城一座，兩門內有倉廒一處，十六間。

官制

　　領隊大臣二員，每員養廉銀六百兩（銀錢各半），在葉爾羌庫內請領，均聽葉爾羌辦事大臣節制。委章京一員（新設）。筆帖式一員。委筆帖式二員。軍臺委筆帖三員。帖寫滿兵四名。綠營都司一員。千總一員。把總二員，經制外委二員。

兵防

　　綠營馬步守兵二百三十三名，庫貯軍械（鳥槍一百八十桿，九龍袋俱全。鉛丸二萬六千八百五十三出。火藥三百四十二斤。火繩四百四十九丈。鉛十斤零。砲封口一百出。群子五百出。戰箭二千五百一十支。賑房、鐵鍋、角弓、撒袋，旗幟、鑼鼓、長號、長茅等項，共四百四十七件），共差馬二十九匹，牛十隻。

糧餉

　　每年應收陝省停解伊犁息銀八百兩（此外並無調節經費銀兩），又收紬緞

〔註2〕城名。本唐蒲昌縣治，訛爲闢展。

變價錢一百五十五千零（解交葉爾羌）。領隊大臣二員，每年各支養廉銀〔註3〕六百兩（銀錢各半），其五成銀按四季在葉爾羌庫內請領。

滿、漢官員歲支鹽菜錢四十一千六百文（一百六十文合錢歀）。

滿、漢兵丁、通事回子，歲支三成銀八百三十餘兩，七成錢四百二十餘千文。

滿、漢官兵歲支口食，羊價錢三十六千零。

伯克養廉錢三百五十三千七百五十文。滿、漢官兵口糧並採玉回夫口糧，又軍臺馬牛料石，每年共支糧一千三百一十六石零。

貢賦

每年回民交納正賦錢一千二百千文。

交納各邑糧一萬三千九百三十四石八斗。交納白布三萬八千八百三十二匹。貢金八十兩折交白布六千九百三十三匹。糧折交白布二千二百二十五匹。

又，糧折交白布二萬六千八百一十七匹（共白布四萬七千六百六十四匹，每年三月徵收，六月運送葉爾羌，轉運伊犁），又購買白布二千八百五十七匹（一併運送葉爾羌）。

糧，折交棉花五千斤（每年九月徵收接運，扣至十一月內全數運完）。

雜支

解送葉爾羌裁減伯克養廉錢四十五千文。

購買白布三千八百五十七匹（每匹價錢二十六文），共用錢七十四千二百八十二文。

染造紅布一萬四千九十一匹（每匹染工錢九文），共用錢一百二十六千八百一十九文。

辦買裝盛布匹、棉花口袋八百七十六條（每條價錢二十二文），共用錢一十九千二百七十二文。

辦買捆布麻繩四百八十五斤（每斤價錢三文半），共用錢一千六百九十七文。

製辦筵宴、伯克需用各物，價值錢四千四十三文。

〔註3〕養廉銀，爲清朝特有的官員之薪給制度。創建自 1723 年的該薪給制度，本意是想藉由高薪，來培養鼓勵官員廉潔習性，並避免貪污情事發生，因此取名爲「養廉」。養廉銀的來源來自地方火耗或稅賦，因此視各地富庶與否，養廉銀數額均有不同。一般來說，養廉銀通常爲薪水的 10 倍到 100 倍。

卡倫

東西河安設卡倫十二處，每處派綠營兵二名。

札瑪爾安設卡倫一處，通阿克蘇道路，派綠營兵七名。

軍臺

和闐城至褉瓦臺（九十里）。

褉瓦臺至披雅爾滿臺（一百一十里）。

披雅爾滿臺至滾得里克臺（一百四十里）。

滾得里克臺至啯嗎臺（九十里）。

啯嗎臺至洛夥克臺（一百八十里）。

洛夥克臺至波斯坎木臺（一百二十里）。

波斯坎木臺至葉爾羌（七十里）。

以上每二臺設委筆帖式一員，每臺綠營兵五名。回子十五戶（馬五匹，牛三四隻不等，驢三四頭不等）。

伯克

三品阿奇木伯克一員（在伊犁齊城住），四品阿齊木伯克五員（哈喇哈什，玉瓏哈什，克里雅，車呼，塔克），四品伊什罕伯克一員，五品伯克五員，六品伯克六員，七品伯克三十一員。額設金頂回子二十四名。

喀什噶爾

沿革

　　喀什噶爾，距京師一萬一千九百二十五里，在葉爾羌西北五百九十里，爲西域極偏之地。自漢及宋皆號疏勒國。考《通鑒》：漢武帝元鼎二年，張騫使西域，自車師前王庭，隨北山循河西，行至疏勒爲北道，北道西踰蔥嶺，則出大宛、康居、奄蔡〔註1〕，故皆役於匈奴取給賦稅焉，注：疏勒者，即今之喀什噶爾也。元明皆稱哈什、哈世，爲回部舊居。

　　國朝乾隆二十三年，將軍兆惠〔註2〕統兵追剿逆酋，霍集占曾匿迹於此，我軍掩至，而霍集占與其兄布喇尼敦西竄，入拔達克山〔註3〕部落，而回眾悉以城降，始定。今名喀什者，初也。噶爾者，創也。漢語，初創之謂。《西域聞見錄》譯爲花磚房子，非也。其地三山環抱，二水交流，土田肥腴，城堡鱗次，乃外番初入回疆一要區也。

　　喀什噶爾所轄城堡二十一，周圍二千餘里，東至英阿瓦特二百五十里，與葉爾羌所屬之巴爾楚克軍臺連界。東南至河色爾察木倫之戈壁腰臺三百六十里，與葉爾羌所屬之喀喇布札什軍臺連界。西至烏帕喇特卡倫一百二十

〔註1〕奄蔡國是古代游牧民族建立西域古國，位於絲綢之路上。其名稱始見於《史記》。

〔註2〕兆惠（1708～1764），字和甫，姓烏雅氏，滿洲正黃旗人，康熙四十七年（1708）生。他是雍正帝生母孝恭仁皇后族孫。父佛標，官至都統。作爲乾隆朝的著名戰將，他屢次征伐，爲捍衛西北邊疆，維護國家統一建樹了功勳。

〔註3〕拔達克山（波斯語），一作「巴達克山」，今譯巴達赫尚，中亞古國，其控制範圍大致位於今日阿富汗東北部和塔吉克斯坦東部。清朝藩屬。

里，與布魯特連界。西通安集延部落，北至圖舒克塔什卡倫〔註4〕九十里，與布魯特連界。東北至巴爾昌卡倫〔註5〕一百四十里，與烏什所屬之胡什奇部落，布魯特連界。東南至罕愛里克二百九十里，與葉爾羌連界。西北至喀浪圭卡倫〔註6〕一百五十里，與布魯特、安集延、霍罕諸部落連界。西南至烏魯克卡倫二百七十里。迤南通棱達克山部落，西、南兩面皆大雪山，有大河三匝繞抱宣流其間，方圓平衍亙六百里。東北通伊犁大路，又通烏什、阿克蘇西南雪山。外皆布魯特、安集延諸部落。東南通葉爾羌，正南通布魯特、霍罕諸部落。

山川

玉斯圖阿爾圖什山城，西北九十里近圖木舒克塔什卡倫。木什山城西北一百五十里，近喀浪圭卡倫。塔什密里克山城西南一百五十里，近伊爾古楚克卡倫〔註7〕，三山連崗疊嶂，綿延不斷，積雪春夏不消，環拱三面，東南入葉爾羌界。境內回莊，引春融雪水灌田，伊蘭烏瓦斯河源出布魯特，沖巴噶什地方南流，至伊蘭烏瓦斯卡倫北界折而東，又南流出土山，逕阿爾扈回莊，又逕阿斯圖阿爾圖什回莊，回民俱開渠引水灌田，河折東南流入大河。回語伊蘭烏瓦斯者，譯言蛇窠也，其地多蛇故名。

圖舒克塔什河，源出布魯特地方，南流逕玉斯圖河爾圖什回莊，北折而東，流至阿斯圖阿爾圖什回莊，北與伊蘭烏瓦斯河合。

烏蘭烏蘇河，兩源，自布魯特地方流出，至喀浪圭卡倫北合而為一，又南流入大河，名烏蘭烏蘇，其經流西自圖爾愛克部落，東流經托克薩克回莊南折而東南。流逕喀什噶爾南四十里，名雅瑪雅爾河。又一水自烏帕喇特東來注之，又一水西自奈曼部落，北流至烏蘭烏蘇注之。

霍色爾河，城南十里，又名七里河，自玉斯圖阿爾圖什回莊分而南流，又東南歸大河。

泰里布楚克河，城南三十里，其水亦自西北來，至琉璃蒙古箔入大河曲，曲流至巴爾楚克，東南流數百里歸羅布淖爾。

〔註4〕今阿圖什市上阿圖什鄉。
〔註5〕在今烏喀公路七盤水磨附近。
〔註6〕今屬烏恰縣。
〔註7〕今疏附縣塔什米力克鄉。

建置

喀什噶爾舊有土城，不成方圓，周匝三里七分餘，東向二門，西、南兩面各一門，即今之舊城也。伯克回民等居其中。乾隆二十七年，參贊大臣永貴奏，請於舊城之西北二里許臨河塏爽之地築城一座，其地則布拉尼敦之園也，周圍二里五分，高一丈四尺，底厚六尺五寸，頂厚四尺五寸，設四門，東曰承恩，西曰撫羌，南曰彰化，北曰聞遠。乾隆三十五年，復修城上四門正樓，角樓，南門內東建萬壽宮一座，西建關帝廟一座。

乾隆三十六年，奉旨賜名徠寧城。

乾隆五十九年，參贊大臣永保等，奏請於南門外，建蓋房間，如關廂之制，遷內地商民居之，列市肆焉。城內建衙署、倉庫、官兵住房（乾隆二十七年建，三十六年增葺，市肆數百間）。

參贊大臣衙署一所，協辦大臣衙署一所（城東北一衙兩署）。

英吉沙爾領隊大臣公館一所，印房等處章京官房三所，筆帖式官房三所，摺房一所，滿印房一所，漢印房一所，經牧處滿房一所，漢房一所，營務臺站房各一所，回子學房一所。（以上俱在城內西偏）

糧餉局衙署一所，糧員住房一所，筆帖式、千總官房各一所，滿、漢房各一所，庫房六間，藥庫一間，倉廒十五座，添修廒三座（在南門內西偏）。滿營協領衙署一所，佐領官房一所，防禦住房一所。（以上俱在西門以內）

綠營副將衙署一所（在南門內），游擊衙署一所（在西門內），城守營小公館一所，滿營兵房八十間（在西門之北），綠營兵房一百三間（在西門北），軍器庫一所（南門之西），侍衛公館六所，守門堆房四所（東、西、南三門及衙門前），監獄一所（城西北隅），火藥局一所（城東北隅），稅務廳一所（城西門外），接官廳一所（城南門外），管理關廂都司衙署一所（南門外），教場演武廳（南門外東南）。

古蹟

回城東北十里許偏東，有和卓墳，回人告祀甚虔，祭時男女具犧牲、銀米於阿渾前，阿渾誦經禮拜而散，門外鑿放生池一區，每泛鳧雁於池中，外人不敢攘也。相傳有排罕帕爾者，去汝末之西萬餘里，默克地方人初修祀天把齋之學，西域回人世奉其教，其孫和卓邁哈莫特玉蘇普西來卓錫喀什，土人龐雅瑪施此地為傳教之所，和卓沒，遂葬於此。回人至今祀之，遂呼為和

卓墳。西北隅有枯楊樹一株，約高五丈許，下覆土築蒙古箔，傳爲霍集佔據此地時所築，樹亦其所植，回人多諱言其故。

阿斯圖阿爾圖什亦有和卓墳，回人祀之尤加謹焉。相傳此和卓木本中原人來此設教，其功術尤非排罕帕爾所能躋也，既不知年歲，亦不傳姓名事迹，是雖謏語姑誌之，以俟徵實。

回城北三十里土山下，有流泉甚甘冽，迤北陡壁之半崖，有石洞三，洞中置石仙像，傍山豎木梯約三四丈，登而觀之，亦無甚異趣，回語名玉曲布爾罕，漢人名之曰：三仙洞。

官制

參贊大臣一員（部頒銀印虎鈕〔註8〕），乾隆二十五年安設，三十年移駐烏什，本處改設辦事大臣。五十二年，仍由烏什移駐喀什噶爾，總辦八大回城事務，協辦大臣一員，專理本處及英吉沙爾事務。

印房章京一員（專辦理印房摺奏稿案），回務處章京一員（專辦各城伯克升調事務），經牧處章京一員（專辦馬、牛、羊廠事務），以上三員（各部頒銅關防一顆），原係由京六品司員調派三年期滿，如由本處筆帖式內保升主事職銜，及委署章京七年期滿，如無可保之人，仍由京部派員更換。

糧餉局章京一員（部頒銅關防一顆，總司收、放銀錢、糧石，徵收稅課等務）。原係由京廢員內揀選，賞給職銜，派來三年期滿，如由本處筆帖式保題，亦以七年爲滿，然後送京。

筆帖式四員，由本處委筆帖式內挑補咨部（三年期滿，咨回原駐防處，照例陞用，如情願進京者咨部補用），委筆帖式九員，由本處貼寫滿兵內挑補（摺房二員，糧餉局一員，印房三員，票務處一員，回務軍臺處各一員）。

侍衛十八員（初設十五員，嗣由烏什裁撥，三員俱由京派來，三年更換）。

滿營協領一員（木鈴記〔註9〕一顆），佐領一員（木鈴記一顆）。防禦一員，驍騎校三員。

綠營副將一員（木鈴記一顆），游擊一員（木鈴記一顆），千總三員，把

〔註8〕鈕，印鼻也。（《說文解字》）

〔註9〕舊時官府所用印章又稱印、關防、鈴記等。清時，文職佐雜及無兼管兵馬錢糧之武職官，均由布政司發官匠刻給木鈴記，受地方長官委派辦事的機關或人員，亦由委任者鐫發木鈴記。印章，既是權力的象徵，又是一種信物，所以又稱爲印信。

總三員，經制外委六員。

聽差都司守備二員（隨帶兵書四名，俱係三年更換）。

兵防

滿洲駐防兵四百名，由烏魯木齊派來，作為二班三年更換（分撥英吉沙爾滿兵八十名，喀喇沙爾截留貼寫五名，派赴卡倫滿兵一百五十名，存城滿兵一百六十五名）。

綠營駐防兵六百一十一名（馬兵二百六十名，步守兵三百五十一名），由甘肅西寧鎮屬各營派來，作為二班五年更換。

小班書識十名，由甘州提標、涼州鎮調派（馬步無定，五年調換）。

印房糧餉局、經牧處書吏四員，由額缺書識內挑補，五年役滿，咨部掣照。

頂補工食滿兵貼寫十一名，頂補工食書識九名。

嘉慶二年，因辦理薩木薩克參贊大臣長麟，奏添伊犁滿營錫伯索倫官兵六百一十四員名（伊犁滿營官兵三百八員名，俱駐城操防，錫伯索倫官兵三百六員名分防三處卡倫），嘉慶七年六月，經參贊大臣富俊奏，將伊犁滿營官兵裁撤。八年二月，參贊大臣托津奏，將錫伯索倫官兵全行裁撤。

軍械

綠營庫貯（大神砲三位，隨砲木車三輛並什物俱全，封口三百六出，群子五千七百四十出。威遠砲八位，砲鞍八副並什物俱全，封口一千六百三出，群子四千一百九十一出，生鐵砲千二十出，藍布夾賬房三十架，白布夾賬房六十四架，樑柱九十四副，大小鳥槍五百八十一杆，鉛丸三十四萬七千六十七出，火藥七千七百五十六斤六兩七錢，火繩一萬三千六百五丈三尺，九龍袋五百六十三副，雨旱槍套各一百三副，角弓一百七十七張，戰箭一萬一千三百四十二枝，撒袋一百六十三副，戰弦一百八十根，皮弦一百五十九根，火箭二百六十支，火箭匣大小二十七個，長矛二杆，矛頭三個，腰刀三百一十把，擋牌八十四面，背擋四十八面，柳條藤牌四面，藤牌小槍四杆，牌刀四把，虎衣四身，虎爪鞋二十雙，矛衣五十件，內地夾褂三件，黃布單號衣五十件，火焰金蟒旗二十套，大白旗頁二面，大白旗頭二個，白門旗頁六面，門槍旗頭纓子四個，纛鐵頂二個，索倫方纛旗頁五個，索倫方旗頁二十五個，索倫纛鐵頂二個，杆七根，纓頂俱全，大纛杆六杆，小旗杆二十六杆，小旗

纓頭頂五副，廂白旗舊素旗頁二面，正藍旗舊素旗頁三面，廂紅旗舊素旗頁二面，大纛杆六杆，小旗杆六杆，馱馬鞍六副，野麻火繩六根，馬掌四百三十副，馬掌釘四千六百八個，鉛九百六十九斤十二兩四錢，鋼十二兩七錢，銅三十二斤十二兩八錢，乾子土連皮五百七十斤，藍炭連皮五百七斤，生鐵鎖子一把，鐵剪子一把，搜櫃子一把，鐵杆頭二把，缸瓦三十斤，馱鞍橋十二副，鐵絲二斤六兩，細麻繩半斤，毛繩二根，白土三籠，放明夜小砲八位，平頭手槍一杆，手槍一杆，回子腰刀五把，回子弓一把，回子撒袋一副，回子箭十三枝，回子鳥槍三杆，火藥罐子二個，烘藥罐子一個，大小皮包三個，鉛丸二十七出，攥子一把，破爛鍋鐵二十七斤六兩，肘鐐鐵繩廢鐵五百餘斤，外貯鳥槍三十杆，火藥包三十個，阿奇木交庫，戰箭四千七百七十九枝，長矛三杆，腰刀一把，伊犁滿營交留鳥槍二十杆，火藥六斤四兩，火包二十個，藥葫蘆二十個，戰箭二十枝，火繩二十丈，鉛丸三百出，健銳營交留大小旗頁八面，飄帶八根，杆十二根。）

糧餉

每年由陝甘省調解經費銀一萬二千兩，又由陝甘搭解伊犁息銀一千三百五十兩，又藥材變價銀三十餘兩，共銀一萬三千四百餘兩。

參贊大臣養廉銀一千五百兩（銀錢各半，每銀一兩合錢一百文），協辦大臣養廉銀七百兩（銀錢各半，每銀一兩合錢一百文，俱按四季供支），章京三員，每員月支鹽菜銀十五兩（以下鹽菜俱按銀四錢六搭放，每銀一兩合錢一百六十文，遇閏加增），糧餉局章京一員月支鹽菜銀六兩，民書斗級工食銀九兩，筆帖式月支鹽菜銀八兩，委筆帖式月支鹽菜銀三兩，護軍參領月支鹽菜銀七兩二錢，副護軍參領月支鹽菜銀六兩，頭等、二等侍衛月支鹽菜銀六兩五錢，三等侍衛月支鹽菜銀五兩，藍翎侍衛護軍校月支鹽菜銀三兩，協領、佐領、防禦月支鹽菜銀六兩，驍騎校月支鹽菜銀三兩，貼寫暨滿兵月支鹽菜銀一兩七錢五分，副將月支鹽菜銀十兩，游擊月支鹽菜銀七兩，都司守備月支鹽菜銀四兩，千總月支鹽菜銀二兩七錢，把總月支鹽菜銀二兩二錢。經制外委月支銀一兩四錢。馬兵暨書識月支銀一兩二分五釐。步守兵暨兵書月支銀一兩。經承書吏月支銀三兩。貼寫暨書識工食月支銀四兩八錢（額定二十名，銀二錢八搭放）。各處通事並軍臺當差回子三十七名，每名鹽菜銀九錢。

參贊大臣官役十三員名，月支口糧三石二斗三升七合。協辦大臣官役十

三員名，月支口糧三石二斗三升七合。章京三員每員官役七員名，月支口糧一石七斗四升三合。糧餉局章京一員官役五員名，月支口糧一石二斗四升五合。民書斗級月支口糧七斗四升七合。筆帖式官役三員名，月支口糧七斗四升七合。正任護軍參領官役七員名，月支口糧一石七斗四升三合。副委、護軍、參領官役五員名，月支口糧一石二斗四升五合。頭、二等侍衛官役六員名，月支口糧一石四斗九升四合。三等侍衛官役五員名，月支口糧一石二斗四升五合。

藍翎侍衛護軍校官役三員名，月支口糧七斗四升七合。協領、佐領、防禦官役五員名，月支口糧一石二斗四升五合。驍騎校官役三員名，月支口糧七斗四升七合。副將一員官役八員名，月支口糧一石九斗九升二合。游擊一員官役七員名，月支口糧一石七斗四升三合。都司、守備官役五員名，月支口糧一石二斗四升五合。千總官役三員名，月支口糧七斗四升七合。把總官役三員名，月支口糧七斗四升七合。經制外委官役二員名，月支口糧四斗九升八合。馬兵並書識每名月支口糧三斗一升一合二勺五杪。步守兵每名月支口糧二斗九升八合八勺。經承書史月支口糧七斗四升七合。貼寫書識月支口糧二斗四升九合。

各處通事回子，月支口糧二斗四升九合。防守卡倫、牧羊、看船橋、種菜、炭廠回子，月支口糧二斗四升九合。

章京四員，歲支兩季口食羊十六隻。筆帖式四員，歲支兩季口食羊十六隻。委筆帖式九員，歲支兩季口食羊三十六隻。侍衛十八員，歲支兩季口食羊七十二隻。滿營官六員，歲支兩季口食羊十四隻。貼寫並滿兵三百三十名，歲支兩季口食羊一千三百三十二隻。綠營官十六員，歲支一季口食羊三十二隻。馬步守兵、書吏、書識六百二十七名，歲支一季口食羊一千二百五十四隻。（以上共應支口食羊二千七百七十隻，每羊二隻按布魯特羊合一隻三分三釐，實支羊一千八百四十餘隻）

賦稅

喀什噶爾回民，每年應納正額錢二千三百一十千零，餘糧折價錢四百一十五千零，棉花折價錢七十三千零，紅花折價錢一十二千零，伯克截曠養產錢七千五百文，倒斃牲畜皮張變價錢三四千至五六千文不等，民人交納房租、地基錢三十九千零，庫貯綢緞變價錢，四百餘千不等，抽收稅物變價錢二三

百千至四五百千文不等。

喀什噶爾回民，每年應納正額糧一萬四百六十六石六斗零（共一千九百七十四巴特滿，每巴特滿合糧五石三斗，其不盡零尾作爲餘糧合算）。零尾餘糧一百七十一石零，入官地租應交糧四十二石四斗，城內外官房一百五十間（租給民人交納房租），入官果園四十二處（租給回民三十三處，交納租錢），每年抽收稅羊一千至三千餘隻不等，抽收稅牛一二隻至十餘隻不等，孳生出群羊羔五百七十餘隻，孳生出群牛犢十二隻。

每年餘糧變價折收布六千六百一十匹（查此項變價糧石，原折交布一萬四千二百匹。嗣因添設伊犁官兵，裁交布七千五百九十匹，交納糧四千石，其餘仍折交布），回民每年應納貢金，折交布七百匹（查此項貢金，原交納五十兩，折布三千五百匹，嗣經寬免金四十兩，短交布二千八匹，其餘十兩仍折交布），稅項錢內採買布三千八百匹，以上共收布一萬一千一百一十匹（每匹長二丈寬一尺五寸，重二十兩。喀什噶爾回民交布九千一百二十五匹，英吉沙爾回民交布一千九百八十五匹），每年運送伊犁（春季運送布三千七百匹，秋季運送布七千四百一十匹），稅項錢內採買紅銅七百斤，每年春季運送伊犁。

稅則

外番安集延、布魯特部落人至喀什噶爾貿易者，計其牲畜、貨物，按三十分抽取一分。本處回子由外番部落貿易回喀什噶爾者，計其牲畜、貨物，按二十分抽取一分。其不及分數者，按照部價折收錢文。若有隱匿稅課者，按三十分罰五分。惟外番來使及布魯特呈進馬匹，並獻納貢物者，所帶貨物照例免稅。

錢法

回地舊用錢文名普兒，以紅銅鑄之，每年五十文爲一騰格，其式小於制錢，厚而無孔，一面用帕爾西字鑄業爾奇木字，一面用托特字（即厄魯特字）鑄策旺喇布坦及噶爾丹策淩字樣，皆昔時厄魯特汗之名也，重一錢四五分至二錢不等。

乾隆二十四年，將軍兆惠奏，請於葉爾羌城開局設爐，改鑄製錢，以十萬騰格爲度。面鑄乾隆通寶，幕鑄清文、回字葉爾羌字樣，輪廓方孔，如制錢式。續經參贊大臣舒赫德等奏，請阿克蘇、烏什、庫車、喀喇沙爾、賽里

木、拜城等七城所用錢文，就近在阿克蘇鼓鑄。

乾隆三十一年，尚書永貴奏，將阿克蘇鼓鑄錢文移歸烏什鼓鑄，每文重二錢。

乾隆三十五年，參贊大臣舒赫德奏明鑄錢改重一錢五分，鑄烏什字樣，各回城通用其錢價。乾隆二十四年，將軍兆惠奏明以錢五十文合銀一兩。乾隆二十五年，尚書舒赫德奏明加增錢二十文，以錢七十文合銀一兩。乾隆二十六年，因錢價益賤，都統新住奏明以錢一百文合銀一兩。

乾隆五十二年，參贊大臣明亮奏准官兵鹽菜並綢緞變價等項，以錢一百六十文合銀一兩。其大臣養廉、糧員公費及採買物料，仍以錢一百文合銀一兩。

嘉慶三年，參贊大臣長麟奏將烏什錢局仍移阿克蘇鑄造。

嘉慶六年，參贊大臣富俊奏將兵丁鹽菜以錢二百二十文合銀一兩，綢緞變價等項以錢二百文合銀一兩，各官鹽菜銀以錢一百六十文合銀一兩，其大臣等養廉、糧員公費及採辦物料，仍以錢一百文合銀一兩。其不敷銀兩，奏請將陝省停解伊犁息銀七千兩撥解來防，分給喀什噶爾、葉爾羌、和闐、阿克蘇等處，為添放兵餉、鹽菜之需。

雜支

春、秋二季致祭各神，供品、蠟燭、燈油約需錢八十五六千文，並筵宴、賞賚等項，約需羊二百三十餘隻不等。章京內有兌支京庫俸銀者，每員兌支單俸銀六十兩。章京侍衛滿、漢官兵應支口食羊如有不敷，每羊一隻折給價銀五錢。年滿書吏回籍候銓，起程時每日給騎騾三頭，每頭每百里折腳價銀三錢，共折銀五六十兩不等。綠營官員借支俸餉銀，三四百至七八百兩不等，隨時咨明陝甘總督扣解，來防歸還原款。班滿撤回弁兵，每員折借給馱馬一匹，兵丁每三名折借給馱馬一匹，每馬一匹折價銀八兩，隨時咨明陝甘總督扣解，來防歸還原款。章京三員，每員月支飯食錢二百三十三文。筆帖式四員，每員月支飯食錢一百五十文。貼寫書識柴炭價銀一百二十兩（每銀一兩合錢一百文）。每年外賞阿奇木伯克伊斯堪達爾錢十千文，賞布魯特比博什惠錢七千五百文，賞圖爾第邁莫特錢七千五百文，採辦運送伊犁布匹包裹雜費需錢二百二十六千五百文。又稅項採辦運送伊犁布匹染價、包裹雜費需錢一百三十千四百六十八文。採辦運送伊犁銅觔包裹雜費，需錢四十二千三百十五文。

滿、漢官員在防病故，靈柩回籍按品支給夫馬，例由牌素巴特至哈密，計程四千三百四十里，每名每百里折銀一錢，每銀一兩合錢二百二十文。滿、漢兵丁在防病故，骨殖回營按每六副給車一輛，例由牌素巴特至吐魯番，計程三千三百四十里，每輛每百里給車價銀一兩四錢，又自吐魯番至（烏魯木齊四百九十里，哈密一千里），每輛每百里給車價銀一兩二錢，每銀一兩合錢二百二十文。飼喂馬、牛料豆需用粗糧九百餘石。備留公用糧六百石不等

牧廠

每年應收伯勒克馬三四十匹不等，官兵交留馬一二十匹不等。收稅馬八九十匹不等。羊羔辦補倒斃逾額馬三十匹。新補主事職銜，請撥備差騎馱馬九匹。補放筆帖式，請撥備差騎馱馬六匹（此二項馬匹，該員等年滿交留時，按騎馬三分，馱馬五分准其報銷）。其牧廠馬匹遇有協濟業爾羌、烏什，調撥馬七八十匹至一百匹不等（此項馬匹先該處大臣寄信查詢，俟札覆後差員領取隨時其奏）。每年年底在廠官馬十八匹，在城拴喂備差馬十二匹，稅馬四五十匹至一百餘匹無定。

每年收稅牛一二隻至十餘隻不等，又收孳生出群備差牛犢十二隻。每年年底廠牧備差牛十九隻，孳生乳牛四十四隻，牤牛四隻，稅牛多寡無定，驢三頭。

每年約收稅羊一二千餘隻不等。每年廠內孳生母羊一千六百一十四隻，羝羊八十七隻，按四分九厘，應取孳生羊羔八百三十隻內三分交官，羊羔五百一十一隻外，一分九厘，羊羔三百二十三隻，抵補母羊九十八隻外，其餘羊羔二百三四十隻。照例辦補逾額多倒馬匹，定例每馬一匹合羊羔八隻，下剩羊羔四十餘隻，統入口食，搭放官兵。

每年致祭各神供給筵宴賞賚等項，共用羊二百二三十隻不等（以上在廠牧放馬、牛、羊隻，每匹、每隻照例准例六厘，每年在城拴喂備差馬，例准三分倒斃，撥捐軍臺倒馬十七八匹不等，撥補馱炭牛二十隻，係由稅項內動撥，遇有出差，騎馬每匹准例三分，馱馬准例五分）。實在官場牧放官馬約八九十匹，稅馬約六七十匹，孳生乳牛四十四隻，牤牛四隻，備差牛五十二隻，驢三頭，孳生羝母羊一千七百零一隻，稅羊一千八百九十一隻，口食羊六百九十七隻。

卡倫

乾隆五十一年，參贊大臣明亮具奏，喀什噶爾所屬地方，安設卡倫十八處（大卡倫八處，小卡倫十處），每卡倫建蓋城堡房間，派侍衛滿兵回子駐守。

巴爾昌卡倫（城東北一百五十里，西至伊蘭烏瓦斯七十里），侍衛一員，滿兵十名，通事一名，回子九名。

伊蘭烏瓦斯卡倫（城東北一百二十里，西至伊斯里克六十里），侍衛一員，滿兵十一名，通事一名，回子十四名。分設小卡倫二處。沖布爾罕（至大卡倫三十里，滿兵五名，回子三名）。七里克（至大卡倫二十五里，滿兵四名，回子二名）。

伊斯里克卡倫（城北一百五十里，西至圖舒克塔什五十里），侍衛一員，滿兵十四名，通事一名，回子十五名。分設小卡倫一處，阿爾哈布拉克（至大卡倫四十里，滿兵六名，回子四名）。

圖舒克塔什卡倫（城西北九十里，西至喀浪圭一百里），侍衛一員，滿兵十五名，通事一名，回子十五名。分設小卡倫一處，勒沁烏瓦斯（至大卡倫十五里，滿兵五名，回子四名）。

喀浪圭卡倫（城西北一百五十里，南至烏帕拉特九十里），侍衛一員，滿兵十六名，通事一名，回子十五名。分設小卡倫二處：喀爾拜（至大卡倫十五里，滿兵二名，回子二名）。烏爾烏蘇（至大卡倫六十里，滿兵二名，回子二名）。

烏帕拉特卡倫（城正西一百二十里，南至玉都巴什六十里），侍衛一員，滿兵十五名，通事一名，回子十五名。分設小卡倫二處：蘇巴什（至大卡倫三十里，滿兵二名，回子二名）。郭爾吉罕（至大卡倫五里，滿兵二名，回子二名）

玉都巴什卡倫（城西南一百二十里，南至伊爾古楚十五里），侍衛一員，滿兵二十名，通事一名，回子十九名。分設小卡倫二處：克博都魯克（至大卡倫十里，滿兵二名，回子二名）。米奇特（至大卡倫五里，滿兵三名，回子二名）。

以上各卡倫，每處貯鳥槍十杆至二十杆不等，箭三百枝至六百枝不等，火藥五十斤至一百斤不等，鉛丸三百出至六百出不等，火繩十把至二十把不等。每年四、九兩月換大開齊牌票務處承辦。

軍臺

喀什噶爾、英吉沙爾共設軍臺五處，腰臺一處，專管章京〔註10〕一員（各章京內派委兼管），每二臺設委筆帖式一員管理。

喀什噶爾城底臺（至庫森塔斯渾九十里），委筆帖式一員（兼管庫森塔斯渾臺），外委一名，兵丁四名，回子十戶（牛二隻，車二輛，馬十五匹）。

庫森塔斯渾臺（至英吉沙爾城八十里），外委一名，兵丁四名，回子十戶（牛二隻，車二輛，馬十五匹）。

英吉沙爾臺（至托布拉克七十里），委筆帖式一員（兼管托布拉克臺），外委一名，兵丁四名，回子十戶（牛二隻，車二輛，馬十五匹）。

托布拉克臺（至察木倫五十里），外委一名，兵丁四名，回子十戶（牛二隻，車二輛，馬十五匹）。

察木倫臺（至戈壁腰臺七十里），委筆帖式一員（兼管至戈壁腰臺），外委一名，兵丁四名，回子十戶（牛二隻，車二輛，馬十五匹）。

戈壁腰臺（至葉爾羌所屬喀喇布箚什臺八十里），外委一名，兵丁四名，回子十戶。

以上軍臺五處，每臺貯鳥槍五杆，腰刀五把，火藥二斤半，火繩二丈五尺，鉛子二百五十出，共當差馬七十五匹（每年准報三分倒斃），車十輛（三年小修，五年大修），牛十隻（例無倒斃）。

事宜

蒞任交代，參贊大臣部頒銀印一顆，令箭十二支，耳箭二十四支，內頒報匣二個，《西域得勝圖》一分，《金川得勝圖》一分，《臺灣得勝圖》〔註11〕一分，《安南戰圖》一分，《廓爾喀戰圖》一分，《回疆詩墨榻》一張。

存房書冊，《大清律》十九本，《新纂大清律》二本，《蒙古則例》二本，《三流道里表》八本，《督捕則例》四本，《中樞政考》十八本，《蒙古律》二本，《八旗則例》四本，《查繳違禁書目》一本，《吏部則例》二十二本，《川

〔註10〕章京，中國清朝官名。清代早期爲武官的稱呼，後不限於稱武官。如軍機處之軍機章京，總理各國事務衙門之總辦章京、幫辦章京、章京、額外章京，均爲協助堂官處理文書等事的文職官員。此外，清政府派駐新疆各地的參贊大臣、幫辦大臣、辦事大臣下屬有印房章京，蒙古各旗箚薩克下屬有管旗章京、副章京等。在滿族官員中，「章京」又成爲對上級自稱的稱謂。

〔註11〕以上各得勝圖均爲清代帝王紀念平反便將叛亂得勝後，由宮廷畫師所繪。

運軍糧條例》一本,《捐款條例》一本,《新例》二本,《洗冤錄》〔註12〕四本,《新疆物料價值則例》二本,《甘肅捐款條例》一本,《續纂條例》四本,《大清律纂修條例》二十四本,《新纂八旗則例》四本,《中樞政考》十八本,《吏部則例》二十四本,《清字中樞政考》十八本（俱存貯漢印房）,《清文八旗則例》四本,《新纂清文則例》六十本（存滿印房）。

年例摺奏

二月分,採買紅銅,運送伊犁。

三月分,賞荷包鹿肉謝恩。春季運送伊犁布匹,巡查各處卡倫。

四月份,回子例貢金絲緞二匹,葡萄乾二百斤（便員送京）。

五月分,賞藥錠謝恩。田苗情形。

七月分,田苗收成分數。

八月分,各城伯克年班,入覲起程,請調經費銀兩。秋季運送伊犁布匹。

九月分,賀萬壽,賞荔枝謝恩。巡查各處卡倫。

十月分,喀什噶爾、英吉沙爾秋收分數。

十一月分,賀元旦。

十二月分,喀什噶爾、英吉沙爾徵收糧石。

此外,如有應奏事件隨時具奏,不拘時日。

咨行案件

綢緞奏銷。經牧奏銷。錢糧奏銷。軍器奏銷。

以上四件各造冊於六、七月間,咨送各部核銷。

十月截數彙咨事七件,一歲補放六七品伯克、金頂回子數目冊。豁免病故官兵錢糧冊。

軍臺官兵議敘獎賞冊。閱看官兵技藝獎賞過羊隻。並無脫逃遣犯。有無回子命案贖罪供冊。菓園租錢分賞兵丁。

〔註12〕《洗冤錄》（又稱《洗冤集錄》）,是宋朝法官宋慈所著,是世界上第一部系統的法醫學著作,它比國外最早由意大利人菲德里寫的法醫著作要早350多年。《洗冤集錄》內容非常豐富,記述了人體解剖、檢驗屍體、勘察現場、鑒定死傷原因、自殺或謀殺的各種現象、各種毒物和急救、解毒方法等十分廣泛的內容;它區別溺死、自縊與假自縊、自刑與殺傷、火死與假火死的方法,至今還在應用;它記載的洗屍法、人工呼吸法,迎日隔傘驗傷以及銀針驗毒、明礬蛋白解砒霜中毒等都很合乎科學道理。

以上各件，於十一月內分晰造冊，咨送軍機處及分咨各部院。

辦事章程

—— 參贊大臣到任後，巡查本屬卡倫十三處，一次巡閱各回城一次。

—— （參贊協辦）大臣到任後，盤查喀什噶爾、英吉沙爾倉庫軍械，馬、牛、羊廠一次（或委員盤查）。

—— （協辦領隊）大臣春秋二季輪流巡查喀什噶爾、英吉沙爾所屬卡倫一次。

—— 糧餉、經牧等處所管銀錢、糧石、紬緞、稅物、馬、牛、羊只，例造月報，呈交印房查繳。

—— 每年滿、漢印房、摺房等處應需紙、筆、硃、墨，俱由陝甘總督辦送分給各處。

—— 章京筆帖式每月飯食，各卡倫公費，各辦事處燈油，包文白布，朔、望祭祀香燭、筵宴，布魯特食物，元宵筵宴，伯克食物，製造花砲，印刷稿票顏料等項錢文，例由稅課項內給發，年底造報奏銷。

—— 霍罕愛里木來使入覲，每名照例筵宴用羊一隻，白麵十八斤，白米、油茶、柴薪雜費錢五十二文。來使並僕役日給羊一隻，白米半斤，其僕役每名日給白麵一斤。自本處起程至葉爾羌，五日口食，羊二隻。茶米折錢旋回時，仍照前供支造冊，彙入奏銷。

—— 布魯特比呈進馬匹，酌賞庫貯紬緞半匹，羊一隻，造入奏銷，其所進伯勒克馬匹，收廠咨部。

—— 參贊大臣每年進貢馬匹，於乾隆五十七年奉旨停止，如果有堪備上駟及堪充田獵者挑選，仍准呈進。

—— 每年進貢土產金絲緞、葡萄，交年滿差便之員，順帶進呈。

—— 臺員每月呈報遞送奏摺，批回日期、時刻，清冊印房核明，咨送兵部。

—— 軍臺接遞文報如無貽誤，及臺站牛馬倒斃不致過額者，將管臺章京奏請議敘，兵丁賞給一月鹽菜銀兩。

—— 每年九、十月間，參贊大臣閱視滿、漢官兵技藝，例賞羊二十四隻，經牧處備辦。

—— 每年調取內地紬緞、綾紗七百匹或四五百匹，內除備賞布魯特等

紬緞四十餘匹外，其餘紬緞隨時變價，所獲錢歸入正項咨部（乾隆三十四年總辦大臣安泰等奏，准本處變賣紬緞，價值照依哈密估冊所造原本運腳、雜費銀數外，其大緞、倭緞、錦緞，每銀二兩加增銀二錢。別色紬匹，每銀一兩加增銀一錢。俱二百文合錢）。

—— 每年調取藥材，由陝甘總督採辦，其辦運價值例在本處調解經費銀兩內就近扣除，本處按照原購價值售變錢文。年終易換銀兩，收入正項造冊，咨送陝甘總督彙辦。

—— 軍器庫存貯軍械，每年由綠營造冊，移送糧餉局，隨奏銷冊咨部。

—— 阿克蘇撥運鉛二百斤，內除喀什噶爾、英吉沙爾滿、漢兵操練外，存剩鉛一十四斤十二兩九錢，造入奏銷（嘉慶三年，參贊大臣長麟〔註13〕奏，添伊犁官兵操演鉛斤不敷，在貿易回民販賣鉛斤內，按三十斤抽一斤，每歲約收鉛二三百斤不等，交綠營貯庫，以備操演。其餘剩鉛斤，造入奏銷存庫）。

—— 滿營官兵換防，例由阿克蘇借支兩個月鹽菜銀兩，抵防後在該官兵應支鹽菜銀兩內作四個月扣收，造入奏銷。

—— 滿營官兵內協領、佐領防禦，如遇事故，咨行烏魯木齊都統，補派其前鋒校驍騎校，缺出由本處將應升之人保舉，揀放移咨原旗奏補其兵丁，缺出由閒散跟役內挑補，如無，俱咨回原旗補放。

—— 綠營官員遇有軍政舉劾及預保之員，注考咨送陝甘總督彙辦。

—— 綠營差防官員，副將以下，守備以上，遇有事故缺出，隨時咨明陝甘總督，另行揀派來防。

—— 綠營千把外委及馬步兵丁遇有事故缺出，參贊大臣於本防挑選撥補，其守糧在餘丁內驗〔註14〕放，如無餘丁，咨行原營招募充補。

—— 喀什噶爾、英吉沙爾駐防綠營官兵八百二十二員名，原定五年期滿。咨明陝甘總督由西寧、河州二鎮派撥更換（乾隆五十八年，參贊大臣永保等奏，請按五年分兩班更換）。

—— 綠營官員有請調銀兩者，例於該員應支俸產內按十分之二，在本處兌支，照陝甘總督至兵丁，班滿之時，亦在原營季餉銀內，按

〔註13〕 長麟（？～1811）愛新覺羅氏，字牧庵，滿洲正藍旗人，清朝大臣。調喀什噶爾參贊大臣。奏減回子王公年班進京行李，以恤驛站。罷回民土貢。有邊警，請調兵堵剿，詔以張皇斥之。

〔註14〕 「驗」的異體字。

馬五、步四、守三之數,亦在本處兌支,作正開銷報部。

—— 喀什噶爾、英吉沙爾聽差營官三員(喀什噶爾都守二員,每員例帶兵書二名;英吉沙爾參遊一員,例帶兵書四名),其兵書由本管帶出,三年更換。

—— 喀什噶爾定額甘涼兵書十名(甘標八名,涼標二名),英吉沙爾兵書三名(係涼州領屬)俱五年更換。

—— 印房、糧餉、經牧三處,定例挑補辦事書識十名,其著役日期,咨部存案,俟五年役滿,有堪應保舉者咨部以從九、未入流〔註15〕二項,掣籤給照回籍候銓。如有向上奮勉者,再酌晉一二年撤回。

—— 滿、漢換防官兵由牌素巴特一路行走,例交阿奇本伯克辦運。羊面、草料派撥,伯克赴巴爾楚克一帶接支其用,遇羊面、草料價值,由糧餉局在該官兵月支鹽菜內扣還阿奇本伯克。

—— 換班撤回侍衛,滿、漢官兵由葉爾羌行走者,發給至肅州兩個月鹽菜銀兩,至葉爾羌五日口糧。由牌素巴特行走者,發給至肅州六十四日鹽菜銀兩,至阿克蘇十六日口糧。自肅州至本處支給八十日鹽菜銀兩,沿途支給至葉爾羌七十七日口糧。自葉爾羌至本處支給六日口糧。

—— 綠營撤回官兵起程時,千把外委,每員名折借馱馬一匹,每兵三名折借馱馬一匹,每匹照例折銀八兩,由庫貯銀錢內發給,咨行陝甘總督在該官兵原營季餉內查扣,仍搭解防所歸欵咨部。

—— 滿、漢官員在防病故,靈柩回籍按品支給夫馬,例由牌素巴特至哈密,計程四千三百里,每夫一名百里折銀一錢,在庫貯錢文內支給錢一百文。隨時咨部。

—— 滿、漢兵丁在防病故,骨殖回營者,按每六副給車。一輛例由牌素巴特至吐魯番,計程三千三百四十里,每車一輛,每百里給車價銀一兩四錢。又自吐魯番至烏魯木齊,四百九十里,至哈密一千里,每百里給車價銀一兩二錢(銀一兩合錢一百文),隨時咨部。

—— 駐京回子臺吉侍衛,遇有呈明理蕃院回裏歸葬、省親、修墓等事,由回務處照例飭交阿奇木伯克辦理。其原領兵部路引交印房存貯,俟伊等事竣進京,仍呈繳兵部。

〔註15〕清代稱官階不到從九品的職官。

—— 各卡倫侍衛有木圖記一顆，凡回民及外藩布魯特等，出入卡倫隨時呈報。其在城聽差侍衛俟卡倫住班六個月，隨時派往更換。

—— 管理城池、衙署、官房、街道、監獄，收取房租，約束內地商民。補放鄉約，辦運柴炭，筵宴祭祀，種植菜園、果園、苜蓿地畝，牧放牛、羊、馬匹，俱由城守營經管。

—— 木處四門城樓、角樓各安堆撥〔註16〕一處，每處派滿、漢兵五名，輪流巡查。

—— 城外開廂添設鋪面房一百五十間，租給內地商民，俱由城守營經管（內地商民舊在回城房住，乾隆五十九年，參贊大臣永保等奏，請添蓋開廂，將商民全數移在開廂居住）。

—— 商民領票出境，由城守營查明，具報印房給票。至赴行時，由城守營查驗放行，其由各城前來本處貿易者，按票查驗，其所持路票，城守營具報印房查銷。

—— 每年飼餵馬匹、牛隻，應需苜蓿四十八萬五千六百八十斤，內回民交納四十五萬五千斤，其在城濠、菜園種苜蓿八萬六百八十斤，例由城守營交納。

—— 本處貿易商民，或由業爾羌軍臺，或由牌素巴特，兩路起票行走，聽其自便。（乾隆五十一年，因樹窩未設臺站，恐商民私攜禁物，礙難稽查，概令由臺行走。嘉慶四年，奉旨不禁松玉，裁撤卡倫，准其商民由兩路行走）

—— 貿易商民命盜詞訟各案，交印房會同委員審擬呈堂辦理。

—— 永遠枷號人犯，照內地鹽犯，日給倉米一升之例，按日折給白麵一斤，造入奏銷。

—— 賞給回子伯克爲奴及充當苦差各項人犯，遇有事故，隨行咨明刑部、理藩院、伊犁將軍、陝甘總督。

—— 內地發遣回疆爲奴人犯，由印房按照各城伯克數目多寡，均派定地分撥，隨咨陝甘總督、哈密大臣照地就近撥解。

—— 伊犁、烏魯木齊等處，發遣南路給官兵爲奴當差各犯，按各城官兵多寡均派定地分撥，隨咨阿克蘇大臣照單截解。

〔註16〕滿語「駐兵之所」之意，清朝警務機構，相當於現在的派出所、警務室一類，內有器械及勤務人員，負責應付突發事件。

回務

伯克陞調

八城伯克缺出，如該處有堪勝仕者，咨送本處疑定正陪。

奏請補放，乾隆二十八年，准軍機議定補放伯克條例，內開各城阿奇木伯克，伊什罕伯克，總理本地方一切事物，責任纂重，應仍照內地迴避，本省之例由各城揀選。

奏請調補陞用

由各城彙齊揀選調放者，二十二缺。

三品阿奇木九缺：喀什噶爾一，業爾羌一，和闐一，阿克蘇一，賽里木一，庫車一，沙雅爾一，庫爾勒一，布古爾一。四品阿奇木七缺：英吉沙爾一，哈喇哈什一，克里雅一，塔克一，玉瓏哈什一，車呼一，拜城一。四品伊什罕五缺：喀什噶爾一，業爾羌一，和闐一，阿克蘇一，庫車一。五品阿奇木一缺：烏什一。

由各城所屬地方內彙齊揀放者，二十八缺。四品阿奇木一缺：牌素巴特一。五品阿奇木二缺：阿斯圖阿爾圖什一，特什克呼木一。六品阿奇木五缺：阿爾呼一，烏帕爾一，玉斯圖阿尔圖什一，塔什密里克一，克爾品一。四品伊什罕二缺：賽里木一，沙雅爾一。五品伊什罕一缺：拜城一。四品噶雜納齊二缺：喀什噶爾一，業爾羌一。五品噶雜納齊五缺：和闐一，阿克蘇一，賽里木一，庫車一，沙雅爾一。六品噶雜納齊一缺：拜城一。四品商伯克四缺：喀什噶爾二，業爾羌二。五品商伯克五缺：哈喇哈什一，玉瓏哈什一，阿克蘇一，庫車一，沙雅爾一。

在各城所管本城村揀放者，二百一十三缺。五品阿奇木（英格奇品），六品阿奇木（巴爾楚克五品），哈孜伯克（喀什噶爾、雜帕哈孜、喇雅哈孜），六品哈孜伯克（英吉沙爾、阿斯圖阿爾圖什、阿爾呼、玉斯圖阿爾圖什、博什克呼木、罕愛里克、哈爾噶里克、托果斯乾、頗斯喀木、阿克蘇、烏什、賽里木、伊立齊、哈喇哈什、玉瓏哈什、克里雅、塔克車呼、庫車、沙雅爾），七品哈孜伯克（克爾品、拜城）五品密喇卜伯克（塔沙雅爾　斯渾　牌斯干業爾羌），六品密喇卜伯克（罕愛里克、河爾甘、赫色勒碑、賽里木、托克薩克、伯什克呼木、英吉沙爾、英格奇品、哈爾噶里克、喇卜齊、鄂屯楚魯克），七品密喇卜伯克（賽里木、阿克蘇、烏什、塞里木、拜城、哈爾哈密

西、阿哈雅爾、雅爾巴什、愛庫勒、克爾品、瑪爾呼野、薩木普拉、布尼、車呼、布爾尊、布爾薩克、托素拉庫野、庫車二、沙雅爾），五品訥克卜（喀什噶爾、爾羌），七品訥克卜（和闐、阿克蘇、庫車），五品密圖瓦里（喀什噶爾、業爾羌），七品密圖瓦里（和闐、阿克蘇、庫車），五品克呼克雅克（業爾羌），五品帕提沙布（業爾羌），六品帕提沙布（喀什噶爾、業爾羌），六品沙卜提莫提卜，五品喀喇都觀（業爾羌），七品喀喇都觀（和闐），六品都觀二，喀爾觀二（喀什噶爾、業爾羌、喀爾觀），七品都觀（和闐、阿克蘇三、庫車三、沙雅爾二），六品沙虎勒（喀什噶爾、業爾羌），七品沙虎勒（和闐、阿克蘇二），五品莫提色卜（烏什），六品色依得爾伯克（業爾羌），六品哲博伯克（業爾羌），六品明伯克（喀什噶爾、哈爾甘、伯什克呼木、業爾羌、英格奇品、哈爾噶里克、鄂頗爾二），七品明伯克（喀什噶爾、英吉沙爾六、牌素巴特二、阿斯圖阿爾圖什五、玉斯圖阿爾圖什、罕愛里克、岳頗爾呼、穆什素魯克二、和色勒布依二、塔斯渾二、阿爾瓦特、賽爾滿、托克薩克、烏帕勒、塔什密里克、巴爾楚克、察特西爾、伊立齊、古野雜瓦、巴爾瑪思雅、烏哈西、喀爾魯克、鄂霍來里、薩木普拉、布尼、車呼、布爾尊、布爾薩克、托素拉古野、克里布斯噶祖木（烏什）三、阿克蘇二、雅爾巴什、雅爾賽哩木、哈爾哈密西、賽里木、阿哈雅爾、阿喇勒三、胡木巴什、拜城、愛庫勒、伯什里克、克爾品二、庫車三、沙雅爾二），五品伯克（桑珠、夥什喇卜、哈爾噶里克、托科斯干），六品伯克（玉拉里克、塔克、多蘭），五品探玉哈什伯克（和闐），五品探金伯克（和闐），七品都碑伯克（和闐），六品管驛站伯克（阿克蘇），六品修理冰山伯克（阿克蘇），七品管理五臺伯克（英吉沙爾），七品採紅銅伯克（阿克蘇三、庫車一、沙雅爾），色呼、庫勒大小伯克十八缺，悉由本地人補放。

　　庫爾勒、布古爾兩城大小伯克十八缺，俱在本城內補放。

　　以上補放伯克各缺，除喀什噶爾、英吉沙爾兩城所屬伯克聯銜具奏外，其餘六城所屬伯克俱係參贊大臣單銜具奏，至六七品伯克並金頂回子缺出，由各城辦事大臣擬定正、陪二名，咨送本處驗看揀放，咨明理藩院。又於十月內彙咨軍機處理藩院備查。

　　每年春秋二季，將各城伯克升、遣、調、降數目彙冊，咨送理藩院。

伯克額缺

喀什噶爾本城，三品阿奇木伯克一員（部頒銅圖〔註17〕記），四品伊什罕伯克一員，四品噶雜納齊伯克一員，四品商伯克一員，五品哈孜伯克一員，五品訥克普伯克一員，五品莫提色普伯克一員，五品密圖瓦裏伯克一員，六品都觀伯克一員，六品巴濟格爾伯克一員，六品巴克瑪塔爾伯克一員，六品阿爾巴普爾伯克一員，六品帕提沙普伯克一員，六品密喇布伯克一員，七品明伯克一員，金頂回子三十名。

牌素巴特，四品阿奇木伯克一員（部頒銅圖記），七品明伯克二員。

塔斯渾，五品密喇布伯克一員，七品明伯克一員。

阿斯圖阿爾圖什，五品阿奇木伯克一員（部頒銅圖記），六品哈孜伯克一員，七品明伯克五員。

伯什克呼木，五品阿奇木伯克一員（部頒銅圖記），六品哈孜伯克一員，六品密喇卜伯克一員，六品明伯克一員。

阿爾胡，六品阿奇木伯克一員（部頒銅圖記），六品哈孜伯克一員。

塔什密里克，六品阿奇木伯克一員（部頒銅圖記），七品哈孜伯克一員。

玉斯圖阿爾圖什，六品阿奇木伯克一員（部頒銅圖記），六品哈孜伯克一員，七品明伯克一員。

罕愛里克，六品哈孜伯克一員，六品密喇卜伯克一員，七品明伯克一員。

霍爾罕，六品密喇卜伯克一員，七品明伯克一員。

霍色爾布依，六品密喇卜伯克一員，七品明伯克一員。

賽爾滿，六品密喇卜伯克一員，七品明伯克一員。

託古薩克，六品密喇卜伯克一員，七品明伯克一員。

烏帕爾，六品阿奇木伯克一員（部頒銅圖記），七品明伯克一員。

阿爾瓦特，六品密喇卜伯克一員，七品明伯克一員。

穆什蘇魯克，七品明伯克一員。

穆什，七品密喇卜伯克一員。

英吉沙爾、賽里克、特比斯（三處伯克載英吉沙爾）。

喀什噶爾各處通事回子十七名。各軍臺應差回子二十名。刨挖硝礦回子十五名。防守卡倫、牧羊、看船橋、種菜、炭廠回子卡倫當差布魯特，共二百一十二名

〔註17〕印信的一種。清制，邊疆地區領隊大臣、八旗佐領、各省協領等官所用印信稱圖記，銅質、直紐。

伯克職掌

阿奇木伯克（總辦地方一切事務），伊什罕伯克（協理地方一切事務），商伯克（專辦錢糧事務），噶雜納齊伯克（專辦錢糧事務），哈孜伯克（專辦刑名事務），密喇布伯克（管理溝渠、田地事務），莫提色布伯克（管理教化、禮義經文），密圖瓦里伯克（管理商賈、房地事務），訥克布伯克（管理各項匠役），巴濟格爾伯克（專管稅務），都觀伯克（管理供應外番來使），帕提沙布伯克（巡查城市、防捕賊盜），阿爾巴布伯克（催交錢糧），什呼爾伯克（協辦都觀伯克事務），明伯克（管理千人錢糧一切事務），玉孜巴什（管理百人），巴克瑪塔爾伯克（管理瓜果園），喀魯爾伯克（管理坐卡回民）。

伯克養廉

三品阿奇木伯克，養廉錢三十千文，田地一百五十巴特滿（每一巴特滿合京石五石三斗），佃戶八十名。

四品伊什罕伯克，養廉錢十五千文，田地一百巴特滿，佃戶五十名。

四品商伯克、噶雜納齊伯克、阿奇木伯克，每員養廉錢十二千五百文，田地八十巴特滿，佃戶三十名。

五品阿奇木伯克、莫提色布伯克，每員養廉錢七千五百文，田地四十巴特滿，佃戶十五名。

六品阿奇木伯克、什呼爾伯克、巴克瑪塔爾伯克、明伯克、阿爾巴布伯克、都觀伯克、帕提色布伯克，每員養廉錢五千文，田地三十巴特滿，佃戶四名。

以上共支養廉錢，一百九十二千五百文（每年回民交納伯克養廉錢二百千文，內除塔什密里克改設伯克，截曠養廉錢七千五百文外，其餘錢文按四季交納，隨時散給。）

不支養廉伯克

五品訥克布伯克（管各項匠役千餘名，每名每年給訥克布伯克錢六文，作為養贍），田地六十巴特滿，佃戶十五名。

六品巴濟格爾伯克（管納稅事務，凡回民賣牲畜，駝、馬、牛、驢，每匹給錢一文至五文不等，作為養贍），田地三十巴特滿，佃戶四名。

五、六、七品密喇布伯克（管澆灌田地，按日巡查，有懶惰者例罰錢文，作為養贍）五品田地四十巴特滿，佃戶十五名。六品田地二十巴特滿，佃戶三名。七品田地十巴特滿，佃戶二名。

五、六品哈孜伯克（管理詞訟、念經、分家產等事，如有罰鍰及謝禮等，規作為養贍）。五品田地六十巴特滿，佃戶十五名。六品田地三十巴特滿，佃戶四名。

七品明伯克，田地十巴特滿，佃戶二名。

伯克陞遷盤費（乾隆四十二年，參贊大臣綽克托〔註18〕議奏，除和闐伯克升往業爾羌，喀什噶爾伯克升往英吉沙爾，葉爾羌、喀什噶爾互相升調，以及阿克蘇所屬各城伯克升往庫車等處，庫車等城伯克升往阿克蘇等處，或升補所屬及鄰近回城者，道路均不甚遠，應毋庸給賞外，其餘各回城大小伯克內若升往伊犁，或升往相距寫遠各城者，按照品級大小及道路遠近，酌定賞銀數目。）

—— 葉爾羌、和闐、喀什噶爾、英吉沙爾，並喀喇沙爾所屬之布古爾、庫爾勒等六城伯克內，升往伊犁者，三品伯克給銀二百兩，四品伯克給銀一百五十兩，五品以下給銀一百兩。若由伊犁升往葉爾羌、和闐、喀什噶爾、英吉沙爾、布古爾、庫爾勒等六城者，亦照此數賞給。

—— 阿克蘇、烏什、賽哩木、拜城、庫車、沙雅爾六城伯克內，升往伊犁者，三品伯克給銀一百五十兩，四品伯克給銀一百兩，五品以下伯克給銀五十兩。若由伊犁升往阿克蘇、烏什、賽哩木、拜城、庫車、沙雅爾六城，亦照此數賞給。

—— 葉爾羌、和闐、喀什噶爾、英吉沙爾等四城伯克內，升往庫車、沙雅爾、并喀喇沙爾所屬之布古爾、庫爾勒等四城者，三品伯克給銀一百五十兩，四品伯克給銀一百兩，五品以下伯克給銀五十兩。若由庫車、沙雅爾、布古爾、庫爾勒等四城者，升往葉爾羌、和闐、喀什噶爾、英吉沙爾等，亦照此數賞給。

—— 葉爾羌、和闐、喀什噶爾、英吉沙爾、布古爾、庫爾勒等六城伯克內，升往阿克蘇、烏什、賽哩木、拜城等四城者，三品伯克給銀一百兩，四品伯克給銀五十兩，五品以下伯克給銀三十兩。若由阿克蘇、烏什、賽哩木、拜城等四城，升往葉爾羌、和闐、喀

〔註18〕綽克托，滿洲鑲紅旗人，愛新覺羅氏，清朝宗室、清朝工部尚書。傅勒赫之子。跟從董額討王輔臣，守漢中，攻秦州，沒有軍功。授盛京將軍，又以不稱職，奪爵。曾任烏什參贊大臣。乾隆四十一年正月己丑，接替福隆安，擔任清朝工部尚書，後改吏部尚書。由富勒渾接任

什噶爾、英吉沙爾、布古爾、庫爾勒等六城者，亦照此數賞給。

回人兵制

回兵五百名，免納錢糧管兵總管一員（現任四品伯克揀派兼管），戴用花翎。副總管二員（現任四五品伯克揀派兼管），戴用花翎。玉孜巴什伯克（六品伯克揀派兼管），戴用藍翎。溫巴什戴金頂，俱不支養廉（乾隆五十二年，參贊大臣明亮派回人五百名追緝燕起，事竣即以五百人作爲兵丁差遣，免納錢糧，未經具奏立案。嗣於乾隆五十九年，參贊大臣永保等具奏，註冊回兵五百名，每十名設溫巴什一名管轄，戴用金頂。每百名派玉孜巴什一員管轄，戴用藍翎，又於現任四、五品伯克內專派總管一員，副總管二員統轄，輪班操演當差，每遇缺出，由阿奇木伯克呈請補放，兵丁缺出，由該總管呈請挑補。）

回人差役

各處通事回子十七名，各軍臺應差回子二十名。刨挖硝磺回子十五名，防守卡倫、牧羊、看船橋、種菜、炭廠回子及卡倫當差布魯特共二百一十二名。

回務則例

回人內遇有故殺尊長者，照內地律例審辦擬罪，隨具奏。如有故殺及金刃他物毆斃者，擬絞，巴雜爾示眾。其誤傷及手足傷斃者，准其照回人例贖罪，以銀錢、牛羊給與屍親，免其抵償，將一年辦過案件彙咨軍機處、理藩院。

本處回人並外番人等，赴各城及出卡倫外貿易者，俱驗票放行，其路票由票務處承辦。

喀什噶爾、英吉沙爾大小伯克之噶爾察（回諾奴僕），有無脫逃人，回人有無在外番私買奴婢，於年終彙咨理藩院查考。

外番部落

沖巴噶什部落（喀浪圭卡倫距城二百餘里），二品頂花翎布魯特比一名，四品頂花翎布魯特一名，五品頂花翎布魯特一名，六品頂藍翎布魯特七名，七品頂藍翎布魯特一名，金頂布魯特二名。

胡什齊部落（在烏什邊界居住，由巴爾昌卡倫行走距城七百餘里），六品頂藍翎布魯特一名。

齊里克部落（在伊斯里克卡倫外，距城三百餘里），五品頂花翎布魯特一名，六品頂藍翎布魯特一名，六品頂藍翎阿哈拉克齊一名，金頂布魯特一名。

蒙古爾多爾部落（在伊蘭烏瓦斯卡倫外，距城六百里），金頂阿哈拉克齊二名。

薩爾巴噶什部落（在伊斯里克卡倫外，距城五百里），三品頂花翎布魯特比一名，五品頂花翎布魯特三名。

薩雅克部落（在圖舒克塔什卡倫外，距城八百餘里），四品頂花翎布魯特比一名，五品頂花翎布魯特比一名。

察哈爾薩雅克部落（在圖舒克塔什卡倫外，距城九百餘里），三品頂花翎布魯特比一名。

瓦岳什部落（在喀浪圭卡倫外，距城四百餘里），金頂布魯特比一名。

提依特部落（在烏帕喇特卡倫外，距城三百餘里），六品頂藍翎布魯特三名。

喀爾提金部落（在烏帕喇特卡倫外，距城六百餘里），四品頂花翎布魯特比四名，六品頂藍翎布魯特比一名。

奈曼部落（在伊勒古楚卡倫外，距城四百餘里），六品頂藍翎布魯特比三名。

希布察克部落（在伊勒古楚卡倫內，庫納薩爾地方，距城二百餘里），二品頂花翎布魯特比一名，五品頂花翎布魯特二名，六品頂藍翎布魯特八名，金頂布魯特四名。

希布察克所屬薩爾特部落（在伊勒古楚卡倫外，距城一千一百餘里），金頂布魯特比二名。

希布察克所屬圖爾愛格部落（在烏帕喇特卡倫外，距城三百餘里），六品頂藍翎布魯特一名，金頂布魯特一名。

色呼庫勒部落（在葉爾羌邊界，相通烏魯克卡倫外，距城九百餘里），五品頂花翎布魯特比一名，幫辦比五品頂花翎布魯特一名。

喀什噶爾居住外番行販安集延頭目二名。

巴達克山瓦罕等部落通英吉沙爾所屬之烏魯克卡倫，約離城一千八百餘里。

英吉沙爾

沿革

英吉沙爾本名英阿雜爾，又名英噶薩爾，爲漢依耐國，在喀什噶爾南二百里，爲所屬回城，幅員雖小，乃外番各國初入回疆之總道也。

國朝乾隆二十三年，大兵既克喀什噶爾，將軍兆惠曾駐營於其地。二十五年初，設總兵以鎮之。二十八年後，或間派副都統侍衛郎中駐守。五十三年，專派領隊大臣，仍歸喀什噶爾參贊大臣節制。更名英吉沙爾，英吉者，新也；沙爾者，城也。言新立此城，故名。

疆域

英吉沙爾所轄地方，東至葉爾羌屬之喀喇布托什臺二百七十里；南至烏魯克卡倫一百里；東南至鐵列克卡倫三百里，俱通布魯特部落；西南至特比斯卡倫二百里；西北至庫森塔斯渾臺八十里，所屬回莊糧餉、刑名事務統歸喀什噶爾辦理。

山川

雪山（已見前），在圖木舒克卡倫西十里，從山中流出大河，闊四五丈，至圖木舒克地方分流各處，回民開渠，引以灌田。

沙梁城南迤西有沙梁一道，夾河東流即圖木舒克山中流出之水，搭橋以度，其沙梁直至蟒山而止。

水渠城北新濬水渠一道，源出剃伯克至俺瓦特里止，寬八九尺，深四五

尺至七八尺不等，長六十餘里，回莊資其利焉。（嘉慶〇〔註1〕年，新〇〇替〇
〇富俊，請督工之阿奇木穆雜普爾戴花翎）

古蹟

兆公臺城南十里有墩臺一座，相傳爲乾隆二十三年將軍兆惠進兵時安營
於此，故名。

臺西有湖一區，周二里許，城西有墳園一處，離城十里，園沙平衍，中
有一泉停而不流，回人稱爲瑪雜爾，三四月間男女玩會，歌唱歡舞三晝夜，
其末日有小回童執旗吹歌者二三十人，又有眾數千人號哭而歸，蓋亦和卓墳
之遺意耳。

建制

英吉沙爾舊有土城二里一分，乾隆二十四年初建，以駐官兵，其城中隔
一牆，南半回民居之，北半官兵居之。乾隆四十年，阿奇木蘇爾坦和卓父子
捐資，接築城垣七分以遷關廂回民於內，今城高一丈七尺，底寬八尺，頂寬
三尺，女牆高四尺，南北二門各高八尺五寸，寬六尺，城頭四角各蓋巡更房
一間，南門內兵房五間，北門內兵房三間，城中隔牆東西長十五丈一尺，高
一丈五尺，底寬二尺，頂寬一尺，中安柵門一座，兩傍兵房四間，北門內領
隊大臣衙署一所，共房三十三間，滿營防禦住房五間，滿、漢印房辦事貼寫、
書識等住房二處，共十六間，筆帖式住房七間，滿營兵房十五間，綠營游擊
衙署一所，住房十七間，綠營官兵住房七十三間，看倉兵房一間，城外北一
里許，恭建萬壽宮一座，傍建關帝廟一座，厥神廟一座，厥房十間，軍器庫
三間，火藥庫一間。

官制

領隊大臣一員（部頒銅印一顆，兼管卡倫）

筆帖式一員（乾隆五十八年添設）

委筆帖式四員（由喀、英二城貼寫內挑補）

滿營防禦一員

綠營游擊一員（隨帶兵書四名，俱係三年更換）

〔註1〕原文脫字，以「〇」標注。下同。

千總一員，把總一員，經制外委二員

滿營官兵由烏魯木齊派來，三年更換。綠營官兵由陝西河州鎮屬各營派來，作為二班，五年更換。涼州鎮屬書識三名（新奉吏部覆准，在喀什噶爾撥設書吏一缺，五年滿咨部籤掣）。

營伍

滿營兵八十名，綠營馬步守兵二百一十七名，庫貯軍械（鳥槍一十一杆，鉛九〔註2〕八萬七千一百一出。火藥一千六百九斤十三兩三錢。火繩三千五百九十九丈八尺。腰刀四十六把，賬房二架，鑼鍋一十三口，威遠砲四位，鉛鐵封口一千九百九十二出，鉛鐵群子八千二百三十八個，砲鞍三副，皮搭子四副，火弓二個，火杆一個，藥葫蘆砲位穩榔頭銃子各三副，角弓三十九張，絲絃三十九根，皮弦三十九根，撒袋三十九副，戰箭二千三百二十根，大小旗幟二十八面，銅鑼二面，銅號二對，陣鼓二面，九龍袋一副，鐵三十斤。

健銳營交晉大小旗八面，飄帶八根，大小旗杆十二根。

伊犁滿兵交存鳥槍二十杆，火藥六斤四兩，火繩二十丈，鉛丸三百出，火包二十個，藥葫蘆二十個，戰箭六百枝。

綠營現用軍器，鳥槍一百六十杆，鉛丸三百出，火藥一百二十五斤，火繩四百尺，九龍袋一百六十副，腰刀一百九十七把。）

每年滿、漢官兵操演鉛藥，由喀什噶爾分撥應用。

糧餉

領隊大臣歲支養廉銀六百兩（銀錢各半，每銀一兩合錢一百文），按四季在喀什噶爾庫內請領。

筆帖式一員，月支鹽菜銀八兩。委筆帖式四員，每員月支鹽菜銀三兩。防禦一員，月支鹽菜銀六兩。

游擊一員，月支鹽菜銀七兩。千總一員，月支鹽菜銀二兩七錢。把總一員，月支鹽菜銀二兩二錢。經制外委二員，月支鹽菜銀一兩四錢。滿營兵丁每名月支鹽菜銀一兩七錢五分，綠營兵丁（馬兵、步守）月支鹽菜銀（一兩二分五釐、一兩）。書識月支鹽菜銀一兩。通事回子月支鹽菜銀九錢。（以上鹽菜銀四錢六搭放官員，銀一兩合錢一百六十文。兵丁銀一兩合錢二百二十文），按四季在喀什噶爾庫內請領。

〔註2〕從後面量詞「出」推測此處應為「丸」字。

領隊大臣官役十三員名，歲支口糧三十八石八斗四升四合，遇閏加增。筆帖式月支口糧七斗四升七合（委筆帖式同）。防禦月支口糧一石二斗四升五合。滿兵每名月支口糧三斗七升三合五勺。游擊月支口糧一石七斗四升三合。千總月支口糧七斗四升七合。把總月支口糧七斗四升七合。經制外委月支口糧四斗九升八合。綠營（馬兵、步守）月支口糧（三斗一升一合、二斗九升八合八勺）。涼州書識月支口糧二斗六升一合四勺五抄，游擊書識月支口糧二斗九升八合八勺，通事回子月支口糧二斗四升九合，卡倫牧羊回子（不支鹽菜）月支口糧二斗四升九合，軍臺回子四十名（月支鹽菜銀九錢）不支口糧。

領隊大臣、筆帖式、防禦等六員，口食羊二十八隻。滿兵八十名，共口食羊三百二十隻。綠營官兵共一季口食羊四百五十八隻（按羊一隻按布魯特羊供支，合羊一隻三分三氂），其支羊五百四十餘隻。

賦稅

英吉沙爾回民每年交正額錢五百八十九千零，交正額糧二千二百六十四石（小麥一千三百八十九石三斗六升一合，高粱四百五十四石三升七合）。

交布一千九百八十五匹。

入官果園五處，每年折收錢五百五十文（散給官兵）。

每年抽收稅羊二三十隻不等，孳生出群羊一百七十餘隻不等。

原設孳生母羊五百四十七隻，羝羊三十二隻。孳生羊羔二百八十餘隻（除抵補倒斃羝羊三十二隻，又撥送喀什噶爾補缺馬匹、羊羔七十餘隻外），其餘羊羔搭放口食，如有不敷，在喀什噶爾稅羊內分撥搭放。

卡倫

鐵列克卡倫（城西南一百三十里），侍衛一員，滿兵七名，（回子九名、通事一名）。分設奇克滿（至大卡倫五十里，滿兵二名，回子二名）。

烏魯克卡倫（城西南九十里，與特比斯連界），侍衛一員，滿兵二十名，（回子十二名、通事一名）。分設俄爾多籠（至大卡倫十里，滿兵三名，回子三名），空伊布納克（滿兵二名，回子二名），托依洛克（至大卡倫七十里，滿兵二名，回子二名）。

特比斯卡倫（城正西三十里，與特爾格齊克連界），侍衛一員，滿兵十二

名，（回子九名、通事一名）。分設綽達雅爾（至大卡倫二十里，滿兵二名，回子二名）。

特爾格齊克卡倫（城西北六十里，與圖木舒克連界），侍衛一員，滿兵十二名，（回子十七名、通事一名）。分設達卜薩（至大卡倫六十里，滿兵二名，回子二名）。

圖木舒克卡倫（城西北六十里，與伊勒古楚連界），侍衛一員，滿兵十二名，（回子十七名、通事一名）。分設汗達喇克（至大卡倫二十里，滿兵二名，回子二名）。

以上卡倫侍衛俱喀什噶爾參贊大臣派班更換，大小卡倫十二處，每處貯軍器（鳥槍十杆，箭三百枝至六百枝不等，火藥五十斤至一百斤不等，鉛丸三百出至六百出不等，火繩十把至二十把不等）。

軍臺五處（已詳喀什噶爾）

英吉沙爾底臺、托布拉克、察木倫臺（七十里至）、戈壁腰臺（八十里至）、喀喇布箚什臺（葉爾羌屬）。

伯克（塞里克　特比斯　載喀什噶爾）

英吉沙爾四品阿奇木伯克一員（部頒銅圖記一顆），六品哈孜伯克一員，七品明伯克一員，金頂回子四名，通事回子二名，各軍臺應差回子四十名，防守卡倫牧羊回子布魯特七十九名。

事宜

—— 商民起票處境，由城守營查驗放行，其由各處至本城貿易者，亦按票查驗其所持路票，由城守營具報印房查驗。

—— 每年按季將滿、漢官兵名數，並各項錢糧、牲畜數目造冊，咨呈喀什噶爾參贊衙門。

—— 每年春秋二季致祭關帝廟牛隻、香燭、錢文，在喀什噶爾領取，羊、面在本處動用造銷。

—— 備差馬三十匹，自乾隆五十一年，由喀什噶爾撥借本處，兵丁自行餧養。

—— 筆帖式書吏每名月給飯錢二百文，在本處應解稅錢項下支領。

—— 滿、漢印房應需紙、筆、硃、墨，由喀什噶爾撥給。

—— 滿、漢兵丁操演鉛、藥，由喀什噶爾領取。

—— 發給伯克爲奴及當差人犯如有事故，咨承喀什噶爾辦理。

庫　車

沿革

　　庫車在阿克蘇東北六百三十里，喀喇沙爾西南九百四十里，古龜茲國也。漢延光二年，夏復以班勇爲西域長史，將兵五百人出屯柳中。明年，龜茲王白英猶自疑未下，勇開示恩信，白英乃率姑墨、溫宿自縛詣勇降，勇因發其兵，步騎萬餘人，於是前部始復開通，還屯田柳中。又《西陲紀略》云：魯陳一名柳城，亦名柳陳、柳中。漢車師前王地，唐爲西州屬邑柳中縣，後漢班勇出屯柳中，經大川、沙磧，無水草，大風倏起，人馬相失，土人謂之旱海。出川西行至流沙河，河上有小崗，雲風沙所積。道北火焰山山色如火，城方三里，又別開一境。云今以地考之，交河宜在吐魯番柳中，宜在布古爾、庫爾勒一帶，故班勇以前部開通還屯柳中也，或以庫車城皆柳條夾土而築，故名柳城，然皆不可考亦。其爲龜茲國治，唐置都護府之所無疑。國朝乾隆二十三年，定名庫車。庫車者，譯言衚衕也，以其爲西南達回部之要路故也。

疆域

　　庫車所轄地方，東至拉伊素地方二百五十里，交喀喇沙爾所屬布古爾界；西至河色爾河一百六十里，交阿克蘇所屬之賽里木界；南至哈爾巴克哈爾鬼河卜爾哈岳爾巴什齊克第三處一百三十里，交沙雅爾北界；北至扣克訥克達巴罕六百里，交伊犁界；東南至大鐵里木連克里雅河西北界，通和闐；西南至果什庫都克五百里，交哈拉玉爾滾東界；東北至阿伊庫木什、哈拉庫勒二處四百里，交布古爾北界；西北至阿拉努爾、阿哈果爾二處四百五十里，交賽哩木西南界；其所屬之沙雅爾回莊並無城池，東至思爾里克墨洗提三百

二十五里，交庫車布古爾東南界；西至塔什根課里三百八十里，交阿克蘇界；南至大鐵里木庫穆爾沙爾第二處四百里交克里雅河南界，通和闐；北至哈爾巴克哈爾鬼岳爾巴什齊克第河卜爾哈三處，交庫車界；東南至郎哈里三百里，交庫車東南界；西南至巴什克雅克三百里連大河，通阿克蘇界；東北至烏嚕庫木二百里，交庫車東南界；西北至洋塔里克沙爾二百四十里，交庫車西北界。統計庫車所屬回莊八十四處，沙雅爾所屬回莊三十四處，地扼沖途，為西入回疆之門戶，沙雅爾下濕暑熱多苦蚊蟲，東南則近羅卜淖爾，渭幹河之所歸也。西南馬行八日可至和闐東南，馬行二十八日可抵西藏，然皆沮洳草澤，人馬難行，昔準噶爾策旺喇布坦欲侵擾藏地，領其眾遣沙雅爾回酋嚮導，全軍盡沒，策旺喇布坦怒殺之，乃復遣策淩敦多布改由和闐取道戈壁抵藏。

山川

丁谷山，《西陲紀略》：山上有唐朝古寺，寺多唐碑及無量壽佛窟，其浮屠高數十丈。

碙砂山，城北百餘里多石洞，春夏秋三季洞中皆火，夜望如萬點燈光，人不可近。冬月寒時大雪，火始熄。土人徙取，赤身而入，赤砂洞中如鐘乳形，故為難得。見《西域聞見錄》今其地果產赤碙砂。

渭幹河，在城西自北山出，環城南東南流，回莊引渠灌田，繞沙雅爾東南流入羅卜淖爾蒲昌海也。

建置

庫車城舊以柳條夾沙土築成，依山為基，四門周四里六分六釐。乾隆五十八年重修，內建辦事大臣衙署一所，其後花木最盛，有亭榭池沼，西北茶園極大，引水灌溉，其地雨水甚稀，歲不過微雨數次，署東北建公館一所，亦頗爽廠。自乾隆二十三年，平定庫車之後，於二十八年設立防兵，建蓋大小官員衙署、兵丁住房，所需木植等項，俱係營兵自行砍伐修造，並未動用公項，北大街恭建壽宮一座，西間壁建關帝廟一座，東西牌坊。城外東南十里有頹城一段，長五里許，堅實高厚，雉堞猶存，土人謂漢時屯兵之所也。

沙雅爾回莊回民七百餘戶，歲納糧、銅、硝磺之數，較庫車城減三分之二。田地宜粳稻、瓜果皆佳，而梨尤精美，多虎，產猞猁、獺、狐狸，亦殷富之鄉。

官制

辦事大臣一員（部頒銀印），印房章京一員，筆帖式二員，委筆帖式三員，糧務章京一員，游擊二員，千總一員，把總二員，經制外委三員，書識十名。

營伍

乾隆二十四年，將軍兆惠留駐各提鎮營兵三百名，又兵書五名，三年更換。庫貯軍械（威遠砲二位，砲鞍二副，封口二百出，群子四百九十一個，火藥一千四百八十四斤零，涼棚一架，戰箭三千七百枝，廢銅三斤，生鐵四十一斤零，拆毀運玉大車鐵一千零五十三斤，火繩三千零八十丈，鉛丸一十二萬八千五百出，角弓三十五張，撒袋二十二副）。換防兵丁帶來軍械（矛子三十杆，海螺二對，鳥槍一百五十○杆，九龍袋一百五十三個，雨旱槍套各一百五十三副，大纛旗三面杆，小旗一面杆，紅旗二面杆，長號四枝，號令鼓一面，鑼一面，單賬房二十頂，繃子八個，鍬鎬鐮斧各二十把，水火皮袋二十個，鐵火筒二十個，銅鑼鍋二十口，號帽三百二頂，號褂三百二件，腰刀三百二把）。兵丁明制軍物（角弓九十九張，撒帶九千九副，馬鞍九十五副）。兵丁操演准頭鉛九〔註1〕一萬三千九百九十一出，每年例銷鉛九二千二三百出，如有不敷，即在備貯數內撥出，報部查核。

糧餉

每歲由哈密調取經費銀五千兩。

收阿克蘇搭放官兵鹽菜並挖銅回子，錢一百二十三四千文不等。

收餘糧折給兵丁，扣收價銀四十兩至一百三十餘兩不等（餘糧多寡無定，照時價減三之例分給兵丁，在於鹽菜內坐扣）。

收軍臺賠交馬價銀一十六兩。

每年支給辦事大臣養廉銀六百兩（例不搭錢）。

糧餉局章京，單俸銀六十兩（例不搭錢）。

糧餉局章京，公費銀一百八十兩（每一兩合錢一百文）。

官兵鹽菜、書識、斗級〔註2〕、工食等項，銀五千二百七十四兩九錢（官

〔註1〕 從後面量詞「出」推測此處應爲「丸」字。
〔註2〕 主管官倉、務場、局院的役吏。斗謂斗子，級謂節級。

員每銀一兩合錢一百六十文，兵丁合錢二百二十文）。

貼寫、書識柴炭，銀六十兩（銀、錢各半）。

官兵羊價錢七十五千六百文（每隻折銀五錢，合錢一百一十文）。

給挖銅回子，錢四十一千七百一十一文。

春秋二季祭祀，錢二千八百三十八文。

支給官兵口糧並軍臺馬牛料石，共糧二千三百一十四石六斗。

租賦

每年收穫房租，錢二十九千九百文（每錢二百二十文合銀一兩）。每年回民應納正額糧二千八百八十五石六斗（小麥二千三百八十五石六斗，支給官兵口糧，大麥五百石，支給軍臺飼養馬牛料石）。

庫車回民每年七百二十九斤二兩。沙雅兒回民每年交紅銅三百五十八斤十兩五錢。二共交銅一千八十八斤四兩五錢，運送阿克蘇（庫車北山產銅，地名鄂奇斯布什）。

庫車、沙雅兒共交火藥、硝硫一千七百斤（庫車火藥六百斤、硫磺四百斤、硝二百斤，沙雅兒火藥三百斤、硫磺一百斤、硝一百斤）。除火藥九百斤存留本處需用外，其硫磺五百斤、硝二百斤運送伊犁（嘉慶三年，伊犁將軍保寧奏准，自嘉慶四年為始，停其運送，俟十年後再行解運）。

牧廠

牧廠二處原額，牧放馬一百匹、牛五十隻。馬內應倒合例，馬十分之三每年收穫孳生馬駒六匹，每季撥補軍臺供差馬十匹。牛內應倒合例，牛十分之一分五釐每年收穫孳生牛犢六隻，每年撥補軍臺供差牛十隻。如牧場馬牛不敷咨明，伊犁將軍赴伊犁所屬沙土阿滿軍臺，請領牧場牧放。

卡倫

博勒奇爾（城正北一百八十里），外委一員、兵十名（鳥槍十杆，腰刀十把）。渭官塔什里克（城西南一百二十里），溫巴什一員、回子十名。沙爾達朗（城西北四十里），七品伯克一員、回子十名。沙雅兒特里木（莊正南四百里），七品伯克一員、回子十名。塞拉里克（莊南六十里），七品伯克一員、回子十名。

軍臺

　　底臺至托和奈臺（六十里）。托和奈臺至阿爾巴特臺（一百四十里）。阿爾巴特臺至布古爾臺（一百里）。布古爾臺至洋薩爾臺（一百里）。洋薩爾臺至策達雅爾臺（六十里）。策達雅爾臺至車爾楚臺（一百六十里）。車爾楚臺至喀喇布拉克臺（一百里）。喀喇布拉克臺至庫爾勒臺（七十里）。庫爾勒臺至哈爾哈阿滿臺（六十里）。哈爾哈阿滿臺至喀喇沙爾所屬底臺（一百里）。

　　以上軍臺十處，設筆帖式五員，外委字識兵丁五十名，回子一百戶，馬一百三十六匹，牛五十四隻，車三十輛，鳥槍五十杆，九龍袋五十全副。

回務

　　三品阿奇木伯克一員，四品伊什罕伯克一員，五品噶雜納齊伯克一員，商伯克一員。

　　六品哈孜伯克一員，七品伯克十四員（庫車共十九員），金頂回子四名。

　　三品阿奇木伯克一員，四品伊什罕伯克一員，五品噶雜納齊伯克一員，商伯克一員。

　　六品哈孜伯克一員　七品伯克六員（沙雅兒共十一員），金頂回子四名。

事宜

　　年例應奏事件，田苗情形（五月內拜發），收成分數（八月拜發），萬壽祝摺（九月拜發），操演兵丁（十一月拜發），恭賀元旦（十二月拜發），調解經費銀兩，接賞鹿肉、藥錠、荔枝，謝恩摺（遇有應，奏事一同拜發）。

　　——　每年扣收兵丁糧價，造冊咨報戶部、陝甘總督。

　　——　分給伯克蒙古時，憲書咨報喀什噶爾參贊衙門。

　　——　應銷三分拆補口袋咨報戶部。

　　——　收支存剩銀錢數目，造冊咨送陝甘總督。

　　——　大小伯克、金頂回子履歷，清冊並交糧等冊，咨送喀什噶爾並理藩院。

　　——　兩城交納銅斤冊，咨送阿克蘇。

　　——　額徵糧石、房基錢文數目漢冊，咨報戶部。

　　——　官兵到庫車日期，並歲需糧銀及伯克回戶數目，造冊咨報戶部。

　　——　年班伯克履歷清冊，五月內咨報喀什噶爾衙門。

—— 武職員弁年至六十三歲者，照千總例一體甄別，咨報兵部、陝甘總督。

—— 年班伯克，貢物造冊於六月內咨送喀什噶爾。

—— 派員護送年班伯克出境，日期咨報兵部。

—— 錢糧軍械馬匹等項，奏銷冊，七月內咨報戶部。

—— 官兵有無增減，七月內造冊造報喀什噶爾衙門。

—— 收場內孳生數目，清漢冊，十月內咨報軍械處暨戶、兵二部。

—— 查閱軍臺馬匹、軍械、車輛，造冊咨報軍機處、兵部。

—— 歲收房租錢，造冊咨報軍機處、戶部。

—— 本處遣犯有無病故、脫逃，造報軍機處、刑部。

—— 二城應交火藥數目，造報軍機處、兵、工二部。

—— 查閱卡倫官兵回子軍械數目，咨報軍機處、兵部。

—— 糧餉局估需次年官兵銀兩數目，咨報戶部。

—— 回民並無買賣博洛爾回子，咨報理藩院。

—— 年終造報官兵數目，咨送兵部。

—— 收到遣犯刑具，造冊咨送戶、刑、工三部。

—— 軍臺接遞過各城，奏摺，批回等件，時刻造冊咨報兵部。

—— 官兵軍械、錢糧、馬匹、牛隻，造冊咨報戶部。

—— 收到部文、火票數目，按季造冊咨報兵部。

—— 參演兵丁用過鉛丸數目，按季咨報兵、工二部。

—— 官兵回戶錢糧、馬匹、軍械，造冊咨報伊犁將軍。

喀喇沙爾

沿革

　　喀喇沙爾在庫車東北八百九十里，吐魯番南一千三十里。漢爲焉耆國，唐亦置都督府，宋爲西州回鶻。考《漢書》：肅宗六年，班超發龜茲、鄯善等八國兵合眾七萬人，及吏士、賈客千四百人，討焉耆，斬其王廣，縱兵抄掠，斬首五千餘級，獲生口萬五千人，馬畜、牛羊三十餘萬頭，更立其左侯元孟爲焉耆王。超留焉耆半載，撫慰之。於是，西域五十餘國悉納質內屬焉。

　　國初時，準噶爾恃其強橫，佔據其地爲牧場，回民不堪其擾，死絕逃亡，地遂空虛。乾隆二十三年，大軍平定伊犁後，以其地要害，遂設官兵駐守始定。今名喀喇者，黑也。沙爾，城也。三十六年，安置土爾扈特汗烏巴錫部落，霍碩特貝勒恭格部落游牧於此。

疆域

　　《後漢書‧西域傳》焉耆國四面有大山，與龜茲相連，道險惡易守，有海水曲入四山之內匝其城。今考其地土宇寬廣，著勒土斯山迴環千里，草湴水甘，足資游牧開都，河水暢流，足資灌溉，以故人戶繁盛，果木田禾，盤空被野，夙稱富庶之邦也。西南一百五十里，爲庫爾勒回城，回子七百餘戶，多惰蘭回人。地方遼闊，開都河水環繞，多魚蝦，蘆雁、蒲鴨、鷗鷺成行。土產稻米二麥，集吉草可以爲箸，又多葡萄瓜果，其人好訟，不知禮法。又西四百五十里，爲布古爾回城，舊有回人二千戶，後經逆酋霍集占叛亂，布吉爾適當其衝。大兵進剿時，逃亡略盡，僅存百餘戶，歸入庫爾勒居住。息兵之後，始徙惰蘭回子五百戶實其地。惰蘭回子中別一種爲霍集占牧馬養鵰

之戶，性狡詐喜訟，回子中最爲頑梗，土產羊皮、酥油、猞猁、猻紅。銅城之南皆戈壁，馬行四五日，山場豐美多野牲。再南則沮洳，近蒲昌海矣。漢班超討焉耆時，其王廣，恃有葦橋之險，廣乃絕其橋，不欲另漢軍入國，超更從他道厲渡〔註1〕。七月晦，到焉耆，去城二十里正，營大澤中。今考葦橋在布吉古爾回莊之東，乃西入回地之咽喉，其自葉爾羌、和闐、喀什噶爾、阿克蘇、庫車、沙雅兒等處東北，來者雖有山徑荒灘，亦必終歸於布古爾葦湖之土橋過渡，捨此別無路徑也。喀喇沙爾所轄地方，東至吐魯番八百七十餘里，西至庫車城九百四十里，北至沙札蓋圖卡倫一百四十里，西北至納喇特達巴罕四百八十里，交伊犁界，正東至烏克塔爾屯一百八十里，東北至博爾圖達巴罕一百三十里，博爾圖達巴罕至吐魯番交界一百四十里。

山川

著勒土斯山，《西陲紀略》作「準圖斯」，在城北一帶，其山北連雪山，迴環千里，其中水草暢茂。乾隆三十六年，安置土爾扈特霍碩特爾部落所屬人萬餘戶，住牧於此。春三月，入山居住，秋九月，出山在喀喇沙爾附近草地，支架蒙古包居住。

博爾圖達巴罕在城東北，乃此地之鎮山也。乾隆二十六年奉旨，春秋致祭二次。

開都河〔註2〕，俗名「通天河」，源出北大雪山，逕喀喇沙爾西門外五里，水勢甚寬，東南流。夏有渡船，冬月架冰橋以渡，回莊多開渠引以灌田。又東南流數百尺入羅布淖爾。

葦湖在布古爾地方，四面皆湖水環繞，深淺不等，其中蘆葦茂密，不通路徑，唯有土橋一座可渡也。

建置

喀喇沙爾土城一座，高一丈三尺，周圍長二百五十四丈，東西兩門城樓二座，角樓四座（乾隆二十三年建，四十三年、五十二年、五十九年重修）。辦事大臣衙署一所（乾隆二十四年建，五十三年增修，共房五十六間）。印房一所（乾隆四十三年建，五十一年增蓋，共二十間）。印房章京住房九間，

〔註1〕厲度：涉水而過。厲：由帶以上爲厲，由膝以下爲揭。度：同「渡」。
〔註2〕新疆的大河之一，也是一條著名的內陸河，流域包括和靜、和碩、焉耆、博湖等縣。

夷回處章京住房九間，糧餉局章京辦公住房十九間，倉廠二十七間，城守營游擊辦公住房十六間，獄房一所，管屯都司辦公住房九間，筆帖式、滿兵等住房共二十九間。書吏等住房十二間，把總外委等住房十三間，兵丁住房五十八間（碾磨房十七間，軍械庫房八間，銀庫房三間，農具庫房八間，火藥局房一間，東西門堆房十二間），公館一所（共房十七間），東門外教場一處（北廳三間，拱棚三間），西門外巡街官廳三間，開都河備差大船六隻，小船四隻。

城東門外，乾隆二十三年，官兵恭建萬壽宮一座，乾隆二十六年，兵民公建關帝廟一座，春秋致祭。龍神廟一座，春秋致祭。

官制

辦事大臣一員（部頒銀印），印房章京一員，管理糧餉章京一員，管理夷回章京一員，筆帖式三員，委筆帖式五員，城守營游擊一員，把總二員，外委五員。管喀喇沙爾屯田都司一員，把總二員，經制外委五員，管烏沙克塔爾屯田千總一員，經制外委一員。

兵屯

城守營馬、步守兵二百二十一名，貼寫滿兵十名。本城屯田兵一百七十二名。烏沙克塔爾屯田兵一百三十名。庫貯軍械（威遠炮五位，隨炮什物俱全，生鐵封口四百九十出，群子三千五百二十五個，火藥一千七十二斤，火繩一千七百二十九丈，鳥槍一百九十八杆，鉛丸二十五百二十五出，戰箭七千八百五十七枝，其餘角弓、撒袋、弓弦、箭罩、鐵鍬、钁頭、陣鼓、長號、鐵鏈，共三千一百五十二件）。屯所庫貯（鳥槍二百四杆），農具（犁鏵、鐵鍬、钁頭、斧頭、鐮刀、鐵鏈、車串、繩索等項，共三千一百四十六件）。牧廠馬一百二十四，牛七十九隻。屯田馬五十四匹，牛一百五隻。磨房馬十七匹。屯田地六千四十畝。

糧餉

每年調解經費銀一萬兩，應收阿克蘇局鑄錢六十餘千文，由阿克蘇支領鹽菜錢一百一十六千七百二十六文。調解內地紬緞三百匹，變價錢四百八十餘千文（每銀一兩按二百文折合）。商民交納房租錢二百一十七千零（每銀一兩按二百二十文折合）。

辦事大臣歲支養廉銀六百兩（十個月銀，兩個月錢，每兩一百六十文合）。滿、漢官員歲支鹽菜錢一千一百餘兩（八成銀，二成錢，每兩一百六十文合）。書識斗級、石匠工食、通事等工食，鹽菜銀九十八兩（八成銀，二成錢，每兩二百二十文合）。糧員兌之單俸銀六十兩，糧員公費銀一百八十兩（銀款）。滿、漢兵丁等鹽菜銀八千一百九十餘兩（八成銀，兩成錢，每兩二百二十文合）。印房、屯所、臺站等處辦公燈油，銀一百二十七兩。修補農具鐵價銀一十六兩。屯臺兵丁議敘，銀二百三十五兩八錢。致祭山川神廟供品，錢四千五百文。滿、漢印房柴炭錢六千文。已故和碩〔註3〕特臺吉〔註4〕楚魯木洛藏之妻養贍錢八千文。

每年屯田官兵交納糧五千九百五十二石一斗七升。民人墾種地畝交納租糧二百五十九石九升。庫爾勒、布古爾二城回民，交納糧九百八十二石。每年供支官兵口糧，馬牛料石並過往官兵口糧，六千五百七十五石二斗七升三合五勺。

卡倫

察漢通格（烏沙克塔爾北七十里，卡倫東北至博爾圖達巴罕一百三十里），委筆帖式一員（卡倫達一名，綠營兵十名，馬十匹）。

沙札蓋圖（頭工屯北八十里，卡倫西北至納喇特達巴罕四百八十里，交伊犁界），委筆帖式一員（卡倫達一名，綠營兵十名，馬十匹）。

軍臺

開都河底臺至特克爾古臺（九十里），至烏沙克塔爾臺（八十里），至喀喇河色爾臺（一百五十里戈壁），至庫木什阿哈瑪臺（九十里戈壁），至阿哈爾布拉克臺（一百三十里戈壁），至蘇巴什臺（八十里），至托克遜臺（九十里，吐魯番屬），至布幹臺（七十里），至吐魯番城（九十里）。開都河南臺至哈爾哈阿滿臺（一百里，庫車屬）。

以上十臺，每二臺設委筆帖式一員，每臺漢兵一十名至七名不等，回子十戶，馬八九匹至十匹不等，車一輛至四輛不等，水手十名。

〔註3〕滿語，意為一方。清初有八和碩貝勒，即八方亦即八部落長之意，亦可理解為八大貝勒，清宗室封爵第一級為和碩親王。

〔註4〕明代和清代時蒙古王公貴族的稱號。

回務

庫爾勒回城三品阿奇木伯克一員（燕齊五十戶），四品伊什罕伯克一員（燕齊二十戶），五品商伯克一員（燕齊十一戶），六品哈孜伯克一員（燕齊六戶），七品玉孜伯克四員（每員燕齊三戶），七品挖銅伯克一員（燕齊三戶），七品密喇卜伯克一員（燕齊三戶）。

以上除燕齊坐臺通事、莫洛〔註5〕回子等不計算外，實在回民六百七十戶，每年納糧四百九十一石。交伊犁春季分，紅銅一百斤，交阿克蘇春秋二季分，紅銅二百三十五斤。額定金頂回子四名。

管理

布古爾回城三品阿奇木伯克一員（燕齊五十戶），四品伊什罕伯克一員（燕齊二十戶），五品商伯克一員（燕齊十一戶），六品哈孜伯克一員（燕齊六戶），七品明伯克一員（燕齊三戶），七品訥克卜伯克一員（燕齊三戶），七品玉孜伯克二員（每員燕齊三戶），七品挖銅伯克一員（燕齊三戶），七品密喇卜伯克一員（燕齊三戶）。軍臺當差回子六十戶。

以上除燕齊坐臺通事、莫洛回子不計算外，實在回民七百零七戶，每年納糧四百九十一石。交伊犁春季分，紅銅一百斤，交阿克蘇春秋二季分，紅銅四百七十斤。額定金頂回子五名管理。

夷務

土爾扈特部落（大小官員一百八十八員）。盟長罕霍碩齊（每年由伊犁領俸銀二千五百兩，俸緞四十四）。副盟長貝子貢坦（每年由伊犁領俸銀五百兩，俸緞十匹）。公拜吉虎（每年由伊犁領俸銀二百兩，俸緞七匹）。扎薩克頭等臺吉箚勒（每年由伊犁領俸銀一百兩，俸緞四匹）。閒散頭等臺吉那木札多爾濟、達瑪林，閒散二等臺吉巴勒坦喇昔、策伯克札布，閒散三等臺吉阿都齊、蟒海、格勒克，閒散四等臺吉占巴、額齊爾、葉婉。管旗章京八員，副章京八員，甲喇章京十三員。佐領五十四員，驍騎校五十四員，罕貝子等侍衛三十七員，大小戶口七千九百一十七戶。

霍碩特部落大小官員五十員。盟長貝子巴特瑪策林（每年由伊犁領俸銀五百兩，俸緞十匹），扎薩克頭等臺吉，旦齊、烏爾圖納遜（每年由伊犁領俸

〔註5〕伊斯蘭教職稱謂。即「毛拉」。阿拉伯語音譯，原意為「保護者」、「主人」、「主子」。

銀五百兩，俸緞十匹），閒散二等臺吉巴特瑪，閒散四等臺吉阿玉什、王吉策林、都伯里、三音扣肯。管旗章京四員，副章京四員，甲喇章京四員。佐領十一員，驍騎校十一員，貝子侍衛八員，大小戶口一千六百八十四戶。

哈密回部總傳

　　哈密回部在嘉峪關外，至京師七千一百八十里，東界喀爾喀，西界吐魯番，南至沙磧，北至天山界。巴里坤邑十有三，曰蘇們哈爾輝，曰阿思塔納，曰托和齊，曰拉卜楚哈，曰喀喇都伯，曰格子煙墩，曰星星峽，曰下莫艾，曰上莫艾，曰塔勒納沁，曰半池泉，曰柳樹泉，曰博囉特口，皆哈密屬。

　　漢為伊吾盧地，唐、宋稱伊州，元始稱哈密，明如之。其地皆纏頭回種，今設箚薩克領之。回人錯居西域，以天方為祖國，或城郭處，或逐水草徙，稱花門種。相傳祖瑪哈麻教，以事天為本，重殺，不食犬、豕肉。嘗以白布蒙頭，故稱曰纏頭回，又稱白帽回，回人自呼白帽曰達斯塔爾，別有紅帽回，輝和爾〔註6〕、哈拉回諸族，然以纏頭回為著。箚薩克居哈密舊城，戶十設甲長一，別置官兵七百，屯哈密新城及塔勒納沁，以駐防大臣領之。

　　順治四年，甘肅巡撫張尚奏，哈密衛輝和爾都督及赤金蒙古衛都督永桂等，明入貢，值寇掠敕印羈肅州，今赴臣所乞糧，願效忠天朝。詔納之。

　　六年，河西逆回丁國棟等煽哈密及吐魯番部，掠內地民，偽立哈密巴拜汗子土倫泰為王，據肅州叛，集纏頭回、紅帽回、輝合爾、哈拉回、漢回等數千，分置都督，大軍討之，抵肅州，擊斬哈密頭目塔什蘭，及纏頭漢回四百餘級，以雲梯夜薄城，奪門入，斬土倫泰及纏頭漢回二千餘，賊壘垣拒，隳之，擒丁國棟，斬哈密偽都督和卓哈資，纏頭回偽都督琥伯峰，哈拉回偽都督茂什爾瑪密，輝合爾偽都督瑞瑚哩，偽左都督帖密卜喇，紅帽回偽右都督恩克特默等。

〔註6〕 宋號稱輝和爾，即畏吾兒。

八年，回目克拜至嘉峪關，稱哈密使請通貢，甘肅提督張勇責盡歸內地民乃可。

十二年，克拜齎葉爾羌表至，稱哈密巴拜汗爲葉爾羌阿布都喇汗所禁，獻內地民請罪，詔納之。

康熙十八年，張勇諜噶勒丹襲哈密以聞，詔設備邊汛，噶勒丹懼，不至。尋與兄子策妄阿喇布坦修怨。策妄阿喇布坦牧博囉塔拉，噶勒丹牧阿爾臺，哈密居其間，畏準噶爾威，強事之。

三十二年，遣使博囉塔拉道哈密，爲噶勒丹屬所戕。上以哈密鄰塞境，賊乘虛警或不及備，詔昭武將軍郎坦屯甘肅，會軍所擒纏頭回卒，以噶勒丹徙科布多，三遣使乞糧哈密，告郎坦請剿噶勒丹及哈密，遣護軍統領蘇丹等往議，尋奏，郎坦議大軍屯甘肅，噶勒丹必不敢越哈密，若聽耕牧久，將爲邊患，應於年內運糧至嘉峪關，來春設站固壘，酌留兵哈密，以大軍進科布多，倘噶勒丹由科布多遁，大軍歸哈密取禾平城，絕準噶爾所恃產。蘇丹等議噶勒丹無定牧，大軍趨科布多或不值，哈密隸噶勒丹久，遽剿之，非所以體好生仁，請釋回卒歸，給糧騎，檄所部知朝廷德意，詔如蘇丹等議。

三十五年，噶勒坦爲大軍敗，遁集所私議取糧哈密。副都統阿南達設哨布隆吉爾、巴里坤、塔勒納沁、都爾博勒津諸路。值哈密達爾漢伯克額貝都拉使奉降表至嘉峪關，遣告所部曰：「噶勒丹若竄爾境，其擒獻，否則以告，倘私給噶勒丹糧騎，或助之他適，爾降表不足信矣。」噶勒丹以虐哈密故，懼襲己，且聞大軍嚴備，不果赴。

三十六年，哈密俘噶勒丹子色布騰巴勒珠爾〔註7〕及其屬以獻，噶勒丹尋自殺。額貝都拉表請頒敕印，賜旗纛，令吐魯番、葉爾羌聞之，皆知榮，矢世保疆圉。復以哈密民酌置肅州，爲朝覲往來便，貢使至肅州，令得乘驛入都。上念哈密內附誠，詔以額貝都拉轄之，給箚薩克敕印，賜紅纛子。郭帕伯克率所部百人屯肅州，貢使乘驛額十五人。

三十七年，遣官赴哈密編旗隊，設管旗章京、副管旗章京、參佐領、領

〔註7〕色布騰巴勒珠爾（1731？～1775）乾隆十二年（1747年）三月，娶固倫和敬公主爲妻。乾隆二十年，色布騰巴珠爾隨定北將軍班第征準噶爾，因功食雙俸；後又因阿睦爾撒納叛亂被削爵，扎薩克和碩達爾漢親王由其兄長色旺諾爾布承襲，從此，扎薩克和碩達爾漢親王由色旺諾爾布後人世襲罔替。乾隆三十三年被封和碩親王，乾隆三十七年又被削爵，乾隆四十年因征金川有功又被復爵。

驍騎校各員，肅州別設佐領一。復以哈密市甘肅便，詔勿禁。

三十九年，所部偵哈薩克、布魯特，讐策妄阿喇布坦，將興兵爭喀什噶爾以告，詔不時偵奏，而策妄阿喇布坦憾哈密擒獻噶勒丹子，故掠其屬赴市吐魯番者。詔責策妄阿喇布坦罪，準噶爾怨哈密甚。

五十四年，遣兵二千襲哈密，掠北寨五抵城，我駐防兵二百率回卒奮擊，斬九十級，擒三人。賊退。屯城南，聞肅州援至，遁。頒賜銀萬五千，及粟米、牛、羊贍哈密眾，有佐領色帕爾者，俘獻準噶爾賊，以秋將復襲告，獎賜章服銀幣。諭曰：哈密編設佐領無異內地，安可置之不問，遣大軍屯巴里坤防禦準噶爾，復詔運糧貯哈密，以肅州佐領為導。

五十五年，富寧安奏，哈密屬之布魯爾、圖古哩克接壤地，並巴里坤、都爾博勒津、哈拉烏蘇及西吉木、達里圖、布隆吉爾附近之上浦、下浦等處，地可耕，請募兵興屯，上可其奏。

五十八年，巴里坤至哈密跕，舊各設馬，準噶爾使及降人至，乘巴里坤跕馬至哈密，又自哈密扎薩克所撥馬送布隆吉爾，今歸附者眾，馬不給，請於巴里坤跕增馬五十，哈密跕增馬八十，從之。

六十一年，議興屯吐魯番，遣哈密回民助役。

雍正三年，撤大軍還。

四年，王大臣等議駐防哈密，兵止五百準噶爾賊，或乘間盜駝馬，請撥安西鎮標兵五百往，仍留嘉峪關止哈密軍跕，備不虞。詔如議。理藩院奏：哈密來朝，廩給限四旬，參佐領等給緞布有差，從之。

七年，大軍復屯巴里坤，議墾哈密及塔勒納沁地。

八年，獲麥、青稞六千四百石，嗣歲給穀種五百石，秋納糧四千石，每石給銀一兩。

九年，寧遠大將軍岳鍾琪諜哈密疏，漏師〔註8〕準噶爾且道掠巴里坤駝馬，以告。喻曰：哈密雖不可信，然亦當諒其苦情，久遭準噶爾淩虐，恨之入骨，畏之如虎，或偶通信於賊，不過為將來自全計，我軍固不可不加意提防，然亦不可使有疑懼心，大軍力能庇護哈密。哈密自不為賊所用矣。

十年，噶勒丹策淩遣將色布滕、車淩納木札勒等，由烏克克嶺西喇呼魯蘇分兵襲哈密及塔勒納沁，回眾拒之。乞援岳鍾琪軍，鍾琪檄總兵曹勷趨輝魯圖，達巴罕五堡，復慮賊由摩垓圖，圖爾庫勒竄北山，檄副將軍石雲倬設

〔註8〕謂泄露軍事機密。

伏巴罕溫度爾，署鎮海將軍卓鼐設伏察罕春集，副將軍常齎赴烏克克嶺截賊
竄路，曹勳軍抵二堡遇賊五千餘，奮擊之。賊由烏克克嶺越塔呼納呼，遁。

諭曰：哈密被賊侵擾，回民並力抵禦，甚屬可嘉。聞其城外牧放牲畜，
一時不及收回者，被賊盜去，雖據報賊遁後，仍將牲畜奪回，但恐遺失例斃
者已多，朕心甚為軫念。其遺失牲畜之頭目回民等，著賞銀萬兩，守城擊賊
者，著賞銀五千兩，按名分給。其擒獲賊人者，優加賞齎，務令均露恩澤。

十一年，護理寧遠大將軍印務張廣泗奏：吐魯番回民內徙，請置塔喇納
沁地。

曰：塔勒納沁無屋居，回民何以棲身，朕思哈密地煖，城外五堡等處為
哈密回民舊駐地。若將吐魯番回民暫行安置過多，令哈密箚薩克轉飭本地回
民，就近照視，似為有益。哈密回民果能使之得所。朕必將箚薩克及回民等
優加重賞，尋議徙吐魯番回民置瓜州。

十二年，所部獻可耕地之錯軍營屯田者，上以哈密皆國土，且為纏頭回
民世耕地，不忍別置民人，而其地錯官田，不便聽兵民互耕。詔：別給地畝、
銀兩及牛具、穀種償之。

十三年，徹大軍還。王大臣等議設駐防哈密，及巴里坤兵各二千。山西
總督查朗阿奏：哈密、巴里坤路隔南山大坂，兩地各留兵二千，聲息難驟通，
請簡兵三千，屯哈密西三堡、沙棗泉，東北塔勒納沁，並有城堡各屯兵千。
又哈密地熱，不便牧馬，請令每年播種後，酌遣哈密兵千，沙棗泉、塔勒納
沁兵各五百，放牧昭莫多、呼齊爾臺、沙子山、鹿心山等處，設汛烏爾圖哈
達、伊克溫都爾，鄂什希地防牧廠，俟秋徹還。又哈密南山大坂為北路屏藩，
應分兵二百屯盤道，設汛鹿心山、松樹塘、烏蘭特爾木斯、畢柳大坂等處。
烏克克嶺為三堡、沙棗泉要隘，應分兵二百屯烏克克嶺上堡，設汛索大堡、
白楊溝、羊堡、錫喇諾爾等處，塔勒納沁河源為塔勒納沁小口，應分兵二百
屯河源小堡，設汛莫艾舒、魯遜大坂等處，別簡兵五千屯赤金、靖逆、柳溝、
布隆吉爾、橋灣五處，設汛馬蓮井子東、星星硤西，互為守望，從之。

乾隆元年，詔：來年免納糧，給種地回民銀萬兩。

六年，大學士查朗阿奏：哈密駐防兵請屯塔勒納沁、賽巴什達哩雅、三
堡各三百，哈密城千二百。詔允之。

七年，署川陝總督馬蘭泰奏：塔勒納沁非衝地，三堡為哈密要隘，通準
噶爾，居五堡中，請撤塔勒納沁兵三百歸三堡，從之。

十一年，安西提督李繩武奏：哈密三堡西南錫喇諾爾，通魯克沁及闢展路，舊設汛，以乏水草，議撤準噶爾或潛越其地，請仍設汛，兵守望。又巴達什地爲哈密笳薩克牧廠，西北二十餘里，爲畢柳大坂路通喀拉沙爾，請設汛。令烏拉臺、巴達什聲息相通，詔廷議奏錫喇諾爾汛，設官兵二，回兵三。畢柳大坂汛，設官兵三，回兵二，從之。

十三年，以安置肅州金塔寺之吐魯番回眾告饑。諭曰：肅州金塔寺安置吐魯番回人，有不服水土，至生計窘者百餘戶。經大臣等議奏請徙哈密令種地居，此項回眾向被準噶爾淩虐，願徙入內地，迄今二十餘年。因水土異宜，積蓄者少，窘迫者多，若將伊等徙於他處，究恐生計有損。哈密、吐魯番雖部落多殊，其教則一，情性相宜，且哈密貝子玉素卜自伊曾祖額貝都拉達爾漢伯克以來，數世受國恩澤，竭誠報效，奮勉急公，教養所屬之人亦甚妥協。現在哈密地方尚有可耕餘地，著將安置金塔寺回眾，交貝子玉素卜併入伊所屬旗，分佐領加意撫恤，令新舊回眾和睦如一，給地耕種，傳之永久，不致失所。即以此諭扎薩克貝子玉素卜知之。

十八年，諭曰：哈密所屬賽巴什達哩雅等處屯田前給回人耕種，所交穀石，以四分交官，六分給與回人，令聞伊等生計稍難，著加恩將每年所獲穀石全行賞給，不必交官。

二十年，所部兵百，徙從西路軍征達瓦齊，伊犁定徹歸。

二十一年，諭曰：哈密生齒日繁，準噶爾全部底定，哈密屬邑德都摩垓、圖古哩克地，不必復設汛哨，其仍給回民爲世業。

二十四年，議撤駐防兵二千，以靖逆衛兵二百，瓜州兵三百，移至哈密，黃墩營兵二百，移至塔勒納沁，隸哈密副將轄，所部旗一爵如之，爲郡王品級扎薩克多羅貝勒，由一等達爾罕晉襲。

額貝都拉列傳

哈密回部人，初號達爾漢伯克，隸準噶爾。康熙三十二年，遣理藩院員外郎馬迪等，頒齎策妄阿拉布坦道哈密有叛賊，罕都羅卜藏額琳沁者，自準噶爾來降，尋叛竄偕噶勒丹屬圖克齊哈什哈、哈爾海達顏、額爾克等以兵五百戕馬迪，掠駝馬遁，額貝都拉聞之，給從迪者糧騎，護歸嘉峪關。上以罪在噶勒丹，詔勿問哈密。

三十五年，額貝都拉遺納林伯克貢駝馬，表曰：臣白帽族，貢中國久。

天使至臣所，噶勒丹以兵戕害，臣不能護脫，恐不睦臣者，謂臣與逆謀。上即天也，逆天者，必受殃厄。魯特數徙牧，或肆掠已，輒竄群臣城郭居，焉敢爲逆。噶勒丹既爲大將軍所敗，諭哈密勿藪逆。額貝都拉遣使納林伯克奏，偵噶勒丹至當擒獻。上嘉其恭順，賜章服、貂冠、金帶，而是時，噶勒丹遣圖克齊哈什哈、達什哩鄂、摩克圖、哈什哈等貸糧哈密復齎書，通問僧克、拉什呼圖克、曼殊呼圖克圖、和碩齊臺吉博貝等乞援，族臺吉裒占妻諾觀達拉遣達爾漢宰桑挈屬從，噶勒丹復令其乳母子丹津箚卜俄、羅岱達爾札及子色布騰巴勒珠爾，乳母之父輝特和碩齊從色布騰巴勒珠爾獵巴里坤。額貝都拉遣長子郭帕伯克以兵三百擒之。

明年，遣次子白齊伯克械獻表曰：臣擒噶勒丹子及其屬，尼魯特必仇臣，哈密危且懼，請諭令勿虐臣，詔策妄阿喇布坦及青海和碩特臺吉等勿擾哈密，賜額貝都拉及郭帕伯克章服、銀幣，白齊伯克如之，從者給白金、文綺有差。時副都統阿南達設哨嘉峪關外，額貝都拉告曰：哈密地小而貧，厄魯特竄至者眾，力不獲養，欲獻軍馬復多瘠，請驅令出境。阿南達語曰：爾當體聖天子好生，仁善養之，軍事歲俟詔行，而策妄阿喇布坦數遣使哈密，索噶勒丹子檄以所收厄魯特，歸吐魯番且詰哈密內附，故額貝都拉語曰：「我誠附天朝，非迫而然也。」策妄阿喇布坦憾之，拘其使。額貝都拉函遣告曰：策妄阿喇布坦將復索所收厄魯特，不給將興戎。詔已賜檄勿懼，索者至，勿擅給。未幾，噶勒丹自殺，其祖子丹濟拉攜噶勒丹骸走哈密，掠畜遁濟木薩，額貝都拉以告。遣使往招降，丹濟拉懼，策妄阿喇布坦阻，馳奔哈密，額貝都拉迎入城，給糧餉，遣郭帕伯克護至，詔以額貝都拉爲一等箚薩克，仍達爾漢號，賜敕印及銀幣。以郭帕伯克爲二等伯克，協理旗務。白奇伯克如郭帕伯克職。四十八年，卒。子郭帕伯克襲。

一次襲，郭帕伯克，額貝都拉長子。康熙四十八年，襲箚薩克一等達爾漢，五十年卒，子額敏襲。

二次襲，額敏郭帕伯克長子。康熙五十年，襲箚薩克一等達爾漢。五十四年，準噶爾襲哈密，敗之。大軍屯巴里坤，額敏復墾塔勒納沁，田歲輸青稞助。雍正五年，喻曰：額敏自軍興以來，輸忱效力，率所部人等屯耕助軍，甚屬可嘉，著晉封鎮國公。七年，來朝，晉封固山貝子，優齎遣歸。十年，準噶爾兵復襲哈密，額敏簡健卒設伏城外禦之，馳乞援，大軍至，賊遁。乾隆元年，額敏奏：興師以來，哈密歲納屯糧計二萬七千五百石，已支用萬八

千餘石，今巴里坤軍徹，請屯耕如故。詔賜幣，嗣免納糧。五年卒。子玉素卜降襲鎮國公。

三次襲，玉素卜額敏長子。乾隆五年，襲箚薩克鎮國公。十年，晉封固山貝子。十一年，議設汛錫喇諾爾及畢柳大坂，玉素卜請供官馬芻茭〔註9〕簡卒助守，允之。二十一年，吐魯番莽噶里克叛，子白和卓入觀，旋抵哈密，玉素卜偕副將祖雲龍議擒之，達書吐魯番，箚薩克輔國公額敏和卓令決剿賊計，獎賜幣，復詔簡所部兵三百援吐魯番，尋莽噶里克亂定。

二十三年春，請以兵百從大軍征逆回布拉尼墩、霍集占。諭曰：玉素卜係回部望族，今聞辦理葉爾羌、喀什噶爾等回部，情願率兵效力，深可嘉獎。著照所請，同雅爾哈善額敏和卓前往，所應得分例，照蒙古貝子例賞給。回兵照綠旗兵丁例賞給。果能奮勉剿賊，朕將格外施恩。詔授領隊大臣。會靖逆將軍雅爾哈善奏：俟取庫車、烏什、阿克蘇等城，以從軍之庫車伯克鄂對等駐其地。諭曰：回人情性雖不同厄特魯，而近年與厄特魯雜處，不免漸染習氣，未可深信。取庫車等城後，伯克鄂對等亦不當專令看守，其聽玉素卜節制。夏，大軍圍庫車，逆黨阿卜都克勒木自阿克蘇來援，擊之，敗遁。頒賜御用佩飾。霍集占尋攜賊五千餘援庫車，復為大將軍所敗。賜幣，詔敘績〔註10〕。

秋七月，賽哩木沙雅爾回人乞降，玉素卜撫其眾，攜徙軍營，近地願留者，以戶籍獻。

八月，克庫車。雅爾哈善令玉素卜駐其地。阿克蘇降，定邊將軍兆惠檄玉素卜，駐阿克蘇尋。烏什降，復檄駐烏什。大軍抵葉爾羌，賊抗諸喀喇烏蘇時，駐烏什兵僅二百五十餘，玉素卜檄阿克蘇兵五百赴烏什防變，復謀征布魯特兵攻喀什噶爾，分葉爾羌賊勢。聞烏魯特特穆爾居烏什為布魯特屬召給糧、馬、茶、幣，令侍衛布占泰攜往馬魯特等欣就道。

諭曰：玉素卜辦理軍營，駐守烏爾，俱能悉心奮勉，甚屬可嘉，着加恩賜給貝勒品級，復以輸駝馬助阿克蘇，援喀喇烏蘇兵。詔如值給。

二十四年，布拉尼墩、霍集占竄巴達克山。詔：俟大功成，簡玉素卜偕額敏和卓分守葉爾羌、喀什噶爾，資倚任復以報效志誠。

諭：晉封多羅貝勒，巴達克山尋獻霍集占首。

〔註9〕乾草。牛馬的飼料。
〔註10〕按勞績授予官職。

諭曰：玉素卜雖不與將軍大臣等同在軍壘，但駐防烏什，辦理諸事亦極奮勉，著加恩賞給郡王品級。尋，詔入覲伯克等四十四人，以玉素卜偕貝勒霍集斯領之。

二十五年春，至京。召謁於正大光明殿。賜章服，行飲至禮於豐澤園，齎銀幣。復以烏什爲回部要地，詔玉素卜弟阿卜都拉任烏什阿奇木伯克。

二十六年，議塔勒納沁居屯田兵興版築，玉素卜請助役，不受工値，獎齎幣及配飾。復諭優給口糧示恤。冬十月，諭曰：前因額敏和卓、玉素卜皆回部舊人，若令伊等更替駐紮、辦事，於新疆有益。去年，玉素卜來京，曾諭令在哈密休息年餘，今額敏和卓當還吐魯番休息，以玉素卜往代。玉素卜着即整裝，候此次入覲回人等至哈密時，即同護送之乾清門侍衛等帶領前往。著授參贊大臣，應得公項照例支給，伊子伊勒巴喇伊木看守游牧，着加恩賞戴孔雀翎。

二十八年，玉素卜就道，額敏和卓以遣使巴達克山，索布拉呢敦屍及其拏仍留葉爾羌。詔：玉素卜暫理阿克蘇務。冬，巴達克山事竣，玉素卜往代。

三十年，烏什逆回賚哈木圖拉等糾眾叛，副都統素誠偕阿卜都拉遣呢雅斯走阿克蘇，告變，素誠尋自殺。

詔：伊犁將軍明瑞往剿，會阿克蘇伊什幹伯克薩里〔之〕弟額伊敏，自烏什脫出，告阿卜都拉遣屯田兵赴伊犁，不給糧畜且科瘠羊四百，徵回人銀，被賊擒禁，復納女賚哈木圖拉，爲免死計。阿克蘇辦事副都統弁塔海以聞。

諭曰：阿卜都拉被回人拘禁，朕尚以阿卜都拉係玉素卜之弟，必不肯屈節。今觀伊平日縱容所屬，侵蝕回人銀兩，又納女於賚哈木圖拉布圖臨難苟免，此與叛逆何異？豈可以其爲玉素卜之弟，遂從寬貸？著明瑞至烏什日，務將此等情節查訊明確，若果所傳不妄，非獨逆回等當族誅示懲，即阿卜杜拉亦宜明正典刑。玉素卜奏：臣弟阿卜杜拉滋擾回眾，致變情事，臣素失訓，請議罪。

諭曰：阿卜都拉以阿奇木伯克縱所屬人等，滋擾激變，罪由自取，與玉素卜無涉，著加恩免其議處。時阿卜都拉被賊擒，賚哈木圖拉奪其女，將納之，逆妻有怨言乃止。因拘〔註11〕阿卜都拉，復禁其女及子，大軍既定烏什，明瑞訊賊黨得情疏聞。詔：釋阿卜都拉拏歸哈密。

三十一年，玉素卜遵旨，自葉爾羌歸。奏：哈密生齒日繁，請遣戶五百

〔註11〕《哈密志》作「戕」。

屯伊犁，以次子伊薩克護往。允之。伊薩克自伊犁歸，詔授二等臺吉。玉素卜尋遣長子伊勒巴喇伊木入覲，道中皆疾，卒。以伊薩克襲。

四次襲，伊薩克，玉素卜次子，乾隆三十二年襲郡王品級，扎薩克多羅貝勒。三十六年入覲。賜三眼孔雀翎、黃馬褂，命乾清門行走。三十八年，詔授領隊大臣，赴伊犁轄屯田回民。四十一年，諭歸哈密。四十五年，卒。子額爾德錫爾襲。

五次襲，額爾德錫爾，伊薩克長子，乾隆四十五年襲郡王品級，扎薩克多羅貝勒。五十三年，諭曰：哈密、吐魯番二部皆國家世僕，其餘各城回人雖經朕平定新疆時歸降，但效力幾，三十年奮勉急公，是以分別施恩，賞給王貝勒、貝子、公臺吉等封爵。

乾隆四十八年，該院照例查明，伊等封爵或定世襲罔替，或定為出缺後降等，承襲雖係照例辦理，但伊等來歸年久，共感朕恩，各勤職業。即如哈密王品級貝勒，額爾德錫爾之始祖額貝都拉歸誠以來，已歷數世。額爾德錫爾之祖玉素卜，在軍營勤勞懋著。貝子鄂斯璊之父鄂對，在軍營奮勉，封授貝勒品級。因罪削爵後，鄂斯璊仍諸事抒誠效力，復封貝子。色提卜阿勒氏先在軍營奮勉，又在阿奇木伯克任內數年留心辦事。公伊勒巴喇伊木一等臺吉，鄂囉木咱卜二等臺吉，巴巴阿布勒丕爾敦三等臺吉。阿卜杜呢咱爾、帕爾薩伊等封爵。或因軍前效力封授，或因伊祖父功績賞給，若照院議於出缺後降等承襲，日久遞降，殊非朕久遠撫恤回眾之至意。令施恩將議定降等繼承之，額爾德錫爾、色提卜阿勒氏、鄂斯璊伊勒、巴喇伊木、鄂囉木咱卜、巴巴阿布勒丕爾頓、阿卜都呢咱爾、帕爾薩等十人，現襲之王、貝子、公臺吉等封爵出缺時，不必降等承襲，俱著世襲罔替，以示朕優恤回僕之至意。並交該院行文回城大臣，將朕此旨通行曉諭，眾回人等，交相欣慶。

五十五年七月，奉旨，賜雙眼花翎、黃馬褂。

吐魯番回部總傳

　　吐魯番回部至京師八千三百五十里，東界哈密，西界喀喇沙爾，南至沙
磧，北至博克達山，為天山界。邑二十有九：曰塔呼、曰納呼、曰齊克塔木、
曰特庫斯、曰洪、曰舒歸、曰色爾奇布、曰克魯沁、曰闢展、曰英格、曰喀
喇和卓、曰阿斯塔納、曰玉門口、曰勒木丕、曰交河城、曰雅木什、曰安集
彥、曰波衮、曰托克遜、曰伊拉里克、曰勒木津、曰雅土溝、曰漢墩、曰蘇
巴什、曰僧吉木、曰罕和囉、曰穆爾圖拉克、曰布拉里克、曰濟木薩，皆吐
魯番屬。漢為車師，前王庭地。唐、宋稱吐蕃，元、明稱吐魯番，今仍之，
設扎薩克一，居吐魯番城，別設官兵五百屯闢展，以駐防大臣領之。順治三
年，吐魯番蘇勒檀阿布勒、阿哈默特阿濟汗遣都督瑪薩朗琥伯〔註1〕峰等奉表
貢。

　　京師會同館及蘭州子市以官役監，勿市熟鐵與軍器，違者罪。

　　諭曰：吐魯番乃元青〔註2〕吉思汗次子察哈岱受封之地，前明立國隔絕二
百八十餘載，今得倖而復合，豈非天〔註3〕乎？爾等誠能恪修貢職，時來朝賀，
大貢、小貢悉如舊例，則恩自相加，豈有忽忘之理？爾國所受有明敕印，可
遣使送來，以便裁酌，授爾封爵。

　　蘇勒檀者猶蒙古稱汗，明成化時酋號如之。六年，河西逆回丁國棟等叛，
據肅州，陰通哈密，煽吐魯番助掠內地民，大軍定肅州，斬吐魯番頭目哈什
克伽等，閉嘉峪關，絕貢。十年，吐魯番使穆蘇喇瑪察帕克等叩關請貢，表

〔註1〕　《四庫全書‧欽定外藩蒙古回部王公表傳》作「珀」。
〔註2〕　《四庫全書‧欽定外藩蒙古回部王公表傳》作「成」。
〔註3〕　《四庫全書‧欽定外藩蒙古回部王公表傳》作「天意」。

署蘇勒檀賽伊特汗。甘肅提督張勇責盡歸內地民乃可。十二年，回使克拜齊葉爾羌表至，獻內地民十五人，以拜城薩嘛罕諸地使從，表署阿布都喇汗。勇斥不盡歸內地民，詰表異名違例，故克拜告曰：「哈密、吐魯番、葉而羌長皆昆弟，其父曰阿都喇罕，居葉而羌，卒已久。有子九，長即阿布都喇汗，居葉爾羌。次即阿布勒阿哈默特汗，居吐魯番，先二年卒。次蘇勒檀賽伊特汗，嗣之次巴拜汗，居哈密，以得罪天朝故，為葉而羌長所禁，阿布勒阿哈默特汗子代之。次瑪哈默特蘇勒檀居帖〔註4〕力次沙汗，居庫車。次早死，次伊思瑪業勒，居阿克蘇。次伊卜喇伊木，居和闐，前葉爾羌汗遣其弟，自吐魯番請貢。故表稱吐魯番汗名，今以葉爾羌汗為昆弟長，故表稱葉爾羌汗名。察歸內地民百五十為準噶爾、巴圖爾琿臺吉所掠，存者僅十五人，僅以獻。小國不諳大體，歸易表通〔註5〕期，乃獲至，請即納貢。上嘉遠道誠，詔允之。時青海臺吉袞布憾，葉爾羌嘗奪其屬將，以兵襲貢使，偵甘肅巡撫周文煜徙貢使入甘州，且嚴備馳遁。

明年貢使至京，初議遣十人入覲，請益，乃定額三十人，從者三百留肅州，請給糧賞。川陝總督金礪奏：前明羈縻，外番多陋習，吐魯番貪而無厭，入貢輒攜四、五百人，詭稱質孥不以歸，牟利內地，潛通哈密。以故甘肅五回眾日多，致滋前變。今雖悔罪通貢，然初至，輒多攜男婦，喋索糧物，若仍聽留內地，久將滋患。上可其奏。

賜吐魯番貢使宴，定賞額獨峰駝四，給緞絹各十二，西馬一，給緞絹各二，蒙古馬三百二十四，給緞絹如馬數，璞玉十斤，給絹三百，餘物各給緞絹有差。貢使分五等，一等給緞絹各五，襲衣一，餘以次減尋。

遣歸。以吐魯番通貢久，仍賜敕曰：爾吐魯番早識時數，貢賦維謹，今又遣使入貢，誠篤之意實可嘉，悅念爾國遠隔山河，跋涉不易，宜酬賞賫，用勸忠誠。今遣歸來使，特賜爾緞三百三十八匹，絹七百二十匹，以昭寵錫之意。自此以後，著五年一次進貢，貢使入關，不得過百人，不許攜帶婦女，進京人數止許三十人，餘留住甘肅，俟來京進貢人歸，一齊出關，不得久留內地。所帶貨物許在京會同館照例互市，勿得沿途藉端遷延滋擾，其進貢馬匹，止大馬四匹，蒙古馬十五匹，此外，不許多貢用，詔朕優恤遠人之意。

康熙十二年，吐魯番使烏魯和卓等至，貢西馬四，蒙古馬十五，璞玉千

斤，表稱袼木特賽伊特汗署一千八十三年奏，臣國向以方物入貢，聞天朝統一寰區，私冀恩寵過，故明貢物視舊增蒙諭貢期馬額臣國亂以故不獲如期至嗣仍前例，或別定額惟命。諭吐魯番道遠貢艱，嗣令自璞馬外餘物免進。

二十年，吐魯番使伊思喇木和卓等貢璞馬如前額，表署阿布勒、穆咱帕爾、蘇勒檀、瑪哈瑪特·額敏、巴圖爾、哈什汗奏，天朝都極東，吐魯番居極西，道遠請賜恤詔免貢馬。

二十五年，復遣使烏魯和卓至，表稱臣成吉思汗裔承蘇賚滿汗業，謹守疆界向風殊切，今特遣獻方物向入貢頭目所攜僕從多留駐甘肅後漸析寓西寧，請遣歸便臣使往來。詔察吐魯番屬無居西寧者遣使歸。諭所部知之。

三十四年，大軍議征噶爾丹，先是準噶爾臺吉噶爾丹強協吐魯番為己屬，兄僧格子策妄阿喇布坦與構怨，攜父僧格舊臣七人走吐魯番，尋徙和博克薩哩吐魯番為策妄阿喇布坦屬，至是刑部尚書圖納請檄吐魯番令知罪，祗噶爾丹勿驚懼。詔允之。

三十五年，噶爾丹敗遁。葉爾羌汗阿卜都賽伊特自軍所降告葉爾羌有兵二萬，吐魯番有兵五千，請攜孥赴吐魯番宣聖德，偕策妄阿喇布坦擒獻噶爾丹。上憫其情，遣歸噶爾丹尋走死，策妄阿喇布坦師噶爾丹詐復不靖。

五十四年，陰以兵襲哈密，詔議大軍進剿事宜。西安將軍席柱奏，吐魯番鄰哈密，且準噶爾隘當先取，沿途設站運米，屯兵巴里坤。布隆吉爾俟馬壯，由哈密北大山後烏蘭烏蘇路進闢展，取吐魯番。傳檄哈薩克布魯特諸部，協剿策妄阿喇布坦。詔俟明年剿吐魯番。

五十五年，議暫停進兵。散秩大臣祁里德奏：俟來年由巴里坤剿吐魯番，乘勢取珠勒都斯地。諭軍所大臣等定議。

五十六年，靖逆將軍富寧安，請遣巴里坤兵分擊烏魯木齊及吐魯番。諭曰：大軍前進攻取吐魯番地招撫之，即與哈密類既入國家版圖，自不得不善為保護，若襲擊兵勢稍弱，準噶爾擁眾援吐魯番，或吐魯番有變志，彼時不能守視，必將得而復失。著軍前大臣詳加籌議，尋奏。大兵抵吐魯番，視易攻易守乃取之，否則襲擊而還。諭嚴設備富寧安以兵抵烏魯木齊，擒塞因塔喇諸邑回人百餘，振旅還。

五十九年，散秩大臣阿喇納以兵赴闢展、魯克沁、吐魯番諸城。諭曰：大兵征準噶爾，非仇爾也，若不速決計將破爾城，悔罪不及矣。回眾乞降，納畜、械各五百餘，撫其眾以總管沙克札拍爾頭目、阿克蘇勒坦等歸，別有

吐魯番頭目曰：「阿濟斯和卓者，不即降，走準噶爾。六軍旋，策妄阿喇布坦授之兵，脅吐魯番戶數千徙喀喇沙爾。中道脫歸者千餘戶，聚魯克沁，以托克托瑪木特爲總管，拒準噶爾兵。

六十年，議政大臣等請令富寧安統大軍屯烏蘭烏蘇，別選兵取吐魯番，得地即以兵守。會吐魯番回人阿喇布坦等抵富寧安軍，訴回眾不堪準噶爾虐，約內附且獻所獲準噶爾率詣大軍投誠。諭曰：策妄阿喇布坦既不能徙回人赴喀喇沙爾，又不能護衛準噶爾，足見萬不能敵我軍，此機斷不可失。今收納吐魯番，若不守視，恐自準噶爾來歸者回人妄行殺掠，此路必致阻隔。著富寧安簡兵一千赴吐魯番，收納降回留兵駐視。回人等歸降於我，與準噶爾世成仇敵，既係我民，巴里坤距吐魯番止六百里，如策妄阿喇布坦率眾侵擾我師，往援爲途不遠，富寧安預飭回人於我師尚未抵境時，若有準噶爾使及逃人至，萬勿隱匿侵犯，即行解送。時準噶爾博斯和勒額穆齊宰桑以兵襲吐魯番、托克托，瑪木特等乞援，撫遠大將軍固山、貝子允禵偕富寧安等議，大軍征準噶爾，賊必竄，留兵少無濟，多則糧運艱，不留兵魯克沁回眾必乞內徙。不收撫，師旋後，恐厄魯特乘之欲收撫，恐無以資口食。徙屯哈密，恐地狹不給，徙布隆吉爾達里圖，沙磧難行，且喀喇沙爾諸城邇吐魯番，大軍至，相繼附，必請留兵護，以故不即進。中命之，乃遣阿喇納以兵二千馳援吐魯番，副都統莊圖、穆克登〔註6〕，各督兵二千繼之，別以兵八千屯鄂隆吉科舍圖色里特伊勒布爾和碩路爲應阿喇納抵吐魯番，遇準噶爾賊二千餘，迎擊之，賊棄騎走，俘斬百餘。詔興屯吐魯番。

六十一年，議遣巴里坤兵五千赴吐魯番築城、墾地、輓糧、守汛，防禦準噶爾賊。

雍正一年，吐魯番納屯糧五千餘石，嗣歲報獲數以贏，計三年撤大兵還。諭曰：策妄阿喇布坦乞和，請給吐魯番地。朕因諭將從，前內附諸酋長徙入內地，據將軍穆克登奏，吐魯番回眾共萬餘，若但徙首領數人不遣所屬生計必至艱窘，且伊所屬回人願內徙者甚眾。朕思瓜州、沙州地甚寬廣，亦必用人耕種，若有願移居者，可即給一二年養贍，令其耕種。羅卜諾爾回人亦照吐魯番例，有願移居者，從部酋長至，不願者仍留本處。大軍之屯吐魯番也，

〔註6〕穆克登（1664～1735）清代官員。姓富察（傅氏）。吉林市烏拉街人。隸滿洲鑲黃旗。雍正三年（1725）出師新疆，任阿爾泰等處地方將軍，事後返吉。雍正十年（1732），再次率兵赴新疆巴里坤駐防，授內務大臣。雍正十三年（1735），因勞累成疾病逝。卒後，清世宗雍正帝追封他爲「光祿大夫」。

雖卜諾爾頭目固爾班等至，請以喀喇和卓喀喇庫勒邑千餘眾內附，羅卜諾爾鄰吐魯番，爲巨澤葉爾羌、喀什噶爾諸境水六十餘彙之。回眾習水居，稱不便徙內地。詔聽之。闢展、魯克沁、吐魯番諸城回眾徙至者五六百戶。詔給駝、馬、驢、幪。

四年，安置肅州金塔寺、威魯堡諸地，以托克托瑪木特爲總管。

六年，托克托瑪木特與闢展頭目伊特格勒和卓以違言故，搏斃。川陝總督岳鍾琪遣，諭曰：爾等久爲準噶爾虐，蒙恩內徙，今因私忿輒爭，若仍聚處恐相激生變，必視內地律治罪，爾等去留惟便。回家〔註7〕謝罪，固請留。諭嗣後勿妄滋釁，違者論死。

八年，寧遠大將軍岳鍾琪統大軍屯巴里坤，私遣使赴吐魯番載軍糧。會入覲準噶爾襲汛盜駝馬，總兵樊廷等馳擊之，敗遁。

九年，護理寧遠大將軍紀成斌偵準噶爾侵吐魯番，遣兵往援。諭責之曰：紀成斌聞賊侵吐魯番，遣樊廷等統兵四千往援，實爲錯謬，從前採買吐魯番糧石，本應給與運價，令其自送軍營，計不出此，遣官兵發駝馬遠行運送，致啓賊心。去冬，逆夷猖獗，後猶不將運糧并兵撤回，此則疏忽之甚者也。惟是朕以怙冒萬方爲心，若坐視吐魯番被寇侵掠而不爲之籌劃保護，朕心實所不忍。前曾降旨吐魯番眾，若畏懼準噶爾即移向近地居住，是以托克托瑪木特帶領之人移至近邊者，皆享安寧之福，可再行曉諭。回人等倘有量力不能敵，不妨仍爲移避之設〔註8〕，朕當從厚賞給行資，使之得所。若此次曉諭後，伊等仍復觀望不至，則賊人再來侵掠時，聽伊等自爲計，我軍不復往護之矣。命甫下樊廷兵抵吐魯番，準噶爾遁，師遠，準噶爾復來襲，吐魯番乞援師，不復遣。諭曰：準噶爾賊侵吐魯番徙〔註9〕欲疲勞我士馬，故爲此出沒詭計。朕閱紀成斌奏，即嚴加申飭，賊人未見我師，果潛遁無蹤矣。賊之狡獪如此，是以諭今吐魯番人眾，商酌遷徙暫避之計，蓋欲善爲保全之，以俟大軍凱旋，共享昇平福也。今準噶爾復侵吐魯番，大營未曾發兵前往。朕思賊人若仍以千餘眾侵擾吐魯番，彼地城垣兵力自足捍禦，倘賊復傾眾至吐魯番，力不能支，朕心有所不忍。視伊等前次感恩望濟之言，甚爲懇切，朕又有令其遷移暫避之旨，料賊人必知之，倘乘其遷移之際而侵害劫掠，吐魯番

〔註7〕應作「眾」。
〔註8〕應作「計」。
〔註9〕應作「徙」。

人因遵旨而受累，尤朕心所惻然者也。著岳鍾琪酌視應否往援，變通辦理，不必固執前說。至賊眾去後，吐魯番回有情願遷移者，又如何沿途防護不受賊人劫奪侵掠，著岳鍾琪悉心經理。

會肅州威魯堡回民告饑，諭曰：前因準噶爾肆虐，吐魯番悉〔註10〕回民畏其侵掠，有願移居內地者，諭令地方有司善爲安置、撫綏，使之寬裕從容得所。頃聞在肅州居住回民等，田瘠水少，收成歉薄，所有牲畜亦不敷用，生計未免艱難。著署陝甘總督查郎阿〔註11〕酌定加恩撫恤事宜，即以此諭吐魯番移住內地回民知之，鍾琪尋奏，偵準葛爾圍魯克沁。請率兵三千馳進，賊遁，即馳〔註12〕吐魯番。諭曰：朕恐準葛爾賊以大力侵吐魯番，伊等不能抵禦爲其所困，已降旨，令岳鍾琪酌量發兵應援，若果確有所見，即應遣兵速往吐魯番，乃阿爾護哈喇沙爾兩路關鍵，既駐我軍，將來築城烏魯木齊時，呼吸相應，賊人不敢襲我軍後，況我軍正欲進攻準噶爾，若賊果以大眾犯吐魯番，我軍不勞遠行可以殄滅，亦爲善策，爾其悉心籌議。鍾琪奏，遣總兵張元佐率兵三千赴吐魯番，別以兵六千屯塔呼及洮齎隘，準噶爾賊圍魯克沁越四旬餘不下，復以木梯三百攻喀喇和卓，回眾拒斬五百餘級，賊聞我師將至，棄甲械竄。上以準噶爾數擾吐魯番雖失利，將復增眾至。我軍往援不值誤，自取糧吐魯番，始致進退兩失之。上責岳鍾琪罪，準噶爾尋侵吐魯番，副將王廷瑞等擊斬二百餘，賊遁。

諭曰：此次幸獲小勝，不足爲喜。朕更爲吐魯番憂之，賊人屢被吐魯番敗創，懷恨益深，必復以大眾報復，可速傳諭吐魯番眾，嗣後賊人來犯，但當堅守城池不可迎戰，若魯克沁一城可容回民人眾，則令防守官兵堅守一城，如一城不能容住多人，可別往相近之喀喇和卓等處，將馬匹牧畜收歸城中。預貯芻薪以備應用，賊眾若分兵來圍，彼此圍守，堅壁清野，俾賊無所肆其伎倆，且有大軍襲其後，奔取馬匹，坐致疲斃，自必遠遁，然不可追逐。賊眾長於騎射，吐魯番回民十不及一，若固守城垣以拒敵，賊人亦不及回民十之一，用我之長乘彼之短，此萬全無弊之道也。凡事當持重、慎靜爲之，但能保護吐魯番城垣人眾，其功勝殺賊多矣。

十年，準噶爾遣宰桑額爾克得松犯喀喇和卓，參將劉鋑等鏖擊之，賊敗走。護理寧遠大將軍印務張廣泗奏，吐魯番孤懸一隅，舊設駐防兵八千，自

〔註10〕應作「眾」。
〔註11〕查郎阿（？～1747）納喇氏，字松莊，滿洲鑲白旗人，清朝大臣。
〔註12〕應作「駐」。

運糧兵五百外，分屯各邑，而勒木津、賽木津、漢墩三邑，逼賊營請撤兵歸魯克沁、喀喇和卓、闢展、英格四邑，並令喀喇和卓諸邑回眾聚魯克沁，絕賊伺志，從之。時北路軍大敗準噶爾於額爾德尼昭，賊創甚，不敢復襲西路。諭曰：賊人於北路大創後，力量衰弱，不能復侵擾吐魯番，回民乘此遷移似屬應行。朕思回民誠心內向，屢挫賊鋒，甚屬可嘉。而冬月寒冷之時，倉皇竄徙又甚可憫。除在途加意防護外，伊等至日務項、須安置妥協，重加賞齎，責出其望外，使老幼男婦咸慶得所，不可為惜愛錢糧起見，致負遠人內附之心也。尋吐魯番頭目額敏和卓率回眾就道。上聞之，諭曰：吐魯番遠在邊境外，距巴里坤軍營尚有七八百里，易為賊所窺伺，我師難以庇護。朕以仁愛為心，是以聽其自便，不強令歸順我朝，致受賊人侵擾，乃前歲岳鍾琪並未奏聞，直以己意遣官帶領駝隻前往採買米石，致啟賊人侵擾。額敏和卓與回眾等誠心歸順我朝，奮拒賊兵。上年賊眾三次圍攻，回眾與官兵並力抵禦，不但全城無恙，且出不意乘間擊刺，屢挫賊鋒，忠勇之氣甚屬可嘉。然賊夷狡獪無常，時以侵擾吐魯番為疲敝我師，計是以議，徙爾等近邊，以避賊人侵害。朕念爾等內徙之時，賊人或於中途窺伺，又恐男婦老幼行役苦寒，屢降諭旨，俟至日善為安置，務令人人得所。數月以來，朕無時不以爾等安土重遷，縈繫於心也。今聞陸續啟行，群情踴躍，朕心甚為欣慰。因思年來爾等屢遇強寇，未遭戕害，從此安居樂土，世受我朝恩庇，此皆爾等忠誠感格上天寵錫福祐之明徵也。著授額敏和卓為箚薩克輔國公，其餘有應加恩賞授官職者，俟大將軍查奏到日再降諭旨，已而吐魯番回眾屯塔勒納沁，查郎阿奏請安置肅州王子莊。諭曰：回民輸誠向化，自應選給水土饒衍，氣候和煦之地，俾得樂業安居。肅州王子莊水泉甚少，亦不敷耕種。朕思瓜州地土肥饒，水泉滋潤，氣候亦和，與吐魯番回民原駐地風景相似，且現在開墾地甚為寬闊，庶足資回民耕牧，由塔勒納沁遷至瓜州，地不甚遠，可免跋涉勞，著署陝甘總督劉於義將吐魯番回眾安置瓜州，其築堡、建屋給賜口糧、牛具、穀種，各事宜著查郎阿自軍營遣武職大員先赴瓜州，會同悉心妥辦，並遣官沿途護視回眾。

明年，奏吐魯番自塔勒納沁徙瓜州，凡八千一十三口。詔廩給如初至額，勿議減。尋定所部頭目功次，一等給正千戶，二等副千戶，三等正百戶，四等副百戶，各頒號紙〔註13〕。

〔註13〕 明清時代政府所頒記載土司襲位者職銜，世系、承襲年月的書狀。

　　乾隆二年，定吐魯番來朝廩給限四旬，箚薩克視喀爾喀輔國公，正千戶視佐領，副千戶而下視驍騎校。

　　十九年，遣官赴瓜州編旗隊，置管旗章京、副管旗章京、參佐領、驍騎校各員，如哈密例。

　　二十年，瓜州回兵三百從大軍征達瓦齊。軍機大臣奏，吐魯番舊係內地，俟準噶爾定察獲頭目安置之，並遣瓜州箚薩克招撫。

　　上報可定邊，右副將軍薩拉勒奏，遣瓜州箚薩克佐領愛特瑪特齎檄招吐魯番，有伯克莽噶里克者，遣使納戶籍四百餘。頒賜貂冠朝珠，而莽噶里克率回兵百五十將赴薩拉勒軍，道遇布爾古特賊掠駝馬，不達而返，復偕弟阿里尼咱爾集兵七千餘，就道迎降。定西將軍永常納戶籍千餘，永常遣莽噶里克歸牧，阿里尼咱赴薩拉勒軍，疏聞書其名曰莽里克。上詢同異，故以莽里克即莽噶里克。莽噶里克祖曰瑪爾占楚克，父曰圖默爾庫濟，世居吐魯番爲總管，莽噶里克嗣稱達爾漢伯克，有綽囉斯臺吉、噶爾藏多爾濟輝特臺吉。巴雅爾者，準噶爾屬游牧額琳哈畢爾噶，鄰吐魯番，聞大軍至，請降。巴雅爾以乏畜產告，永常遣赴吐魯番耕牧，檄莽噶里克給穀種。大軍抵伊犁，定北將軍班第奏，吐魯番舊頭目莽蘇爾，爲元太祖裔，居喀拉沙爾，應遣歸吐魯番轄舊屬。至瓜州回眾，請遣官護歸魯克沁。軍機大臣議奏，額敏和卓徙歸，邇吐魯番頭目恐不相安。俟勘界定乃議徙，遠瓦濟既就擒，撤瓜州兵歸，尋阿睦爾撒納叛，擾伊犁。莽蘇爾不獲歸吐魯番，偕弟阿什木走葉爾羌，後大軍定逆回霍集占亂，乃護之以歸。詔授一等臺吉，隸蒙古正白旗。

　　二十一年，薩拉勒自伊犁歸，吐魯番莽噶里克迎，告曰：「噶爾藏多爾濟等盟，俟擒阿睦爾撒納，將以子諾爾布琳沁轄四衛拉特抗天朝師。」薩拉勒以聞詔，勿遽聽回人言滋疑慮。尋陝甘總督黃廷桂獻額敏和卓繪吐魯番圖，奏吐魯番非復眞蒙古裔，瓜州回民願歸故土，請視舊納準噶爾賦爲貢額。詔俟厄魯特靖，乃徙。復諭曰：「伊等進貢方物，若原係噶勒丹策淩之人，今伊犁既定，自應充作貢賦。如係噶爾藏多爾濟及巴雅爾等所屬，此番遣回故土，應仍歸伊等管轄，方爲允協。」已而，阿睦爾撒納竄哈薩克。詔徙瓜州回眾歸魯克沁，莽噶里克請偕弟額什哩木、子呢雅斯入覲。

　　詔留視牧，以子弟一人代莽噶里克，遣子白和卓至，且請視額敏和卓例，編置旗隊。允之，授公爵。軍機大臣議奏，吐魯番東界，自闢展至喀喇和卓令額敏和卓轄。西界自伊拉里克至阿斯塔克，令莽噶里克轄。又額敏和卓請

給麥種千石，俟來歲倍納租，自第三年始，每年納四千石。莽噶里克如之，應各酌賞示勵。又額敏和卓請設汛簡里布拉克、塔呼、納呼、濟克塔木、關展五邑，每汛兵五、馬十。請令莽噶里克，併設汛伊拉里克諸邑，從之。未幾，噶爾藏多爾濟以巴雅爾叛告。寧夏將軍和起，攜索倫兵百人往勦，檄額敏和卓、莽噶里克兵集關展。而噶勒雜特宰桑，哈薩克錫喇布魯古特臺吉呢瑪陰應巴雅爾詭以兵千五百會，和起望兵至，疑之，遣莽噶里克往偵，莽噶里克紿曰：「我兵也，逾時。」呢瑪等操戈前，莽噶里克自後噪，和起偕從兵百人死之。詔安西提督傅魁，星馳往勦。會白和卓入覲，旋抵哈密就擒，諜者以噶爾藏多爾濟及從子簡納噶爾布叛，附呢瑪召莽噶里克，莽噶里克不從，且遣兵助額敏和卓。諭駐防巴里坤辦事大臣雅爾哈善曰：此不過伊子白和卓未歸，謬爲恭順之狀，未可輕信。已令傅魁領兵，會兵額敏和卓密商辦理。仍著傳諭傅魁，俟見莽噶里克時，即諭知伊子現在肅州，並未加罪。伊或親赴肅州，即行解京，候朕辦理。

二十二年春，傅魁兵次監池，莽噶里克攜厄魯特俘一馘十二，迎告曰：「厄魯特虐我甚，我子入覲不即歸，以故擒獻厄魯特賊，且將迎我子。」傅魁以執而獻，非己功，磔莽噶里克及從者十九人。詭稱道遇莽噶里克，擊斬。

三十三年，上以賊迎赴我軍且從者寡，不俘獻反聚殲之，情必詐。詔械傅魁至。廷訊悉欺罔狀予闥宥白和卓罪，自吐魯番取其妻默里克及弟托克札納咱爾等至。詔隸蒙古正白旗。後白和卓由三等侍衛任廂（鑲）黃旗蒙古副都統，莽噶里克既死，額敏和卓自魯克沁馳赴吐魯番，擒斬其從逆宰桑十餘人。詔從居吐魯番兼轄莽噶里克屬戶五百餘，會霍集占俠詭入覲，額敏和卓遵旨將遣屬赴葉爾羌，書示莽噶里克獲罪誅，吐魯番歸己轄，故令霍集占悔罪內附。噶爾藏多爾濟等梗道不果往，大軍勦之，敗遁。其屬回沙呼里、唐噶塔爾等，攜戶百餘走魯克沁。詔隸吐魯番簡薩克。諭曰：伊等久爲噶爾藏多爾濟屬，倘有潛通噶爾藏多爾濟之事，乘間逃葉爾羌、喀什噶爾等處，俱未可定。著額敏和卓加意防範，如尙屬安靜，即令其種地謀生，形迹稍有可疑，即奏聞請旨辦理。有沙拉斯、瑪呼斯者，準噶爾二十四鄂拓克之二也，居喀喇沙爾之海杜河西，以庫爾勒伯克托克托鄰牧，掠之，托克托挈都賚子色提克，由羅卜諾爾走吐魯番，請內附。授散秩大臣，秩二品，其屬瑪木特托爾岱尋攜庫爾勒眾百餘至。詔隸吐魯番，有潛遁者誅之。

二十三年，戶部侍郎阿里袞勦沙拉斯、瑪呼斯賊兵，抵羅卜諾爾。羅卜

諾爾舊有戶二千餘，內附後不即徙，準噶爾虐其眾，因奔徙阿克蘇、多倫諸城，存者六百餘，聞大軍擒達瓦齊，遣使攜貢物抵吐魯番。值莽噶里克叛，不達。至是伯克哈什哈、尼雅斯、呼里等獻戶籍，請降。阿里袞慰令暫隸吐魯番轄，大軍尋討霍集占，額敏和卓以吐魯番兵從，抵葉爾羌，護衛錫丕、呢雅斯等擊賊獲傷，獎賜翎頂。明春傷痊，復固請從勦賊。詔給銀幣。

二十五年，副管旗章京呼岱巴爾氏，參領瑪哲克勒木，祐領瑪木特克勒木，護衛阿璊密喇木，驍騎校阿舒爾等，以勦喀什噶爾逆回邁喇木、呢雅斯等，功得優賚。

二十六年，陝甘總督楊應琚奏，甘州威魯堡，安置吐魯番回民計二百五十戶，墾地五千三百六十餘畝。戶口日增，地畝有限，請遣千戶珈如拉等歸吐魯番。詔廷議。尋奏肅州回民較初附增額，吐魯番已成樂土，且多可耕地，應視瓜州回民例，悉遣歸。但千戶珈如拉祖托克托瑪木特與額敏和卓，俱被準夷虐，先後歸，應酌給附闢展、吐魯番可耕地，俟秋收後徙住，並以千戶珈如拉，百戶伊明和卓為正副伯克，令闢展大臣徵賦從之。

三月，諭曰：從前辦理回人莽噶里克，後因伊屬人無所統束，暫令安置吐魯番，交額敏和卓管理。今大功告成，回部皆朕臣僕，自應各統其屬，不相兼併。朕意將此項回人內擇其賢能者，授為伯克等職，仍安置舊處，查明舊日賦役，照例供辦。又，阿里袞前因追賊至羅卜諾爾，所收回人亦照此例辦理。

七月，舒赫德奏，附闢展之連木齊木有地六十畝，闢展、英格二邑有地千餘畝。請令千戶珈如拉徙舊居魯克沁眾赴連木齊木，百戶伊明和卓徙舊居闢展、英格眾歸故地，按戶給田。以珈如拉、伊明和卓授五品伯克。別設六品副伯克，二分轄。

九月，奏羅卜諾爾部二，一為喀喇庫勒，一為喀喇和卓，喀喇庫勒置伯克一，約束難周，請增一員協理。喀喇和卓凡五邑，各置伯克一，不相屬，請令二員總管，二員協理。別設小伯克一，居吐魯番理賦役，屬戶百八十三，每年那哈什翎百枝，海倫九張。詔廷議。尋奏羅卜諾爾前以軍務未竣，暫隸額敏和卓。今回部蕩平，自應一體辦理，請定總管伯克，秩五品。協理伯克及理賦役伯克，秩六品。五品缺出，由闢展大臣奏請。六品缺出，即行補授具奏，納賦如前額。

十月，舒赫德奏，吐魯番莽噶里克屬及額琳哈畢爾噶之沙呼里、烏默特

等屬，舊隸額敏和卓轄，給官穀，充吐魯番役。今僉稱安置久不願徙，請以莽噶里克屬戶五百餘，設總管四品伯克一，協理五品伯克二，分理六品伯克五。沙呼里等屬戶七十四，請即以沙呼里為總管五品伯克，烏默特為協理六品伯克，統隸闢展大臣轄。

二十七年，闢展辦事郎中德爾格奏，闢展屯田兵裁二百四十，所遺地畝，舊以吐魯番額敏和卓屬六十戶居闢展，九十三戶居連木齊木、威魯堡，珈如拉屬六十戶居連木齊木，二十七戶居英格。每戶給田五十，請令額敏和卓屬歸闢展，珈如拉屬歸連木齊木，以便約束。仍有餘田三千畝，分給莽噶里克、沙呼里回人等墾耕，至裁汰兵丁所餘牲畜、農具，請量給威魯堡回人，令納糧抵。詔悉如議，復諭吐魯番免納糧，以喀喇和卓、托尼遜屯田給回民為世業，所部旗一，爵三，箚薩克多羅郡王一，附一等臺吉一，二等臺吉一。

五十五年七月，恩授額敏和卓之子丕爾敦為一等臺吉。

吐魯番

沿革

　　《西陲紀略》：吐魯番，漢車師前王之地。南距于闐、大食、波斯、西天步露沙，皆數千里。其地最熱，又稱高昌壘。（漢元封三年，擊破姑師，分爲車師前後王及山北六國。其車師前王治交河城。地節二年，鄭吉田渠犁車師。宣帝元康中，罷車師田者，徙其國今居渠犁，從車師故城與匈奴。神爵三年，置西域都護。初元元年，始置戊巳校尉，屯田車師前王故地。）《西域傳》：前王城去長史所居柳中八十里，自伊吾通車師前王部高昌壁千二百里。（伊吾、柳中皆膏腴之地，故漢與匈奴常爭伊吾、車師，以制西域。）晉以其地爲高昌郡。（《十六國春秋》云：晉咸康元年，張駿使沙州刺史楊宣定西域，又擒戊巳校尉趙貞，以其地爲高昌郡。《後魏書》：高昌郡東西三百里，南北五百里，四面多大山。國有八城，多石磧，氣候溫暖，北有赤石山，（山北）七十里有貪汗山，夏有積雪。後沮渠和平元年，爲蠕蠕所併。）闞伯周爲高昌王，其稱王自此始也。後又立麴嘉爲王。（後漢文成帝末，其地爲蠕蠕所併，立闞伯周爲高昌王。孝文太和五年，高車王阿伏至羅殺闞，以敦煌人張孟明爲高昌王，孟明又爲闞人所殺，立馬儒爲王。儒又通漢使，後儒又請內徙。人皆戀土，不願徙，相與殺儒，立麴嘉爲王。嘉字靈風，金城榆中〔註1〕人也。傳國九世，並一百三十四年。）唐改曰西州。（貞觀十三年，以土魯番爲擁掠西域朝貢，詔侯集討之，分兵略定，凡三郡、五縣、二十二城，西昌州改曰西州。乃更置安西都護府。）置高昌郡。（天寶初，改交河郡。乾元初，復曰

〔註1〕榆中，今屬甘肅。

西州，置高昌郡，領柳中、交河、天山〔註2〕、蒲昌〔註3〕四縣。）眞元中，沒入吐蕃。五代時爲回鶻所據。宋末號爲畏兀兒國。元太祖平其地。明初改曰火州。永樂、宣德年間，俱遣使入貢。成化以後，土魯番強盛，而火州之後無聞矣。

國朝康熙間，準噶爾策妄喇布坦既侵據喀喇沙爾，漸次及於土魯番，頻加擾害，至遷於魯克沁以避之，猶不得免。雍正四年，侍讀學士顧魯招其目托克托、瑪穆特等六人，餘人安置威虜地方。九年，大兵分遣提鎮援之，駐兵魯布沁，據回酋額敏和卓懇請內附，遷於瓜州。土魯番十七城遂虛，無人矣。乾隆二十三年，大兵平定準噶爾後，又剿滅回部逆酋兩和卓木，其餘部回民始還土魯番以復舊業焉。封額敏和卓爲郡王。（額敏和卓父名尼雅斯和卓，祖名索丕和卓，俱故。）其次子蘇齎滿襲王以罪革職，所轄六城，曰土魯番，曰闢展，曰魯古沁，曰色庚木，曰托克遜，曰喀喇。和卓六四城皆其阿勒巴圖也，世襲箚薩克，非回疆別城隨時升調者可比，民僅二千餘戶，皆不能自贍。今則漸臻富庶矣，內地商民環肆而居者數千戶，又成一大都會也。夏極炎熱，火緞當天，暵風匝地，東南一帶絕無草木，山色日光照射，尤不可耐，俗名「火焰山」。多兼祁寒大雪，有水出金嶺，導之周繞回城，以漑田園，其回城舊名安樂城云。

疆域

吐魯番所轄地方，東至奇克騰木三百餘里，南至喀喇沙爾屬之蘇巴什臺二百二十里，托克遜臺北通烏魯木齊，又城東五十里，回城名喀喇和卓。《西陲紀略》云：土魯番所屬有哈喇火州，舊志作哈拉合酌，即明之火州也者。火州，亦漢車師前國地，在土魯番東五十里，漢班超嘗屯兵於其地。至唐爲西州高昌縣，乃交河郡治也。元號畏兀兒，隸瑪哈木。明號火州，地卑下，天氣多熱，山色如火。明永樂七年，遣人朝貢，員外陳誠至其國，言其國風物蕭條，市里民居、僧舍亦皆零落，東有荒城故址，云故高昌王治。今喀喇和卓並無城池，惟有回民數百家耳。又東一百七十里，有回城名闢展，《肅州志程途紀略》云：自紅地方住皮褌二十里，皮褌城居住回民三四百戶，種田爲業。皮褌即闢展也，地方雖極小，而回城地當孔道，東距哈密七百七十餘

〔註2〕天山縣，今托克遜縣境內。
〔註3〕蒲昌縣，今鄯善縣境內。

里，爲東路要衝，故建城垣，周五里有奇，辦事大臣官兵駐守，今移至土魯番矣。又東九十里至齊克騰水臺，自此東至下梧桐窩三百餘里，皆沙磧，戈壁無水草不設軍臺，其中三間房、十三間房，所謂風戈壁也。《西域聞見錄》云：關展東之三間房、十三間房，皆大風之處。凡風起皆自西北來，先有聲如地震，瞬息風至，房頂多被掀去，卵大石子飛舞滿空，千斤重載車輛一經吹倒，則所載之物皆零星飄散，車亦飛去數十百里之外。若獨行，人畜皆無蹤影，其風春夏最多，秋冬絕少，山上砂石爲怪風所簸揚，散漫成堆。惟晨起視南北兩山晴朗無塵，翳是日必無風。如有青露漫漫兩山不見，是日必有大風，斷不可行也。

乾隆四十五年，將蘇賚滿入官地畝分爲九屯，曰安展頭工，曰哈喇二工，曰西寧工，曰涼州工，曰赫色爾工，曰阿思塔納工，曰勝金工，曰關展工，曰托克遜工。撥給屯田綠營兵丁耕種，土魯番南距喀喇沙爾八站，北距烏魯木齊六站，東界哈密十二站。

山川

天山，即祁連山由哈密北衺延至此，《通鑑》：月氏居祁連、敦煌間。注，祁連即天山，匈奴呼「天」曰「祁連」，其山在張掖縣西南，綿亙甘、涼之地境，一名南山，一名雷山。西連肅州安西，又西極於蔥嶺，蓋數千里。今考祁連有二，自甘涼達安肅者，爲南祁連，即《西域傳》所云「南山」也；其北祁連則在哈密城北一百三十里，名鹽池山。巴里坤之東者，名折羅漫山，綿亙西南至土魯番者，即《西域傳》所云「北山」也。杜佑《通典》，自張掖以西至於庭州，山皆周徧，蓋統南北兩祁連而言之。

靈山，即博克達巴罕之陽也。《西陲紀略》云：靈山在安樂城西北百里，其山最高大，土人言此十萬羅漢削髮涅槃處，近山有高，傍有僧寺，寺下有生泉、林木，入山行二十里至一峽，峽南有小土屋，屋南登山坡，坡有石屋，屋中有小佛像五，前有池，池東有山青黑色，遠望披如毛髮，土人言此十萬羅漢洗髮處。循峽東南行六七里，登高崖，下小山壘壘，峰巒秀麗，羅列成行。峰下白石成堆，似玉輕脆，不可握。堆中有若人骨狀，堅如石，文縷明晰，顏色光潤，土人吾此乃十萬羅漢靈骨也。又東下石崖，崖下石筍如人手足，稍南至山坡，坡石瑩潔如玉，土人言此乃辟支佛涅槃處也。周行群山約二十餘里，五色沙石光焰如火，四面峻壁窮崖，天巧奇絕，草木不可勝紀，

惟鳥獸絕無耳。

火焰山自喀喇和卓歷土魯番、喀喇沙爾、庫車北一帶山皆赤色，如火焰形，其中產硇砂，常有煙霧湧起。至夕，光焰若炬，照見禽鳥皆成光彩。

貪汗山在吐魯番北，夏有積雪，北即烏魯木齊。瀚海地皆砂磧，無水草，赤地千里。《通志》云：「經前庭縣有大砂海，在柳中縣東南九十里，亦名旱海。今考瀚海，亦有二。《通鑑》，漢霍去病封狼居胥山，禪於姑衍山，登臨瀚海。注：狼居胥山、姑衍山在漠北喀爾喀地，瀚海在蘇尼特之北，喀爾喀之南，其西則接伊犁之界，據此則回疆乃南瀚海也。

沙陀金山，月氏別種西突厥之苗裔，本號朱邪，世居金沙山之陽，蒲類海之東。其地有大磧，名曰：沙陀。後因以沙陀爲號，朱邪爲姓。唐憲宗時，有朱邪盡忠，始見於中國，其後有朱邪赤心。懿宗時，賜姓李名國昌，克用其子也。

羅卜淖爾，在土魯番東南五百餘里，闢展南三百餘里。其澤周數千里，乃西域東南一大數澤也。其中有回村二處，皆呼之曰：羅卜淖爾。人戶各四五百家，其人不種五穀，不知游牧，以魚爲食，織野麻爲衣，取天鵝羽爲裘，臥藉水禽之翼，語言與回子通。曾不知諷經、禮拜之事。時有入庫爾勒回城者，不能食牲畜之肉，穀黍之食，食即大吐不止。以庫爾勒多魚故肯來，他處則不敢往矣。開闢回疆時，伊等投誠，每年進貢水獺皮九張，設六品伯克居住土魯番。以備催取皮張，至其地以放火爲號。伊等即乘皮筏而出，照數交納領隊大臣代爲呈進，額設五、六品伯克十員，管束其眾。其伯克缺即出，由彼處公舉一人，呈報吐魯番臺，由領隊大臣奏放。

《西域聞見錄》以羅卜淖爾爲星宿海，非也。考《漢書》，于闐河與蔥嶺河合，東注蒲昌海，一名鹽澤。《括地志》，鹽澤一名輔日海，一名穿蘭，一名臨海益蒲昌海，又名黝澤，番名羅卜淖爾也。其淖爾受西域回疆諸大河水，及北雪山春夏消融之水，亦停而不流，潛行地下耳。其所受之水，一自業爾羌西南徼外，溫都斯坦西北山後有天河，曲曲東北，流逕拉虎爾部落、克什米爾部落，又東至葉爾羌西南二百里，分爲二流。又自米勒臺玉山流出一水，注之，總名曰玉河，又名得業爾河，其水最大，夾白沙而行，其色如銀，東南流。一自和闐南山中流出，分而爲二，亦名玉河。一自葉爾羌正北蔥嶺外流出一水，在坎達哈爾部落之南。一自布哈爾部落山後流出一水，俱南行至什克南城北山，復合流逕瓦罕城至大河沿，分而爲二，至奇蘭戈壁，

又分爲三支。一自葉爾羌東北拜哈爾城北流出，一水西南行至闊喇普，分而爲二，巡塔什干城東南流，此葉爾西、南、北三路諸水，皆歸於羅卜淖爾者也。又自喀什噶爾北來，伊蘭烏瓦斯河西來，圖舒克塔什河、烏蘭烏蘇河南來，泰里布楚克河、霍色爾河俱東南流歸羅卜淖爾。又烏什西來大河一道，源出布魯特胡什齊地方，東至察哈喇克臺出境，又阿克蘇城西，渾巴什河源出穆蘇爾達巴罕，又托什罕河、瑚瑪喇克河、湯納哈克河，楚克達爾河，穆雜喇特河，俱東南流歸羅卜淖爾。又，庫車城西之渭干河，繞沙雅爾東南流。喀嗽〔註4〕沙爾城西之開都河，源出北大雪山，東南流俱歸羅卜淖爾人。又，土魯番城外交河二道，源出金嶺，自北東南流。又闢展北來之河，東南流。又，哈密西雪山融化之水正南流，此南路西、北兩面之水，皆歸於羅卜淖爾者也。其淖爾淳而不流，潛行地中，東至青海境枯爾坤山之巴延喀喇山東麓，始復出爲星宿海，又名鄂敦淖爾。蒙古語，鄂東，星也。淖爾，海也。即《元史》所稱火敦腦兒者也。史傳所謂黃河源出星宿海，不知更有羅卜淖爾受西域諸大水程水，日：水本異而末同，不信然與？

古蹟

舊臺在城東十餘里，有禮拜寺一座，旁系蘇齎滿〔註5〕故居，城垣房屋俱已傾頹，回人猶詣寺中把齋誦經。傍有磚塔一座，高七八丈，昔蘇齎滿之瞭望處也。

哈喇和卓即火州城東南四十餘里，乃班超屯兵之遺壘也。破城一座，基址尚存。

土玉溝在城西北二百餘里，有巨土洞。相傳，昔有七人一狗坐化其中，骸骨尚存。南北兩路伯克入覲，道經於此，必詣其處諷經，飾之以錦練，光豔奪目，回人呼之曰「聖人」。

建置

吐魯番建築城垣三百有奇，賜名曰廣安。城內建領隊大臣衙署一所，滿營兩協領住房各一所，佐領住房四所，防禦、驍騎校住房各四所，筆帖式住

〔註4〕「嗽」應爲「喇」，喀喇沙安城依開都河而建，乾隆二十二年（1757）內屬，二十三年（1758）築城，後毀於火；光緒八年（1882）後，就安集延回城打大爲耆府。

〔註5〕吐魯番郡王額敏和卓長子，1777～1779襲爵。

房一所，同知衙署一所，巡檢衙署一所，並倉庫、囹圄各一處，步軍中廳火藥、軍器等庫滿兵營房各處。

恭建萬壽宮一座，城中央建鐘鼓一座。正北建關帝廟一座，春秋致祭。開設官當鋪一座。東郊建風神祠，西郊建龍神廟，春秋致祭。

官制

領隊大臣一員。乾隆四十五年，烏魯木齊都統索諾木策淩，奏明由烏魯木齊派撥滿洲官兵五百餘名，駐守不在回城之內，另立營房攜眷居住，該處一切事務俱屬烏魯木齊都統管轄。協領二員，佐領四員，防禦四員，驍騎校四員，管糧餉同知一員。

管街道巡檢一員，管關展城街道巡檢一員，城守營都司一員，守備一員，管理屯田都司一員，守備一員，千總四員，把總四員，經制外委八員，印房筆帖式一員，委筆帖式六員。

兵屯

綠營聽差馬步兵三百三十名，屯田兵七百名，庫貯軍械（劈山四位，隨炮照椿四個，砲把四個，威遠炮二位，熟鐵封口二百出，鉛群子一萬二百出，鉛封口二百出，生鐵封口一千二百六十八出，生鐵群子七千一百出，宣化炮鉛丸六百四出，子母炮鉛丸二百九十七出，烏鉛八百四十六捍，槍丸一萬一千三百八斤零。火藥二百六十五斤六兩零，九龍袋四十一副，弓一十八張，皮弦十八條，絲絃十八條。藍布夾帳房七頂，白布單帳房四十七頂。鐵鑼鍋一百五十口，鐵鍁二百五十跟，木橛二千六百一十八根，斧頭二百七十把，鐵錘一百二十八把，鴛頭二百三十把，鐮刀十九張，氈砲夾布龍單四條，單布龍單二條，砲丸龍單四副，擡砲扛子四根，砲銃子七個，砲探子四個，砲栓子四個，手牌四面，砲架四副，烘藥葫蘆二十七個，火藥葫蘆八個，木榔頭九個，砲墊子七個，枕八個，皮搭子二十四個，點砲火杆二根，蔴火繩一百九十七根，腰刀九十把，長靶刀二百四十三把。

長矛二十五根，大旗一十一葉，小旗七十六葉，大小旗帶六十五條，大旗杆二根，小旗杆十根，紅旗鐵杆二根，陣鼓五面，馱砲鞍子十三副，蔴口袋十二條，毛氈十二條，馬皮十二張，樹皮火繩一千八百六十七斤）。

糧餉

領隊大臣養廉，並滿、漢官兵鹽菜口糧，俱由同知衙門支領，係烏魯木齊都統管轄。

屯種地一萬畝額，交糧九千九百九十餘石。闢展、勒木沁兩城伯克，五品三員，六品七員，俱入箚薩克旗分併無交納銀錢，每年止交糧四千五百六十五石。

卡倫

伊拉里卡倫（城西南二百一十里，稽查南路貿易回夷）設立滿、漢官兵。西呵呵雅爾（距城二百里），東呵呵雅爾（距城二百九十里），桂樹溝（城東南二百三十里），禿古斯（城東北二百五十里），了頭溝（城正東一百四十里）。

軍臺

東路齊克騰木臺至蘇魯圖臺四十里。蘇魯圖臺至闢展臺五十里。闢展臺至勒木沁臺六十里。勒木沁臺至勝金臺七十里。勝金臺至土魯番底臺九十里。土魯番底臺至布幹臺七十里。布幹臺至托克遜臺六十里。托克遜臺至喀喇沙爾所屬之蘇巴什臺九十里。

每臺俱設官兵、馬匹、車輛。

事宜

—— 同知衙門倉庫錢糧均歸領隊大臣盤查。

—— 滿營協領以下缺出，由領隊大臣撰選人員擬定正陪，咨報烏魯木齊都統考驗具奏，差屯二營千把、外委缺出，挑選合例人員咨送烏魯木齊都統驗放。

—— 每年八月內恭進。貢葡萄小膏一，次其羅卜淖爾水獺皮九張，一同自行差員齎京。

—— 查閱田苗情形，軍臺馬廠、卡倫、校閱滿、漢官兵技藝，回子部落屯工收穫糧石，回子糧納糧石，屯田官兵收穫細糧至十五分者，賞給鹽菜，俱係自行具奏。

—— 恩賞荷包鹿肉、錠藥、荔枝等物，咨報烏魯木齊都統聯銜謝恩。每年，萬壽元旦，賀表均有烏魯木齊會銜具奏。

—— 回子命、盜各案，均歸領隊大臣辦理，其商民命、盜事件，同知詳報鎮迪道辦理，仍報領隊大臣查考。

—— 滿營自佐領以上引見各員，領隊大臣給咨送部。

—— 回人戶口每年造冊，咨報理藩院、烏魯木齊都統。

—— 回子伯克缺出，由領隊大臣驗放。

哈　密

沿革

哈密在嘉峪關西一千五百里，古伊吾廬地。漢匈奴所據。（武帝開設河西四郡，曾遣將出兵於此，北伐匈奴，然未嘗有所建置。明帝時，遣將擊匈奴，姑置宜禾都尉，爲屯田兵鎮之所，尚未設郡縣。）晉置宜禾縣，屬敦煌郡。後魏置伊吾郡。隋大業四年，築新城，號新伊吾。（時遣薛世雄擊伊吾，伊吾請降，世雄於漢伊吾城東築城，號新伊吾。）唐貞觀四年，改名西伊州。六年，去西字止稱伊州，置都督府。（領縣三，曰伊吾，曰納職，曰柔遠。）廣德後，陷吐蕃。五代時，號胡廬磧。（高居晦使于闐，記沙州西曰仲雲，小月氏之遺種，其牙帳居胡廬磧，即漢伊吾廬地。）元封族子忽納舍利爲威武王，居其地。（後卒，封其弟安克特穆爾爲王。）

明永樂四年，改封忠順王，賜金印，始建哈密衞。（凡西域諸夷人入貢者，皆取道於此。）成化九年，忠順王博羅特穆爾，吐魯番酋帥殺之。（吐魯番蘇坦阿里調其夷眾，掠赤金蒙古，忠順王爲吐魯番哲林所殺，王母努溫達利守固不從，阿里掠王母、金印以歸。）忠順王遂絕封。成化二十年，罕慎襲封，入哈密。（甘肅守臣奏，王母外孫、哈密都督罕慎，現避居苦峪，因以之襲封。）弘治元年，立安定王族孫爲忠順王。（吐魯番阿里死，其子阿合瑪又誘罕慎殺之，遣使入貢，求立爲忠順王，領西域職貢。兵部尚書馬文昇不可，乃立陝巴爲王。安定王者，名伊般丹，與前忠順王脫脫同族，故立之。又令其頭目阿克伯喇阿穆郎輔之至哈密。）土魯番復虜陝巴金印，自

稱可汗，大掠西去，令頭目雅蘭據哈密。八年，獻還陝巴，復舊封，修哈密城。（時巡撫許進、總兵劉寧襲哈密，雅蘭遁去，阿合瑪獻還陝巴。十一年，王越總制三邊，兼理哈密，仍復陝巴舊封。）十七年，陝巴挈家出走苦峪，尋還國。（陝巴嗜酒，拜克失眾心，部下阿布拉咸怨之，遂陰構阿合瑪，迎其幼子直特穆爾主哈密。陝巴出走苦峪，時肅州百戶董傑與哈密酋帥阿克伯喇抵哈密，誅阿布拉，送陝巴還國，逐直特穆爾，還其地。）正德元年，陝巴死，子拜牙郎襲封。八年，走，入吐魯番。滿蘇爾據哈密，尋以金印獻於總制。（拜牙郎以貪殘致怨，走入吐魯番，滿蘇爾遣人據哈密要重賞。時總制彭澤量犒金帛，始以金印來獻，既而又索取無厭。）十一年，滿蘇爾入寇肅州，大掠而還。（滿蘇爾重兵脅沙州衛，擁眾入寇至鬼兒壩，游擊芮寧禦之戰沒，賊薄肅州城，兵馬副使陳九疇固守，絕其內應，賊知事洩，慮援兵至，乃遁去。）嘉靖三十年，閉嘉峪關，絕西域貢。滿蘇爾復入寇甘州。（時，甘州闔郡震懼，甘肅巡撫陳九疇力禦之，賊遁去。）七年，復許通貢。（起兵部尚書王瓊〔註1〕經略，不過送還羈使、許其通貢，用以少彌侵，軼其於完守哈密之遠略置而弗論。）自是哈密郡督乩吉孛，徙其部居肅州。（拾遺補錄哈密夷人，明季徙居肅州衛東關廂居住者三族：曰畏兀兒族，其人與漢俗微同；曰哈喇布族，其人與夷同一；曰白面回回，則回族也。今皆男耕女織，同為編氓矣。士、商、營伍咸有其人。）其金印自獻還後，即貯甘州庫，哈密不復立王，其首領竟係吐魯番回人，非復原裔矣。（蒙古特穆爾罕之後，明季避居他處。國朝康熙間，哈密投誠內附，得特穆爾汗後嗣兄弟二人，長莽蘇賴，生子阿不都拉，無嗣；次哈錫木，襲頭等臺吉，故其子阿布爾襲二等臺吉，現在京城。）

國朝康熙間，其回長投誠內附，累世襲封。有總領達爾罕伯克，授為扎薩克。達爾罕伯克者，回子頭目也，名厄碑都拉，為哈密大伯克。初服於準噶爾部落，準酋遣之駐哈密，有馬數十匹，從者數十人。其後牲畜漸蕃、人戶益盛。傳子科帕伯克，歸附我朝，遂自成部落，阻絕策妄喇布坦市易孔道，遂啟邊釁。（其子額敏，生子二人，長子玉素卜，襲郡王銜貝勒。次子阿不都

〔註1〕 王瓊（公元 1459～1532），明朝軍事人物，歷事成化、弘治、正德和嘉靖四個皇帝，由工部主事六品之官，直做到戶部、兵部和吏部尚書一品大員。王瓊一生做了三件被人稱讚的大事。一是治理漕河；二是，平定宸濠叛亂；三是，總制西北邊防。因此，歷史上稱他和于謙、張居正為明代三重臣。

拉，曾任烏什阿奇木，無嗣。玉素卜之子伊薩克，襲郡王銜貝勒。子額爾德錫爾，襲封現哈密回城。）再傳至額敏，幼生於肅州，及壯，始歸授爲扎薩克貝子，其小頭目編置佐領十四人。康熙五十四年，策妄喇布坦作逆，侵擾哈密，出師征討，爰於舊城之外建築新城，遣總協武臣駐守，屹爲重鎮。（康熙間，準噶爾恃強，與中國爭哈密之地，賊勢猖獗，逾哈密而東犯。大兵追剿準酋，乃棄巴里坤而逃。當時軍餉悉由哈密轉運。）

疆域

《西域聞見錄》云：哈密，古之回國，唐時最盛。自茲以西南皆迴紇部落。明季，有赤金之衛、沙州之衛、哈密之衛，重兵駐守。今故壘、烽臺處處可考。又《西陲紀略》云：哈密回城，爲準、回兩部分路之要區。今考哈密西南闢展、土魯番、喀喇沙爾、庫車、拜城、賽里木、阿克蘇、烏什、葉爾羌、和闐、喀什噶爾、英吉沙爾等大小各城，皆回部也。北通巴里坤、烏魯木齊、伊犁等處，皆昔之準部也。

哈密距京師七千一百八十里；距蘭州省城西北三千五百里；東至安西州交界紅土崖子，五百二十里；南至南湖三十里以外俱係戈壁；西至吐魯番交界沙坡五百一十里；北至宜禾縣交界柵門口一百七十里。

屬邑十三：曰蘇門哈爾輝，曰阿思塔納，曰托克齊，曰拉卜楚克，曰喀喇都伯，曰格子煙墩，曰星星峽，曰下莫艾，曰上莫艾，曰塔勒納沁，曰半池泉，曰柳樹泉，曰博囉特口。

山川

北天山。《西陲紀略》云，伊吾郡，今新疆哈密縣，北有天山，春夏積雪不消，一名雪山，匈奴謂之天山，過皆下馬羅拜焉。漢遣貳師將軍李廣利將二萬騎出酒泉，擊右賢王於天山，得虜萬騎而還，即此地也。《元和志》〔註2〕

〔註2〕《元和郡圖志》，李吉甫撰，是唐朝地理名著，爲我國現存最早又較完整的地方總志。寫成於唐寧宗元和八年（公元八二一年），因以當代年號爲稱，並非是元和時實際控制的疆域地志。原有圖和志共四十卷，又舊錄二卷，總四十二卷。它以貞觀十三年《公元六三九年》大簿規劃的十道爲綱領，配合當時的四十七鎮，每鎮一圖一志，分鎮記載府、州與屬縣的等級、戶、鄉的數目，四至八到的方里，開元、元和的貢賦，以及沿革、山川、鹽鐵、墾田、軍事設施、兵馬配備等項。

云，一名折羅漫山，出好米及金錢。《一統志》〔註3〕云，唐伊、西二州，皆有天山，蓋東、西二州千里之界也。今考哈密城北一百三十里雪山，即北天山，又名時羅漫山。苟不窮其山脈之所自來，皆臆說也。其山自葉爾羌西南蜿蜒而來，曰蔥嶺，至關勒玉山分脈。其東南一支繞和闐而東行，其西北一支西行繞喀什噶爾之西，又北行達布魯特境，東行繞烏什之北，又逕阿克蘇之北，又逕庫車、喀喇沙爾、土魯番之北，綿亙七八千里，而至哈密東北百餘里爲北天山，又百餘里截然而止，則在巴里坤之東，名鹽池山，伏入地中矣。此山爲新疆南路回疆、西路伊犁之分界。山陽爲哈密至葉爾羌南路，山陰則由巴里坤至伊犁北路。其山之最大者，又隨地而異名：在葉爾羌者，統名塔爾塔什達巴罕，直包喀什噶爾西、北兩面；在烏什者，名貢古魯克達巴罕；在阿克蘇者，名穆蘇爾達巴罕，蓋水山也，北通伊犁；在喀喇沙爾者，名博爾圖達巴罕；又有著勒土斯山場在庫車之東，在哈密者，名折羅漫山；又東名鹽池山，此山之南沙磧漫野，即希爾哈戈壁，所謂「千里瀚海」也。其山伏地千餘里，至甘肅嘉峪關外沙州，今敦煌縣境之南，突兀起頂，東行名祁連山，所謂南天山也。再東行至洞素達巴罕過脈，東北行至巴爾圖達巴罕，北分一支至甘州屬之八寶山，形如蓮花，中有礦苗，乃故西寧、涼州、甘州、肅州四郡之鎮山也。又自洞素達巴罕東行，至野馬川之東景陽嶺，一作金羊嶺，黑水發原處，自南而北，東分一支結涼州屬諸山，西分一支於察漢鄂博過脈，西行至祁連達巴罕，過脈向北，分一支結甘州屬諸山，其自景陽嶺，北行插一支結中山，又名大王山。祁連山再東行過松龍界，又環抱陝西寶雞口、武功、太白、盩厔（周至）以東，總名爲終南山。再東則又分支東行，爲楚境諸山也。終南山東北爲西嶽華山，自黃河底過脈北行爲太行、中條山也。此南、北天山之始末也。又蔥嶺東南一支繞和闐東南行者，復分爲二：南一支東南行，爲西藏諸番部之山，南達雲南諸山也；北一支東行，直達青海境之庫爾坤山、巴延喀喇達巴罕。北則爲大積石山，夏禹導河於此；南則爲十九番族諸山，直達打箭爐，爲四川境之諸山。再東南，則爲貴州境之諸山、湖南境之諸山也，其兩廣、江浙、閩中諸山另有記載。此蔥嶺南幹

〔註3〕記載全國輿地的總志，元朝始有此名稱。元有官修的《大元大一統志》，爲繼承唐《元和郡縣志》與宋《元豐九域志》等總括全國輿地的志書而作，已佚。明有官修的《大明一統志》，清有官修的《大清一統志》、《嘉慶重修一統志》。

諸山之始末也。程子曰：山本同而末異。信然。

拘密山。哈密西北。《元和志》云，伊州納職縣北一百里，又北六十里，直抵蒲類海。（按：他書誤以蒲類海爲蒲昌海，非是。蓋蒲昌海在闞展、吐魯番東南，即羅卜淖爾，與此無涉。漢貳師將軍李廣利，大破匈奴於蒲類海，上封海西侯，乃此地也。）

高梧谷。《十六國春秋》云，呂光自龜茲還，至宜禾，涼州刺史梁熙，謀閉境拒之。高昌太守楊翰白熙：以高梧谷口險阻之要，宜先守之，而奪其水；如以其遠不守，伊吾之關亦可拒也。光初聞翰謀，大懼。既而，聞熙不聽，乃進。（按：高梧谷，疑即上梧桐窩，地極險隘。）

柳穀水。《元和志》云，柔遠縣柳穀水，有東、西二，源出縣東北天山，南流五十里合流。

鹽池。《西陲紀略》云，唐志伊吾、納職兩縣俱有鹽池。水自生鹽，不待煎煮，漢夷俱仰給焉。

古蹟

南山口唐碑記

交河道行軍大總管、右驍衛將軍、上柱國派吳仁，領右軍十五萬，交河道行軍總管、左武衛將軍、上柱國曁械縣開國公牛進達，領兵十五萬。〔註4〕

昔匈奴不滅，竇將軍勒燕山之功；閩越未靖，馬伏波樹銅柱之績。然則振英風於絕域，申壯節於殊方，樹偉績於千秋，播芳猷於萬古者矣。

大唐德合二儀，道高五帝，握金鏡以朝萬國，調玉燭以馭兆民，濟濟衣冠，煌煌禮樂。車書順軌，扶桑之表俱同；治化所沾，蒙汜之鄉咸曁。苑天山而池瀚海，開北戶以靜幽都，莫不解辮髮於薰街，改左衽於夷邸。

高昌國者，漢屯田之舊壁，遺兵之所居。麴文泰即其酋豪也。因晉室多難，群雄競馳，中原乏主，邊境遂隔。間屆○○○○〔註5〕玉歷自○王威遠被，稽顙來廷，雖沭仁風，情懷首鼠。杜遠方之職貢，阻

〔註4〕碑左側刻有兩行題名。
〔註5〕原文疑有脫字，用「○」標注，下同。

重譯之梯航；肆豺狼之心，起蜂蠆之毒。發徒聚眾，侵略無一。○○
○○聖上愍彼蒼生，申茲弔伐。乃詔使持節光祿大夫、吏部尚書、上
柱國陳國公侯君集，交河道行軍大總管、副總管左屯衛大將軍、上柱
國永安郡開國公薛萬均，副總管左屯衛將軍、上柱國道川縣開國男姜
行本等，爰整三軍，張行天罰。但妖氛未殄，將軍逞七縱之威；百雉
作固，英奇申九攻之略。深謀間出，妙思縱橫。命將軍營造攻具，乃
統沙州刺史、上柱國望都縣開國侯劉德敏，右監門中郎將、上柱國淮
安縣開國公衡智錫，左屯衛中郎將、上柱國富陽縣開國伯屈昉，左武
侯中郎將李海岸，前開州刺史時德衡，右監門府長王進威等，並率驍
雄鼓行西進。以貞觀十四年五月十日，師次伊吾傍羅漫山，北登里○
所。未盈旬日，克成奇功。伐木則山林殫盡，叱吒在川谷蕩薄。衝梯
一整，百櫓冰消；機櫓一發，千石雲飛。墨翟之術無使，公輸之妙詎
比。大總管運籌帷幄，繼以中軍鐵騎亙原野，金鼓動天地，高旂蔽日
月，長劍倚空同。自秦漢出師以來，未有如斯之盛也。班定遠之通西
域，故迹罕存；鄭都護之滅車師，空聞前史。雄圖世著，彼獨何人？
乃勒石紀功，傳諸不朽。其詞曰：

　於赫大唐，受天明命。化齊得一，功無與並；荒服猶阻，夷居
不定；乃拜將軍，殄茲梟獍。（其一）。

　六奇○思，群雄呈力。陣開○○，營峻嶺；○○星光，旂明日色；
揚旌塞表，振威西極。（其二）。〔註6〕

　○○峻嶺，○○平原。塞雲暝結，胡風晝昏。○○○○高，○○○
○。○○○○，銘功鑽德。（其三）〔註7〕

　瓜州司法參軍、河州司馬

　大唐貞觀十四年歲次庚子閏六月丁卯朔廿五日辛卯立。

關帝廟碑記

　粵稽自古迄今，天地之所以覆載日月，之所以照臨華嶽，之所

〔註6〕六奇勤思，群雄逞力。陣開龍騰，營設虎踞，氣遮星光，旗明日色，揚旌塞
　　表，振威西極。
〔註7〕峨峨峻嶺，渺渺平原，塞雲暝結，胡風晝昏，經年凝冰，長紀落雪。高樹吟
　　猿，銘功贊德。

以鎮峙河海，之所以流行者何？莫非宇宙間之正氣凝貫於其中，發揚於其外，以垂之悠久而不朽哉。

帝君生漢末傾頹之際，當奸雄蠢起之時，獨與桓侯兄事照烈皇帝誓以共死，同扶漢室。此立心何其正也；事二嫂，避嫌秉燭，立侍天明，此持身何其正也；操拔下邳，使張遼說降，帝君表三約以明志，及斬顏良，於萬眾之中解圍報操，遂封賜辭奔，此去就何其正也；後鎮荊州，計攻樊城，誅龐德、降于禁，威震華夏，操議徙都以避，此討賊何其正也；詎意孫權助逆，呂、陸舞智，糜、傅降賊，以致麥城被困，千秋同恨，萬古流芳，此報國何其正也。自後漢至今，已有千四百餘歲矣，智愚胥服，俎豆千新。我聖朝屢降典禮，更極尊崇。

嗚呼！帝君至德至聖，實秉乾坤，正氣與天地之伏載、日月之照臨、華嶽之鎮峙、河海之流行，並垂於不朽也。

格於丁未冬，奉檄來茲撫理彝情以來，見夫回彝效順、商賈駢臻、烽煙永靖、士馬咸寧，熙皞之風無殊華夏。仰見聖天子之文德、武功，覃敷異域，然冥冥中猶賴帝君默祐耳。

己酉二月春祀之辰，同事僚屬及兵民等僉議，因舊建廟宇措貲修葺，更塑聖像，以隆瞻仰，群丐為文以誌之。

格謹齋沐而為之記云。

大清雍正七年歲次乙酉仲秋。仝立。

關帝廟碑記

余於己巳奉命防守斯土，敬謁關聖帝君廟。瞻禮之下，見其殿宇輝煌，煥然大觀，因致之碑載。蓋昔年築城之始，即建有是廟。然事屬初創，未備也。後經駐防官兵及在哈客民，續為增修，猶未大美也。迨至戊辰歲，有會首張三多、周玉隆、田崇原、喬殿元、陳祐、楊福旺、吳昌、尹尚君、張奇綱、褚萬、叢茂林、原中樞、薛喜祥、韓成、殷運魁、蔡成玉、張際雲、蘇成、張大，念神威之福祐夙昔虔募已蓄有多金，思為重建。但工程浩大，未敢擅舉，因求之統領總鎮王公諱能愛，遂以樂成善舉，動工重修。凡在官兵、

商民靡不捐資恐後。二載之間俱已告竣，比舊制度規模數倍。其功大然，聖德之在天壤，炳若日星，護國、庇民，歷代昭著，而顯功默祐，在我朝尤赫濯，故凡有血氣，莫不尊親。今茲巍煥其觀，固聖靈之感被也，實藉董其事者，善念之所致歟！余武不能，文謹略述其始末，勒文於石。惟異春秋。蒸嘗彌報。神庥邊徼奠安，永垂不朽云耳。是爲記。

欽命統領駐防哈密官兵總兵官、加一級軍功記錄二次張世偉謹撰，並書。

欽命統領駐哈密官兵總兵官署都督僉事軍功記錄二次功德主王能愛。

大清乾隆十五年，歲次庚午菊月望三吉日立。

建安西道署記

安西道舊駐安西，轄安西同知、靖逆通判暨安西、沙州、柳溝、靖逆、赤金五衛。我皇上德威遠播，越伊吾而西，拓地二萬餘里，太和翔洽，民居日稠，不可無大員以資統率。乾隆二十四年七月，陝甘總督奏准安西道移駐哈密，添設安西府駐沙州，安西同知改駐巴里坤，靖逆通判改駐哈密，五衛改設敦煌、玉門、源泉三縣，其新疆之烏魯木齊設有同知、通判等官，亦俱統屬焉。

哈密，古伊吾地也。監司所轄自東徂西，迢遞三千餘里。哈密分東西之中，路當衝要。欽差辦事大臣，滿、漢官兵及各回部伯克人等，輪班入覲，絡繹於道。歷任移駐以來，尚未暇謀建官舍。鋆於乾隆二十九年七月，恭膺簡命，辱承茲乏，慮無以肅觀瞻而崇體統，循例詳請建署制。制府中堂楊公爲請於朝，發帑金以營之。時駐哈密大人長白薩、亢兩公，往來指示，別駕志君相爲助理，遂於乾隆三十年三月興工，凡八閱月，至十月工竣。鋆不敏猥以經營創始，爰紀顛末，並誌歲時。至若撫茲民社，兢兢業業，所以仰承聖天子懷遠之德意，而無負斯堂者，方來賢哲，久陛於大猷，余實滋愧也已。

乾隆三十年，歲次乙酉孟冬，海虞錢鋆識並書。

重修打阪徑碑記

古帝王封略土宇，守在邊塞，故《周官職方》所載名山大川、五嶽九鎮，並著中土，於四夷無稽焉。

我朝統領萬國，聲教所至，過於禹迹，而雍州之域幾半天下。自玉門、陽關以外，循軌轍之迹，窮地維之形，所謂西不盡流沙，則有可記錄者。去嘉峪關數日程，臨大漠之野，沙石礧礫，極乎無垠，蓋古瀚海也。西去則岩嶺岞崿，綿衍荒外。而打阪徑介乎哈密、巴里坤之交，傳車郵符，旁午絡繹，爲往來孔道。雍正間，經始開鑿，久而崩崖塞竇，斷木連蹊，行旅路窮，輪蹄多阻。

乾隆二十年，今制府吳公達善、時撫甘肅，委員督兵修理，展拓盤徑八十餘層，建造橋梁七十餘所，開引水道，堅築遮堤。旬月之間，大工遂竣。又慮雪壅阻滯，留兵汛掃，往迴護送。時因農隙，異魯隱之城郎，用庇人行，同召公之種樹。於是輕齎重負，駝馬翩翩。夕駕毋慮乎侵星，朝馳寧憂夫犯雪。行歌坐詠，戴德歸仁。蓋自二十年以來，如一日矣。

丁亥之夏，某以監司獲附後車，重過此徑。仰具瞻之不遠，儼雄鎮之在茲。因念公洗滌幽遐，經綸夷阻。杜征南之作牧，當世樹碑；竇車騎之臨戎，生年刻石。自此，王公設險，風雲與徑路俱通；上將臨邊，井鬼映臺垣並耀。願垂永久，敬勒貞珸。

整飭安西等處地方、分巡兵備道，總理巴里坤、哈密糧餉事務，加一級、記錄三次，海虞錢鋆撰，並書。

直隸哈密通判長白志敬刊。

乾隆三十三年八月　日立。

建置

康熙五十四年，策妄喇卜坦作逆侵擾，哈密出師征討。雍正五年，於舊回城之北建築土城一座，周圍一里八分有奇，高二丈四尺六寸，厚九尺四寸，東西北三門城樓各一座。又於北門外添築圍牆一道，長一百七十六丈三尺，高一丈二尺，厚五尺，爲貯糧之所。嗣後建，蓋兵房，兵丁居住焉。城內建辦事大臣及文武官員衙署。四處恭建關帝廟、文昌宮，俱入祀典。又城內：火神廟一座，東關；財神廟一座，西關；無量廟一座，西郊；羅眞廟一座，

城北二里許；城隍廟一座，城西南三里許。舊回城一座，係郡王銜貝勒額爾德錫爾暨所屬回人居住。管轄五堡回民自種地畝，並無賦稅。其哈密城內外市肆環列商賈雲集，居然一大都會矣。

官制

辦事大臣一員。（部頒銀印，虎鈕）

協理大臣一員。

印房主事職銜一員。筆帖式一員。（在於古城、巴里坤二營輪派委筆帖式六名，內挑選遞補）

通判一員。（前隸烏魯木齊都統，嗣於乾隆四十九年改屬陝甘總督。）管理地方事務、庫貯經費銀兩、倉存屯糧供支、哈密辦事大臣官員廉俸、兵糧，及新疆各城往來官役並兵遣、鹽菜、口糧、衣履，運送餉鞘、綢緞、茶封、紙箚、農具、進貢玉箱，年班伯克人等。銀兩、車輛、腳價並春秋致祭等項照例報銷。

副將一員。都司一員。（一駐塔勒納沁城，專管屯田。）千總二員。

把總四員。（一駐蔡巴什湖屯田。）綠營兵七百名。（俱屬烏魯木齊提督管轄。）

屯田

塔勒納沁城東二百二十里，屯地六千五百三十畝，派兵一百七十名、遣犯一百三十名耕種。

蔡巴什湖城東十里、牛毛湖城東北一百二十里，二共屯地四千二百七十畝，派兵一百一十名、遣犯五十名耕種。（舊志東山塔勒納沁地方回民屯種田禾，歲收糧三肆千石，備貯軍餉。照吐魯番回民種田之例，每糧一石賞銀一兩。雍正七年，寧遠大將軍岳鍾琪屯兵巴里坤，哈密貝勒額敏派出五百名回民在彼屯田，轉給軍食。今派綠營兵屯種。）

軍臺

城東至黃蘆岡（七十里），軍臺（馬十七匹），營塘（馬六匹）

黃蘆岡至長流水（七十里），軍臺（馬十九匹），營塘（馬六匹）

長流水至煙墩。（六十五里），軍臺（馬十九匹），營塘（馬六匹）

煙墩至苦水（一百四十里），軍臺（馬十九匹），營塘（馬六匹）

紅山子腰站（馬五匹，騾二頭）

苦水至沙泉子（七十里），軍臺（馬十九匹），營塘（馬六匹）

沙泉子至星星峽（八十里），軍臺（馬十九匹），營塘（馬六匹）

星星峽至安西州交界紅土崖子（三十里）

城西至頭堡（六十里），軍臺（馬二十匹）

頭堡至三堡（六十里），軍臺（馬二十匹）

三堡至鴨子泉（七十里），軍臺（馬二十匹）。鴨子泉屋壁有墨揚詩一幅。乾隆壬戌，原任巡撫常鈞，官敦煌觀察時作也。其詩曰：曾奏南薰解舜顏，敦煌祠廟白雲間。靈旂影裏銅烏靜，社鼓聲中鐵馬閒。萬里平沙開瀚海，一屏晴雪映天山。高城月落飛羌笛，又見春光度玉關。

鴨子泉至瞭墩（八十里），軍臺（馬二十匹）。自此北行不必走巴里坤大路，《西陲紀略》云：自哈蘇門哈爾輝七十里，路平易走，田間有放水池塘，至喀喇托博克地方路平；又百四十里，水草俱無，係碎石子，至尼爾輝地方有水可飲；又百四十里水草俱無，戈壁石磧。今以道里計之，當在瞭墩迤西。又云：自齊奇爾往額錫莫克約百里，亦係戈壁。又一百五十里往紅地方係戈壁。自尼爾琿至紅地方，水需馱載，今已改設軍臺。由北路行走有小山梁。

瞭墩西北至橙槽溝（八十里），軍臺（馬二十匹）。

橙槽溝至梧桐窩（九十里，其間肋巴泉四十里；陶賴泉六十里；上梧桐窩一百四十里；鹽池一百二十里；齊克騰木一百二十里。以上四站軍臺，越山梁，崎嶇難行、避風、戈壁。）

下梧桐窩（一百二十里，自瞭墩至此無風）

三間房（九十里，風、戈壁）

十三間房（一百四十里，風、戈壁）

齊克騰木（自下梧桐窩至此，三百餘里）

蘇魯圖（五十里）

闢展（四十里。此兩站有水草，無風。舊《程途紀略》云：自紅地方住闢展，又名皮禪，一名皮山。皮禪城住回民四五百戶，俱種田。）

陸布沁（一百二十里）

喀喇和卓（五十里）

吐魯番（七十里。按今路程自哈密至吐魯番，計程一千二百三十里。）

卡倫

三間房

（城北）南山口（一百二十里，塘〔註8〕馬六匹）

達般頂（三十里，塘馬六匹）

宜禾縣交界（三十里，塘馬六匹）

柵門子（二十里，塘馬六匹）

（城東）廟兒溝（一百三十里）

〔註8〕驛站關卡。

居京師之回爵列傳

霍集斯列傳（居京師之回爵）

　　霍集斯，烏什人，父阿濟斯和卓，爲吐魯番頭目。準噶爾脅徙喀喇沙爾，後復自喀喇沙爾徙烏什，因名烏什曰圖爾璊。圖爾璊與吐魯番音近，其屬邑多以吐魯番邑名之。阿濟斯和卓死，葬阿克蘇。霍集斯嗣居烏什，號圖爾璊阿音木伯克。其兄曰阿卜都伯克，弟曰阿卜都里木，居阿克蘇。

　　乾隆二十年，大軍征準噶爾，抵伊犁。達瓦齊由格登竄踰庫魯克嶺。定北將軍班第遣使分道索霍集斯，設哨諸嶺隘，偵達瓦齊將赴喀什噶爾，伏兵待，遣弟攜酒及馬絼迎達瓦齊，至伏發，從者七十餘悉就擒。馳遣使告，以兵二百監之，行過大軍，往取者於穆蘇爾嶺以獻，將自伊犁入覲。

　　阿卜都伯克告葉爾羌、喀什噶爾將偕包沁希卜察克眾，襲庫車、阿克蘇、賽里木、多倫諸回城，請遣舊和卓子歸。舊和卓曰阿哈瑪特，爲派罕帕爾裔，世居葉爾羌、喀什噶爾，轄回族。準噶爾誘執之，禁諸阿巴噶斯，齎恨死。子二，長布拉呢敦，次霍吉占，仍羈阿巴噶斯，大軍至乃釋之。將軍班第遵上遣霍集斯偕布拉呢敦歸，撫葉爾羌諸城。而霍集斯私謁副將軍阿睦爾撒納，請俟葉爾羌、喀什噶爾就撫，以己爲回部長〔註1〕。班第密書劾之。

　　諭曰：此但因阿睦爾撒納爲將軍，且恐其總統準部耳，勿過慮，尋阿睦爾撒納叛。

〔註1〕霍集斯家族爲依附於準噶爾的維吾爾人望族。當清軍進入伊犁，達瓦齊政權崩潰時，機敏過人、善於應變的霍集斯及時擒拿達瓦齊解送清軍，欲借機實現總統天山南路各城的最終目的。乾隆帝在厚加賞賜的同時，已有所警覺，曾密諭將軍兆惠留心防範。

詔遣和碩特輔國公納噶察等，齎敕赴阿克蘇宣。

諭：霍集斯及阿卜都伯克等，曰爾原係吐魯番舊屬。今年春，大兵平定伊犁，達瓦齊逃往爾游牧，爾能擒獲及其眷屬解赴軍前，將軍大臣等奏報，朕已加恩賞賚。又定於明年入覲，再沛殊恩。今逆賊阿瞞爾撒納妄思併吞諸部，畏罪潛逃。朕已命將窮追。爾雖不必派兵協剿，但須預飭游牧、伺察防守，若阿睦爾撒納逃竄至爾游牧時，擒獲解送，朕必重加爵賞。二十一年，布拉呢敦弟霍集占自伊犁集兵，敗阿睦爾撒納。

詔納噶察勿赴阿克蘇。布拉呢敦、霍集占尋據葉爾羌、喀什噶爾叛，自稱大小和卓。

二十三年春，大兵往討。詔靖逆將軍雅爾哈善偵，霍集斯若仍居圖爾璊，傳示之曰，爾等從前將達瓦齊擒獻，係有功之人。皇上即施恩賞賚。尚欲陸續加恩，因辦理厄魯特等無暇。今厄魯特俱已平定，領兵前來專為問兩和卓罪，與爾等無涉，爾等惟誠心孝順，自必永承恩澤。雅爾哈善奏：霍集斯仍居圖爾璊，上以大兵抵其城，霍集斯必歸誠。

諭之，先是布拉呢敦自伊犁歸，善霍集斯及阿卜都伯克，倚任之。霍集占萌逆謀，懼霍集斯族強，或圖己，折其昆弟子侄居各城。以霍集斯為和闐伯克，其長子漠咱帕爾為烏什伯克，以阿卜都伯克為葉爾羌伯克，其子阿布薩塔爾為阿克蘇伯克，行兵則攜以從。霍集斯畏威強，附之。至是，大軍圍庫車，霍集占往授入其城，令霍集斯等駐阿克蘇以待。不數旬，棄庫車走阿克蘇，將徙眾赴烏什。阿克蘇閉城拒，乃令霍集斯及阿布薩塔爾等，脅城外數百戶走烏什。霍集斯陰約烏什諸頭目，欲延霍集占入飲，縛之。霍集占疑詐，霍集斯請自召烏什眾徙喀什噶爾，甫入城，以兵拒，霍集占懼逃。〔註 2〕大軍克庫車。定邊將軍兆惠代雅爾哈善抵阿克蘇，偵霍集斯及子漠咱帕爾居烏什，馳檄招降。軍繼進抵哲爾格哲克德。霍集斯遣次子呼岱巴爾氏獻降書。翌日，抵烏什，霍集斯迎謁，納戶籍五千、口二萬餘。兆惠慰諭之，詰進兵道。霍集斯曰：烏什赴喀什噶爾徑險，且霍集占必由葉爾羌遁溫都斯坦、喀喇土伯特、巴達克山諸部；即竄喀什噶爾，而布魯特、安集延與之仇，必不敢經其地，大軍往取葉爾羌擒之易。兆惠偕諸將定議赴葉爾羌，霍集斯請從軍，以子漠咱帕爾入覲，遣從弟

〔註 2〕擒獻霍集占雖未成功，但霍集斯成功地擺脫了監控，再次顯示出他非凡的應變膽略。

額敏都、霍什提不齎檄赴葉爾羌，招降其兄阿卜都伯克。〔註3〕

詔封公品級，賜雙眼孔雀翎、紅寶石頂、袞服、配飾諸物。諭曰：霍集斯有擒獻達瓦齊之功，今又歸誠畫策，深為嘉悅。若能擒獲霍集占，必晉加爵賞。至從賊人內有霍集斯之兄侄，此時若自投來歸，應加恩賞；即或後時降附，亦為寬貸。而霍集占以霍集斯內附，禁阿卜都伯克及其戚族，揚稱霍集斯雖降，已為戮。

上聞之，諭曰：霍集占以伯克霍集斯被殺，飾詞惑眾，自應明白曉示，或令回眾目睹。至霍集斯上將阿卜都伯克等拘禁，可見霍集斯從前附降之心甚誠。著兆惠傳旨撫慰，仍加恩賞緞六端，軍營一切事宜向伊商辦，以收其用。

大軍抵葉爾羌，霍集斯告曰：賊建臺各城隅，望我軍至，輒施礮，邇臺及城皆坎地設伏，當謹備之。以故，我軍攻城，兵無少損。霍集斯復屬從卒擊賊。

諭曰：霍集斯甫經歸順，即率屬奮勉，殊可嘉尚。著加恩，封固山貝子品級。復以其族阿里木摩羅和卓等擊賊被傷，獎賜翎頂。既而，逆賊抗大軍於喀喇烏蘇，霍集斯等固拒之，賊不敢逼我壘。詔晉封固山貝子加貝勒品級，賜四團龍服。

時參贊大臣舒赫德自阿克蘇以兵赴援，道遇降者托克托默特，詰為霍集斯弟阿卜都里木屬，告霍集占乞和軍門，兆惠等不之允。

諭嘉之，以霍集斯與軍謀，詔並賜御用配飾。有薩拉阿琿者，居葉爾羌，其弟穆遜阿琿，居烏什。霍集占遣賊黨阿不都克勒木由阿克蘇達書穆遜阿琿，為我軍擒，呼岱巴爾氏禁穆遜阿琿戚屬，告烏什眾勿驚懼。

諭曰：呼岱巴爾氏之父霍集斯效力軍營，伊復通曉事體，深用嘉悅，著加恩授為內大臣，賞戴孔雀翎。會漠咱帕爾至，召觀於乾清宮，賜公品級，賫冠服。

二十四年，詔預朝正宴，賜觀上元燈。賫漠咱帕爾及從至伯克，墨特、鄂對、色里木、達爾漢伯克、額穆魯勒等銀幣有差，遣歸烏什。

復以霍集斯妻偕子呼岱巴爾氏輸馬四十，助援喀喇烏蘇軍。諭嘉之。

大軍破喀喇烏蘇圍，還阿克蘇。霍集斯請赴烏什集馬。

〔註3〕 自烏什進軍葉爾羌，須穿越1500餘里之戈壁沙漠，而將軍兆惠只選帶官兵4000餘，力有所不及。霍集斯建功心切，請求隨征，並遣從弟額敏都、霍什提卜齎檄赴葉爾羌。

　　詔酌賚兆惠遵旨詢，由烏什進兵喀什噶爾道。告曰：烏什距喀什噶爾近，然道多石，且乏水泉，不若由阿克蘇。時賊急圍和闐城，副都統巴圖濟爾噶勒、定邊右副將軍富德後先以兵援，霍集斯自烏什馳會之，和闐圍解。

　　上以霍集斯舊轄其地，詔授總管和闐六城阿奇木伯克。

　　富德復遵旨詢，由和闐進兵葉爾羌道。霍集斯告曰：伊里齊、達呼爾璊取水艱甚；丕雅勒瑪至固璊雖有水草，而塞爾勒克、楚魯克通阿里克諸站，多沙磧，馬行易疲，且距溫都斯坦道遠，賊趁間竄，不及禦。請由丕雅勒瑪迤南行，水草足且便休馬。富德議如言。霍集斯請以和闐六城伯克，阿什默特、色喇特等從遣，赴喀什噶爾招降。布拉呢敦懼事不效或累己。富德以聞。

　　諭曰，霍集斯感激朕恩招降，以離賊黨，深可嘉悅，著加恩賞給緞疋，至伊輸誠效策果如所算，自必加恩。萬一布拉呢敦執迷不悟，於霍集斯何與？

　　時額敏都、霍什提卜等，私以霍集斯招降阿卜都伯克故，告霍集占，霍集占戕阿卜都伯克、阿卜都里木等，且知大軍將至，偕布拉呢敦棄城竄。霍集斯從富德軍，由葉爾羌尾擊之，敗諸阿爾楚爾。賊遁伊西洱庫爾，官軍分隊擊。霍集斯偕阿克蘇伯克鄂對等執纛（dao）呼曰：降者生，否則必死。其屬阿里木立纛前，中賊銃死，霍集斯呼愈壯。回眾聞聲趨至，乞降者萬餘〔註4〕。霍集占等以兵阻，不得，遁巴達克山〔註5〕。

　　諭曰，伯克霍集斯之兄弟諸子多爲霍集占戕害，深可憫惻。伊此次亦屬奮勉，著加恩晉封多羅貝勒，賜恤阿里木及從霍集斯弁兵等銀幣。

　　時巴達克山伯克素勒坦沙，不即以布拉呢敦等獻，其鄰部曰博羅爾，居巴達克山東；曰幹罕，居巴達克山北。霍集斯遣托霍斯邁伯克、伊斯邁拉和卓招降博羅爾，復自以哨探兵，偕副都統伊柱屯幹罕。博羅爾伯克沙瑚沙默特、幹罕伯克密爾莽蘇爾，遣使告曰：巴達克山若不獻逆，當助討。巴達克山悔罪，戮逆獻。霍集斯乃自幹罕還軍。

　　諭曰：霍集斯自進兵以來，竭盡所知，諸務奮勉，協同將軍大臣等克蕆大事，甚屬可嘉，自當錫予優渥。著加恩賞，給郡王品級。

　　先是，軍所劾霍集斯議烏什賦，謂舊例計畝徵什一，別無他貢額；憾阿

〔註4〕此戰共計招降、俘獲12000餘人、軍器2000餘件、駝騾牛羊萬餘，大小和卓僅攜四五百人，竄逃巴達克山。參見《清高宗實錄》卷595，乾隆二十四年八月庚子條。

〔註5〕今阿富汗東北部。

克蘇伯克鄂對，議事輒不協；善阿什默特，乞司和闐六城伯克務；葉爾羌諸城頭目私饋，受不辭；知吐魯番扎薩克額敏和卓封郡王爵，故以伯克稱之。〔註6〕

　　疏至，諭兆惠富德等曰：霍集斯或不過恃功率意，即暫示包容；如情形叵測，亦不得姑息從事。

　　霍集斯自巴達克山還，請從凱師入朝，約兆惠等，待阿克蘇赴烏什，俶裝〔註7〕如期會，以第三子托克托索丕從。時伯克等四十人，兆惠令霍集斯偕哈密扎薩克貝勒玉素卜領之。舒赫德等遵旨將遣霍集斯孥赴京〔註8〕。

　　諭曰：前霍集斯葉爾羌被圍時，殊為勞苦；往巴達克山亦頗效力。但仍令其居於舊地，究屬未便。俟伊到京時，再酌量從優安置。伊子漠咱帕爾啓程，亦不必照厄魯特宰桑之例，仍與前次入覲一體辦理。舒赫德等當善為慰遣。至伊等啓程後，所查霍集斯家口不妨明白曉示，以霍集斯蒙恩旨留京，來取家屬團聚，務宜供給饒裕，加意照看。蓋伊非獲罪之人籍沒家產者可比，所有積蓄俱一同辦送。仍約束兵丁回人，毋許妄行偷竊。其田園、房屋，亦應變價給賞，以資生計。

　　二十五年，以烏什諸伯克訐霍集斯父子虐眾。

　　諭曰，烏什回人等訐告霍集斯父子苦虐部眾，經辦事大臣等具奏。朕以霍集斯抒誠效力，所有過失皆從前陋習，若遽行治罪心有不忍。但仍令其管轄所屬，則上下猜忌，不能相安無事。即如準噶爾人等，亦因聚斂成讎，上既淩虐，下亦憤恨，互相侵噬以底滅亡，可為明鑒。因將霍集斯父子優其廩祿，安置京師，而各城頭目亦自知所懲創，悛改舊習。恐愚頑無識之徒，因此遂長刁風，摭拾已往之事公行詰告，或伊什韓等圖得阿奇木之缺，或所屬人等妄生事端，挾制總管大幹法紀，嗣後有似此者，非但不行辦理，仍究明情節，重治其罪，斷不寬宥。爾等知此，惟期上下相安，勤於生業，勉為良善，永享昇平。

　　霍集斯至，召覲於正大光明殿。賚章服行飲，至禮於豐澤園，賜銀幣。

〔註6〕烏什為霍集斯舊居地，所置田產當不少，稱「別無他貢額」，或有隱瞞等事；於議公事時挾有私怨，自難秉公處事；為所善之人謀求重要職務，接受新附各城頭目饋贈，皆為朝廷不能允許之事；而明知額敏和卓晉爵郡王，故意稱之為伯克，則明顯是對自己所得封爵的不滿。

〔註7〕整理行裝。

〔註8〕鑒於阿睦爾撒納入覲途中叛逃的教訓，乾隆帝特別叮囑舒赫德安排為之。

伯克等將歸，詔宣示烏什訐霍集斯狀。霍集斯奏，烏什怨臣甚，臣蒙恩釋罪，請留居京師。慰允之。諭曰：霍集斯懇請留京，意殊誠切，著照所請，厚為資給，安置京師。但其先世墳墓遠隔故鄉，著加恩將伊幼子托克托索丕遣回阿克蘇，以供祭掃。其烏什所有田產即行變價，在阿克蘇置業賞給托克托索丕承管。著舒赫德等遵照辦理，仍傳諭該處回眾俾咸知朕意。

詔圖形〔註9〕，紫光閣御製贊曰：奉元戎檄，擒達瓦齊，後稍觀望，旋迎我師。同大軍進，被圍黑水。回部望族，居之京邸。時輔國公和什克額色伊，一等臺吉瑪木特、圖爾都、哈什木，二等臺吉阿卜都爾璊，三等臺吉帕爾薩等先後入覲。

詔留京師統隸蒙古正白旗，視應得俸銀給祿米資贍。霍集斯疏列和闐戶產及吐魯番舊屬。詔給托克托索丕。

會漢咱帕爾行次沙泉子疾。詔醫視，俟痊，乃就道。覆命霍集斯寄之書，令善自晶疾痊，偕呼岱巴爾氏至。詔與其父聚處。尋額敏都、霍什提卜逮至。上以霍集斯戚族，詔免死，給廣東、福建駐防兵。

秋，霍集斯偕輔國公和什克，扈蹕木蘭行圍。蒙古扎薩克等進宴，陳詐馬〔註10〕、什榜〔註11〕、教駣〔註12〕諸戲，詔霍集斯列觀。旋蹕避暑山莊，命觀燈火，預萬樹園宴。

冬，詔預朝正外藩、蒙古回部王公、伯克等宴，嗣扈蹕〔註13〕侍，禁預內王公大臣班。

三十年，烏什逆回賚哈木圖拉尋糾眾叛。霍集斯遵旨，列戚祖居烏什者以聞。詔錄示伊犁將軍明瑞，俟克烏什，察霍集斯族被脅者勿羍戮。

四十六年，卒。子四，長漢咱帕爾，封公品級，後以罪削，授一等侍衛；次呼岱巴爾氏，授內大臣；次托克托索丕，居阿克蘇；次哈第爾，襲父爵。

〔註 9〕是年，西征諸役功臣圖形紫光閣，霍集斯列於前 50 功臣中。
〔註10〕常指幼童賽馬，表演高超的騎術。清代皇帝及文武百官與蒙古諸部飲宴時，常舉行詐馬、什榜、相撲和教駣等戲，合稱「塞宴四事」。
〔註11〕奏蒙古樂。
〔註12〕套馬和馴馬。于敏中在書乾隆帝關於「教駣」記載：「每歲驅生馬至宴所，散逸原野，王公子弟雄傑者，執長竿馳繫之……馭者騰躍而上，控馽自如，須臾調良，率得名馬。」
〔註13〕隨侍皇帝出行至某處。蹕，指帝王的車駕或行幸之處。〔唐〕韋嗣立《上巳日祓禊渭濱應制》詩：「乘春祓禊逐風光，扈蹕陪鑾渭渚傍。」

一次襲。

哈第爾，霍集斯第四子，乾隆四十六年，襲郡王品級多羅貝勒。四十八年，理藩院議哈第爾隸內蒙古旗，與外藩扎薩克不同，請視內旗例，俟出缺時，遞降至公爵，乃世襲罔替。詔如議。

五十二年二月，奉旨，霍集斯曾經效力，復擒達瓦齊有功，著施恩世襲郡王品級。

和什克列傳（居京師之回爵）

和什克，和闐人，初爲喀什噶爾阿奇木伯克，隸準噶爾。大軍既定準噶爾，遣布拉呢敦自伊犁歸，和什克偕諸伯克不納。聞我軍至，乃迎入。布拉呢敦尋偕弟霍集占謀逆。和什克避走布嚕特，依阿特巴什鄂拓克，長明伊勒哈。

乾隆二十三年，霍集占抗大軍於喀喇烏蘇，侍衛布占泰徵兵布嚕特，抵明伊勒哈，牧示軍檄，辭不即應。

二十四年，大軍破喀喇烏蘇圍，布占泰復赴布嚕特，和什克乃偕明伊勒哈至阿克蘇，謁定邊將軍兆惠，請降。兆惠詰進兵道，和什克曰：霍集占昆弟善霍罕額爾德尼伯克，大軍迫，將竄往喀什噶爾西岐道三，請先據之。兆惠因檄霍罕勿助逆。時定邊右副將軍富德屯和闐，兆惠議分道進兵，一由阿克蘇攻喀什噶爾，一由和闐攻葉爾羌。和什克復繪圖告曰：喀什噶爾西由鄂坡勒達霍罕、敏珠爾嶺，由玉斯圖、阿喇圖什達安集延、額德格訥諸部，請示檄防賊竄。兆惠悉如言。進兵喀什噶爾以和什克導，霍集占等棄城竄，葉爾羌、喀什噶爾定。兆惠請以和什克署葉爾羌阿奇木伯克，其叔父素賚璊舊爲葉爾羌商伯克，請仍職，允之。

二十五年，和什克入覲。詔留京師，封輔國公，賜雙眼孔雀翎。和什克疏列和闐哈喇哈什、葉爾羌古沙則里諸邑屬產。詔易値留和闐贍其戚屬。

四十六年，卒。子伊巴喇伊木襲。

一次襲。伊巴喇伊木，和什克長子。乾隆四十六年，襲輔國公。四十八年，詔俟出缺後視有績令子如爵，無績依次降襲三等臺吉。五十三年，詔世襲輔國公，罔替。

額色尹列傳（居京師之回爵，定世襲三等臺吉）

額色尹，葉爾羌人，號額爾克和卓，其始祖曰派罕帕爾，世爲回部長，居葉爾羌領其族，族統稱和卓，猶蒙古族統稱臺吉也。

準噶爾強，策妄阿喇布垣侵葉爾羌，黜和卓阿哈瑪特，掠其族置吐魯番。尋以吐魯番內附，復脅徙伊犁。大軍定準噶爾，額色尹乞降。阿哈瑪特子霍集占復乘阿睦爾撒納亂，脅族自伊犁歸葉爾羌。額色尹不從，避徙布嚕特、霍罕〔註14〕、瑪爾噶郎〔註15〕、安集延、納木幹〔註16〕、塔什干諸部。弟帕爾薩及兄子瑪木特、圖爾都從之。霍集占與布嚕特讎，以兵索之，不得。

乾隆二十三年，大軍討霍集占，抵葉爾羌。額色尹聞之，偕圖爾都及布嚕特之呼什齊、鄂拓克長納喇巴圖，以兵攻喀什噶爾，襲英吉沙爾諸邑。時霍集占抗大軍於喀喇烏蘇，哈密扎薩克貝子玉素卜遣侍衛布占泰征兵布嚕特，抵阿特巴什，其長曰明伊勒哈，以兵寡辭布占泰歸。諜霍集占兄布拉呢敦，自喀什噶爾援葉爾羌，聞布嚕特兵襲其邑，疑與我軍應，懼不敢逼喀喇烏蘇圍，則未知爲布嚕特何鄂拓克也。

二十四年，瑪木特自布嚕特赴阿克蘇，謁定邊將軍兆惠，以故告，且稱額色尹集兵納喇巴圖待我軍檄。兆惠傳旨獎給幣，令瑪木特達額色尹書。額色尹以兵至道，遇賊百餘，擊之，獲纛一，獻軍門，請內附。兆惠慰諭之。霍集占等既竄，有布嚕特兵攻喀什噶爾之布喇村，額色尹亟遣屬從侍衛成果檄止之，曰：「葉爾羌、喀什噶爾已定，若復進兵，是抗大軍也。」布嚕特兵乃還。

兆惠遣額色尹入覲。

上以其爲派罕帕爾裔，詔封輔國公。額色尹奏，世居葉爾羌，準噶爾掠赴吐魯番，再徙伊犁，以避霍集占亂奔布嚕特，幸爲天朝臣僕，安置惟命。

詔留京師，傳諭兆惠等曰：額色尹等係霍集占族，且居伊犁久，不便遣歸葉爾羌，仍將伊等家口送京。

四十八年，詔俟出缺後，子如爵，視有績再傳仍襲公爵，無績以次降襲三等臺吉。

〔註14〕即浩罕。
〔註15〕即今馬爾格蘭。
〔註16〕即今納曼幹。

五十五年，額色尹卒，賜銀二百兩治喪。諭曰：額色尹所遺公爵，並非由軍功所得，特恩晉封者，理應降等承襲。但念額色尹行走年久，著加恩令伊子喀沙和卓襲。一次襲。

喀沙和卓，額色尹子。乾隆五十五年，襲輔國公。五十六年，以勤奮奉職，詔加封鎮國公。

圖爾都列傳（居京師之回爵，定世襲三等臺吉）

圖爾都，葉爾羌人，輔國公額色尹從子。初徙居伊犁，以不附族酋霍集占叛，從額色尹走，匿布嚕特境，布嚕特稱曰和卓。

乾隆二十三年，聞大軍征霍集占抵葉爾羌，霍集占抗諸喀喇烏蘇，陰以布嚕特兵從額色尹攻喀什噶爾分賊勢。

二十四年，其兄禰木特謁大軍，告故。圖爾都尋自布嚕特至，請降。額色尹偕禰木特先入覲，圖爾都繼至。上以其為派罕帕爾裔，詔授扎薩克一等臺吉，留京師。

二十七年，追論攻喀什噶爾功，晉封輔國公。

四十四年，卒。從子託克託襲。一次襲。

託克託，圖爾都從子，乾隆四十四年，襲輔國公。四十八年，詔俟出缺後，視有績令子如爵，無績以次降襲三等臺吉。五十五年正月，託克託父喀沙和卓別襲輔國公。

諭曰，從前圖爾都所遺輔國公，本應降等承襲，朕特加恩令託克託仍襲原爵。乃伊自襲爵以來，甚屬疏懈。託克託係喀沙和卓之子，喀沙和卓既襲公爵，託克託著降為一等臺吉。二月，託克託卒，理藩院以其無嗣，奏請停襲。得旨如議。

禰木特列傳（居京師之回爵，定世襲二等臺吉）

禰木特，葉爾羌人，輔國公額色尹從子。初徙居伊犁，號鄂托蘭珠和卓，以不附族酋霍集占叛，偕弟圖爾都，從額色尹走匿布嚕特境。

乾隆二十三年，大軍征霍集占抵葉爾羌，霍集占抗諸喀喇烏蘇。額色尹、圖爾都以兵攻喀什噶爾，禰木特留布嚕特視戚屬。

二十四年，額色尹復自布嚕特集兵，遣禰木特赴阿克蘇，謁定邊將軍兆

惠告故，且稱以避霍集占走布嚕特，不獲早至。兆惠慰諭之，進兵喀什噶爾偕禡木特從令以書達額色尹。額色尹馳至，喀什噶爾諸城定。

兆惠遣禡木特入覲。上以其爲派罕帕爾裔，詔授扎薩克一等臺吉，留京師。復諭兆惠遣其子巴巴至與娶處。四十四年，卒。子巴巴降襲二等臺吉。一次襲。

巴巴，禡木特長子，初稱和卓。乾隆二十四年，兆惠遵上自軍所遣至，詔授四等臺吉。四十四年，襲二等臺吉。四十八年，詔俟出缺後，視有績令子如爵，無績以次降襲四等臺吉。五十三年，詔襲二等臺吉，罔替。

哈什木列傳（居京師之回爵，定世襲二等臺吉）

哈什木，吐魯番人，姓博爾濟吉特，爲元太祖裔。初，元太祖定西北諸部，分遣王駙馬等領之。次子察哈岱，居伊犁，兼轄吐魯番回眾。越十傳，至特木爾圖呼魯克，棄蒙古俗，習回教。子吉匝爾和卓布哈爾拜密爾，徙居吐魯番，不復有伊犁地。

本朝康熙二十五年，有阿布勒、穆咱帕爾、蘇勒檀、瑪哈瑪特‧額敏、巴圖爾、哈什汗者，自吐魯番貢，稱元裔。（見吐魯番回部總傳）

五十九年，大軍討準噶爾，由吐魯番進擊烏魯木齊。哈什木兄莽蘇爾迎獻駝馬。軍還，策妄阿喇布坦罪之，禁諸喀喇沙爾。

乾隆二十年，大軍定準噶爾，莽蘇爾聞之乞降。定北將軍班第奏請遣轄吐魯番舊屬，未定議而阿睦爾撒納叛，莽蘇爾等不獲歸吐魯番。

二十四年，葉爾羌諸回城定，乃獲莽蘇爾及哈什木。

二十五年，入覲。上以其爲元太祖裔，詔並授一等臺吉，留京師。

三十年，哈什木卒，子阿布勒降襲二等臺吉。莽蘇爾以無嗣停襲，故不立傳。一次襲。

阿布勒，哈什木長子。乾隆三十年，襲二等臺吉。四十八年，詔俟出缺後視有績令子如爵，無績以次降襲四等臺吉。五十三年，詔世襲二等臺吉，罔替。

阿卜都爾璊列傳（居京師之回爵，定世襲二等臺吉）

阿卜都爾璊，葉爾羌人，派罕帕爾裔。初，葉爾羌和卓曰阿哈瑪特，策妄阿喇布坦黜之。阿哈瑪特死，復禁其子布拉呢敦、霍集占。葉爾羌、喀什

噶爾眾別立長，號伊克和卓，即阿卜都爾璊祖也。

乾隆二十年，大軍定準噶爾，釋布拉呢敦歸葉爾羌，伊克和卓不即納，聞我軍至，乃迎入。已而，霍集占萌叛志，偕布拉呢敦分據葉爾羌、喀什噶爾城，戕伊克和卓，阿卜都爾璊避走布嚕特，霍集占捕禁之。二十四年，大軍定葉爾羌，獲阿卜都爾璊。

二十五年，入覲。上以其為舊和卓孫，詔授二等臺吉，留京師。三十七年，卒。子阿卜都呢咱爾，降襲三等臺吉。一次襲。

阿卜都呢咱爾，阿卜都爾璊長子。乾隆三十七年，襲三等臺吉。四十八年，詔俟出缺後，視有績令子如爵，無績降襲四等臺吉。五十三年，詔世襲三等臺吉，罔替。

帕爾薩列傳（居京師之回爵）

帕爾薩，葉爾羌人，輔國公額色尹弟，以不附族酋霍集占叛，從額色尹走匿布嚕特境，布嚕特稱曰和卓。

乾隆二十四年，大軍定霍集占亂，額色尹自布嚕特來降，帕爾薩不即至。定邊將軍兆惠遣侍衛達克塔納，招降霍罕、瑪爾噶朗、安集延、納木幹諸部，復齎軍檄索帕爾薩。帕爾薩，居瑪爾噶朗城，從我使至，請內附。

二十五年，入覲。上以其為派罕帕爾裔，詔授三等臺吉，留京師。四十八年，詔俟出缺後，視有績令子如爵，無績降襲四等臺吉。五十三年，詔世襲三等臺吉，罔替。五十五年，帕爾薩卒，子巴巴克和卓襲。一次襲。巴巴克和卓，帕爾薩子，乾隆五十五年，襲三等臺吉。

土爾扈特

土爾扈特傳

土爾扈特部，分牧而處，以新舊別。陳舊土爾扈特，爲烏訥恩蘇珠克圖盟，設扎薩克十；新土爾扈特，爲青色特啓勒圖盟，設扎薩克二。其始祖曰翁罕，八傳至珠勒箚鄂爾勒克，其子曰和鄂爾勒克，爲舊土爾扈特部祖。又衛衮察布察齊，其子曰額濟內泰什，爲新土爾扈特部祖。和鄂爾勒克六傳至渥巴錫，偕額濟內泰什五世孫舍稜等，自額濟爾河來歸。

初，土爾扈特部爲四衛拉特之一。衛拉特諸酋以伊犁爲會宗地，然各統所部不相屬。準噶爾稍強，有巴圖爾理臺吉者，游牧阿爾臺，侮諸衛拉特。和鄂爾勒克惡之，挈族走俄羅斯，屯牧額濟爾河。倚騰吉斯巨澤，所居地曰瑪努托海，北界俄羅斯，南界哈薩克，東界哈喇哈爾榜，西界圖里斯科。以鄰牧互市皮馬。

俄羅斯嘗與雪西洋〔註1〕戰，及與西費雅斯科〔註2〕戰，土爾扈特以兵助之。厥後稍就弱，俄羅斯因稱爲己屬。

土爾扈特習蒙古俗，務游牧，逐水草徙，分置諸鄂拓克，以臺吉宰桑等轄之，不類俄羅斯城郭處，而繪闐衣冠，與諸衛拉特復絕殊。

和鄂爾勒克，子六，長書庫爾岱青，次伊勒登諾顏，次羅卜藏諾顏，其他皆無嗣。

乾隆三十六年，汗渥巴錫挈全部歸順，舍稜從之，抵伊犁。將軍伊勒圖

〔註1〕瑞典。
〔註2〕土耳其。

以聞。

我高宗純皇帝察其內附誠，詔渥巴錫、舍稜等入覲。蓋自國初綏服蒙古以來，至是乃盡其族而臣之。

三十七年，賜諸扎薩克牧地，曰齊爾、曰和博克薩哩，以塔爾巴哈臺大臣轄之；曰濟爾哈朗，以庫爾喀喇烏蘇大臣轄之；曰晶河，以伊犁將軍兼轄之；曰布勒罕河，以喀喇沙爾大臣轄之，統聽伊犁將軍節制。分四路，曰南、北、東、西，南路扎薩克卓哩克圖汗一，扎薩克巴雅爾圖貝子一，扎薩克輔國公一，扎薩克一等臺吉一。

渥巴錫列傳

渥巴錫，土爾扈特人，阿玉奇曾孫，父名敦囉布喇什。

土爾扈特，自阿玉奇始稱汗，三傳至渥巴錫，號勿絕。乾隆三十六年，挈所部自額濟勒河至，請內附，昆弟子侄皆從之。渥巴錫獻七寶刀及金錯刀，稱其曾祖阿玉奇自洪豁爾得之。洪豁爾，界鄰俄羅斯，在哈薩克西北，自昔未通中國，故不隸職方，產精鐵及良馬。阿玉奇游牧額濟勒河，嘗往來洪豁爾，因得其刀，以為佩，令子孫世守之。渥巴錫獻，且告世為天朝臣僕，繼自今無甲兵患也。

詔仍稱汗蒞其眾。賜號卓哩克圖，授扎薩克。三十九年，卒。

諭曰：渥巴錫自歸誠以來，感激朕恩，諸事俱極恭順，辦理游牧事宜頗為盡心。邇聞患病，朕意不過偶疾，可冀速痊。今遽溘逝，深為軫惜。所有渥巴錫汗爵號，著令其長子策稜納木札勒承襲。欽此。

四十年，詔授盟長扎薩克。盟長印世襲，罔替。

五十七年，卒。子霍碩齊襲扎薩克卓哩克圖汗。

額默根烏巴什列傳

額默根烏巴什，渥巴錫從弟。祖巴圖，子二，長唐阿特，子一，即額默根烏巴什；次喀木齊克，子拜濟瑚。

乾隆三十六年，額默根烏巴什從渥巴錫來歸，詔封固山貝子，賜號巴雅爾圖，授扎薩克。尋卒，子恭坦襲。四十年，詔授副盟長，轄南路中翼旗務，扎薩克印世襲，罔替。

拜濟瑚列傳

拜濟瑚，渥巴錫從子。父喀木齊克，子一，拜濟瑚。

乾隆三十六年，從渥巴錫來歸，詔封輔國公，授扎薩克，轄南路右翼旗務，授扎薩克印，世襲，罔替。

和碩特傳

和碩特部舊爲四衛拉特之一，係出元太祖弟哈巴圖哈薩爾。有博貝密爾咱者，始稱汗，子哈尼諾顏洪果爾嗣之。有子六，牧青海、西套、伊犁諸境，詳青海厄魯特部傳。其弟〔註3〕三子昆都倫烏巴什，號都爾格齊諾顏，子十六。其三子多爾濟，四子額爾克岱青鄂克綽特布〔註4〕，今和碩特扎薩克皆其後也。

乾隆三十六年，從土爾扈特汗渥巴錫自俄羅斯來歸，詔封貝勒、貝子、臺吉爵，各有差。盟名曰：巴圖色特啓勒圖，設扎薩克四，餘悉如土爾扈特例。

雅蘭丕勒列傳

雅蘭丕勒和碩特人，姓博爾濟吉特。其曾祖名額爾克岱青鄂克綽特布。

乾隆三十六年，雅蘭丕勒從土爾扈特汗渥巴錫，自俄羅斯來歸。詔封固山貝子，號阿睦爾聆貴，授扎薩克。其從子孫等，授二等、四等臺吉，各有差，以扎薩克領之。

雅蘭丕勒請捐妻孥爲喇嘛，從章嘉呼圖克圖皈依釋典。子布顏楚克襲扎薩克貝子。

四十年，詔授副盟長，轄中路旗務，扎薩克印世襲，罔替。

御製土爾扈特全部歸順詩序

伊犁將軍伊勒圖等奏，土爾扈特汗渥巴錫及其臺吉策伯克多爾濟並舍稜等，率其眾三萬餘戶來歸。先期遣使至伊犁具書通款，自言爲阿玉奇汗正系，

〔註3〕《清史稿》作「第」。
〔註4〕十七世紀六十年代，第三代衛拉特盟主拜布嘎斯的二弟——昆都倫烏巴什的兩個兒子：三子多爾濟和四子額爾克岱青鄂克綽特布，也爲了不再捲入無休止的同室操戈，又率和碩特部落的大約3千戶、1.5萬人，尾隨著先行者們，遷到了額濟勒河——伏爾加河下游而彙入西遷之列。

向居俄羅斯地，久願爲大皇帝臣僕，而無機可乘，乃於去冬謀棄舊遊牧，挈屬內附。因自彼逸出，行程萬千有餘里，閱半年餘，始抵卡倫，乞准令入覲，以伸積忱。渥巴錫等亦先後來至伊犁，察其詞意懇切。郵函以聞。

先是，安泰偵知土爾扈特部內附信，即遣額駙色布騰巴勒珠爾往迎之，令諭其酋渥巴錫等至山莊朝謁。而舒赫德亦先所命，由烏什馳往蒞其事者，因令代伊勒圖爲將軍駐伊犁，安輯新附之眾，給以餼贍振其乏也，授之牧地資其生也，其汗臺吉宰桑至者將錫宴賚封爵秩，而其眾則量地分編以居，聯其情亦渙其勢也。

蓋土爾扈特自入俄羅斯，遠阻聲教，越今幾六七十年。乾隆丙子秋，其汗敦囉布喇什，雖曾使人入貢，第宴而遣之。茲乃不藉，招致全部內屬，誠有不期然而然者，且準噶爾自底定以來，築城安屯，無異中國郡縣。今土爾扈特復隸我藩屬，於是，四衛拉特之眾盡撫而有之，可謂盛矣。然余履泰持盈之念，彌以是爲兢兢序，而系之以詩紀實也。

詩曰：

> 土爾扈特部，昔汗阿玉奇。今來渥巴錫，明背俄羅斯。向化非招致，頒恩應博施。舍稜逃復返，彼亦合無詞。衛拉特相忌，攜孥往海濱。終馬懷故土，遂爾棄殊倫。弗受將爲盜，俾安皆我民。從今蒙古類，無一不王臣。

御製土爾扈特全部歸順記

始逆命而終來服謂之歸降，弗加征而自臣屬謂之歸順。若全之土爾扈特攜全部捨異域投誠向化，跋涉萬里而來，是歸順，非歸降也。

西域既定，興屯種於伊犁，薄賦稅於回部。若哈薩克、若布嚕特俾爲外圍而羈縻之，若安集延、若巴達克山益稱遠徼而概置之。知足不辱，知止不殆，朕意亦如是而已矣。豈其盡天所覆，至於海隅，必欲悉主悉臣，爲我僕屬哉？而茲土爾扈特之歸順，則實天與人歸，有不期然者，故不可以不記。

土爾扈特者，準噶爾四衛拉特之一，其詳已見於準噶爾之部紀略之文。溯厥始率，亦荒略弗可考。後因其汗阿玉奇與策旺不睦，竄歸俄羅斯，俄羅斯居之額濟勒之地。康熙年間，我皇祖聖祖仁皇帝，嘗欲悉其領要，令侍讀圖理琛等，假道俄羅斯以往。而俄羅斯故爲紆繞其程，凡行三年又數月，始

返命。今之汗渥巴錫者，即阿玉奇之曾孫也。以俄羅斯徵調師旅不息，近且徵其子入質。而俄羅斯又屬別教，非黃教，故與合族臺吉密謀，挈全部投中國與黃教之地以息焉。自去歲十一月啓行，由額濟勒、哈薩克繞巴勒喀什諾爾戈壁，於今歲六月杪，始至伊犁之沙拉伯勒界，凡八月，歷萬有餘里。

先是，朕聞有土爾扈特來歸之信，慮伊犁將軍伊勒圖一人，不能經理得宜。時舒赫德以參贊居烏什，辦回部事，因命就近前往。而畏事者，乃以新來中有舍稜其人，曾以計誘害我副都統唐喀祿，因以竄投俄羅斯者，恐其有詭計，議論沸起。古云：受降如受敵。朕亦不能不爲之少惑，而略爲備焉。然熟計舍稜一人，豈能聳動渥巴錫等全部？且俄羅斯亦大國也，彼既背棄而來，又擾我大國邊界，進退無據，彼將焉往？是則歸順之事十之九，詭計之伏十之一。且既而，果然，而舒赫德至伊犁，一切安汎，設偵、籌儲、密備之事，無不悉安。故新投之人一至如歸，且掄其應入覲者，由驛而來，朕即命隨圍觀獵，且於山莊燕賚，如杜爾伯特車淩之例焉。

夫此山莊，乃我皇祖聖祖仁皇帝所建，以柔遠人之地。而宴賚車淩等之後，遂平定西域。茲不數年間，又於無意中不因招致，而有土爾扈特全部歸順之事。自斯，凡屬蒙古之族，無不爲大清國之臣。

神御咫尺，有不以操先券，閱後愜志而愉快者乎？予小子所以仰答祖恩，益凜天寵，惴惴焉，孜孜焉，惟恐意或滿，而力或弛。念茲在茲，遑敢自詡爲誠所感與德所致哉？或又以爲不宜受俄羅斯叛臣，虞啓邊釁。蓋舍稜即我之叛臣歸俄羅斯者，何嘗不一再索取，而俄羅斯訖未與我也。今既來歸，即以此語折俄羅斯，彼亦將無辭以對。且數萬乏食之人，既至近界，驅之使去，彼不劫掠牧畜，將何以生？雖有堅壁清野之說，不知伊犁甫築新城，而諸色人皆賴耕牧爲活。是壁亦不易堅，而野亦不可清也。夫明知人以向化而來，而我以畏事而止，且反致寇，甚無謂也。其眾涉遠歷久，力甚疲矣。視其之死而惜費弗救，仁人君子所不忍爲，況體天御世之大君乎？發帑出蓄，力爲優恤，則已命司事之臣，茲不贅記，記事之緣起如右。

御製優恤土爾扈特部眾記

歸降歸順之不同既明，則歸順歸降之甲乙可定。蓋戰而勝人，不如不戰而勝人之爲盡美也。降而來歸，不如順而來歸之爲盡善也。然則歸順者，較

歸降者之宜優恤，不亦宜乎？

土爾扈特歸順源委，已見前記，茲記所以優恤之者。

方其渡額濟勒而來也，戶凡三萬三千有奇，其至伊犂者，僅以半計。夫以遠人向化，挈孥挈屬而來，其意其〔註5〕誠，而其阽危求息，狀亦甚慙。既撫而納之，苟弗爲之贍其生，猶弗納也；贍之而弗爲長久之計，猶弗贍也。故自聞其來，及其始至以迄於今，惟此七萬餘眾，凍餒尪瘠之形，時懸於目而惻於心。凡宵旰所究圖，郵函所咨訪，無暇無輟，乃得悉其大要。於是，爲之口給以食，人授之衣，分地安居，使就米穀，而資耕牧，則以屬之伊犂將軍舒赫德。出我牧群之孳息，驅往供饋，則以屬之張家口都統常青。發帑運茶，市羊及裘，則以屬之陝甘總督吳達善。而嘉峪關外，董視經理，則以屬之西安巡撫文綬。惟時諸臣以次馳牘入告，於伊犂塔爾巴哈臺之察哈爾厄魯特，凡市得馬、牛、羊九萬五千五百，其自達哩岡愛、商都達布遜牧群運往者，又十有四萬，而哈密、闢展所市之三萬不與焉。甘肅邊內外，暨回部諸城，購羊裘五萬一千餘襲，布六萬一千餘疋，棉五萬九千餘斤，氈廬四百餘具，而給庫貯氆棉衣什布幅不與焉。計費儲用帑銀二十萬兩。而賞岱〔註6〕路費宴次賚予不與焉。其臺吉等之人覲者，乘傳給餼而來，至則錫封爵，備恩禮。其往也，復慮其身之生，不宜內地氣候，則令由邊外各臺，歷巴里坤以行；而迎及送，並遣大臣侍衛等護視之。用以柔懷遠人，俾勿致失所。

或有以爲優恤太甚者，蓋意出於鄙吝，未習聞國家成憲，毋惑乎其見之隘也。昔我皇祖聖祖仁皇帝時，喀爾喀土、謝圖汗等爲厄魯特所殘破，率全部十萬眾來歸。皇祖矜其窮厄，命尚書阿喇尼等往撫之，發歸化城、張家、獨石口倉儲以賑其乏，且足其食。又敕內大臣費揚古、明珠等，齎白金、茶布以給其用，採買牲畜以資其生。遂皆安居得所，循法度，樂休養，迄今八十餘年，畜牧日以蕃，生殖日以盛，樂樂利利，殷阜十倍於初。其漢王臺吉等，世延爵祿，恪守藩衛，一如內扎薩克之效臣僕，長子孫莫不感戴聖祖德澤，及人之深，得以長享昇平之福也。朕惟體皇祖之心爲心，法皇祖之事爲事。惟茲土爾扈特之來，其窮厄殆無異曩時之喀爾喀。故所以爲之籌劃無弗詳，賙惠無少靳，優而恤之，且計長久。庸詎知謀之勞而費之鉅乎？冀茲土爾扈特之眾亦能如喀爾喀之安居循法、勤畜牧、務生殖，勿替厥志，則其世

〔註5〕《清實錄》爲「甚」。
〔註6〕或爲「貸」。

延爵祿、長享昇平之福，又何以異於今之喀爾喀哉？周是臚舉大凡，勒石熱河及伊犂，俾土爾扈特汗全部眾，咸識朕意，且以詔自今以往，我諸臣董其事者。

餘 論

千斤玉

喀喇沙爾東一百八十里，烏沙克塔拉軍臺路旁，有大玉三塊，約重一千五六百斤。四輪車三輛俱置於此。臺弁云：此玉運自葉爾羌，領隊大臣將以入貢，挽運艱難困苦。嘉慶四年二月，奉上停其運送京師，截留此臺，以土屋封貯。恭紀五律：

> 詔棄于闐玉，埋輪蔓草蕪。來從西旅道，採自罽賓隅。駕鼓勞天馬，投淵郤海珠。何如此頑石，罷役萬民蘇。不刻磨崖字，光明帝德昭。瑞同麟在野，喜見鵲來巢。崑璞歸然古，羌戎遜矣朝。鬼神皆守護，莫任斧斤招。

冰橋

喀喇沙爾城南門外有開都河一道，俗名通天河。其水灌溉民田，環繞數百里，西南流入哈爾哈阿滿山，出峽，逕庫爾勒回城東南流入蒲昌海。冬月，冰凍甚堅，車馬經過，名曰冰橋。夏通舟楫。余渡此橋乃正月二十八日，雨水節也。

> 天造輿梁穩，春冰泮未開。馬騰銀漢上，人駕玉虹來。濡尾狐猶聽，潛波魚尚猜。兩驂忙叱馭，快似碾輕雷。

渾巴什河

阿克蘇城西五十里，源出穆蘇爾達巴汗，乃冰山也。水自北來，西南流折而東南，千餘里入羅卜淖爾，即蒲昌海也。

地坼長虹渚，天開冷玉峰。穆蘇融向日，羅卜暗朝宗。（羅卜淖爾周數千里，潛行地中至星宿海，復出爲黃河源。）一水今如席，三軍昔若龍。鑿冰千萬仞，懸度正嚴冬。（乾隆年用兵時，諸元戎冬月自伊犁南度冰山。）

園中雁

署中花木陂池甲於西域。六月忽來一雁，止而不去。遂召集其四成五友焉。予天末隨陽〔註1〕，鳥呼群韻不孤。稻粱寧素飽，信義總同符。曾軼凌霄鶴，聊親泛水鳧。故應馴野性，得桶也嬉嬉。西度陽關迥，從風翼力微。寒經蒲海瘴（吐魯番東南三百里，即蒲昌海），暖遂玉山暉（葉爾羌西南二百里，山名米勒臺，即玉山）。莫厭銜蘆瘦，行看飼秕肥。氐羌同化日，況是弋人稀。四海心何壯，來賓大食城（此地古稱月氏，大食國）。顧影嘹唳遠，含情陳結秦。雲斷行分蜀，月驚定知兵。氣盡安集少哀鳴。（喜聞川陝剿匪告捷）年華催雪羽，小憩共園林。點落書空字，聲希別調琴。南翔饒旅夢，北鄉識歸心。願起能鳴侶，天衢送好音。見說隨軒舞，依依戀我池。似窺蘇武澤，更係郝經詩。養翮修翎日，眠沙宿露時。帝鄉春色滿，太液許棲遲〔註2〕。

觀河干採玉

西極崑崙產，琳琅貢紫宸。千斤未爲寶，一片杲何珍。㸌矅青雲杪，人喧白水濱。惰蘭齊攫拾，伯克競遊巡。自分澄心滓，還須洗眼塵。琢成和氏璧，良璞免沉淪。

獲大玉誌喜二首

天璞盈鈞重（白玉重三十八斤），移從闐勒東。韞藏山有力，滌宕水居功。未必連城貴，由來任土供。昔年曾抵鵲，爭識氣如虹。

聖主賢惟寶，長城倚四隅。漫誇虞願石，敢詡孟嘗珠。絕域人磨玷，遐

〔註1〕跟著太陽運行。指候鳥依季節而定行止。
〔註2〕遊玩休憩。

方象載瑜。豐年寰海報，多勝玉膏輸。

採玉事竣，望玉山賦二十四韻

　　玉圃東南蛻，撐霄米勒臺。（玉山，回語名米勒臺，即崑崙之東幹。）河源三臺上，（河源自溫都斯坦西北大山中流出，至此五千餘里，勢若建瓴，出峽爲玉，河曲流三千餘里，至闐展東南入羅卜淖爾，即蒲昌海也，潛行地下至星宿海，復出繞積石山，復名黃河。）天柱九區開。（《龍魚河圖》〔註3〕云：崑崙山，天中柱也，此其東麓，凡内地諸山皆從此分脈。）鱗次龍沙坦，（《漢書》曰：龍堆，沙漠也。今考吐魯番、闐展至哈密一帶戈壁，悉在天山之陽。）翼飛鷲嶺嵬。（山勢東行至和闐分爲二，南者通後藏西北之岡底斯，古稱鷲嶺。佛書耆闍堀〔註4〕，又名阿耨達山。）巴顏山似礧，（山自和闐東行迤七十九族番地，名巴顏喀喇達巴罕山，南爲草地，金沙江南幹諸水之源，山北即爲星宿海。）羅卜海如杯。（羅卜淖爾即蒲昌海，水伏地中，一名黝澤，又名鹽池。）酈經猶未諕。閉關元宋小，遣壘漢唐猜。（阿里瑪斯梁噶爾西南十餘里，有穨垣百餘堵，如營房。或云漢，或以爲唐。）

　　聖聽敷光遠，神謨決勝裁。馬懸蔥雲度，人跨斗牛來。（玉山蛇行運崗，折東名蔥嶺，又名雪山，再東至阿克蘇北，名穆蘇爾達巴罕，即冰山也，北通伊犁山，又東名著勒土斯，又東名傅克達巴罕，北通烏魯木齊。又東至哈密。東北名鹽山，截然入地。其南則戈壁瀚海也。沙州嘉峪關外，山復出，地名祁連山，陝、甘一帶諸山皆其分幹，總名天山雲。）四紀銷侵侮，雙星重撫徠。澤臨宜不雨，（回地賴渠水灌，日歲不過微雨數次，多則傷稼。）地豫豈無雷。（葉爾羌古號無雷國，近年春亦發雷，夏有霹靂。）戎俗體輕革，羌心在久培。歲時知有慶，年穀未聞災。厥貢輝千仞，其琛並五材。靈山寧愛寶，頑石也爭魁。犖確披無算，瑕瑜辨幾枚。漫矜懷璞客，愧少勒銘才。牙帳占鳥靜，霜皐獵騎隤。維婁依樹底，煙火入雲隈。百寨安溫飽，千夫聽溯回。不煩刁斗衛，更絕羽書催。籠瀉青珠掛（謂葡萄），盤盛火齊堆（謂石榴）。花瓜方蜜醴（甜瓜、西瓜秋後更佳），冰菓亞瓊瑰。（冰蘋婆經夏雪凍而

〔註3〕書名。漢代緯書之一。作者不詳。原書已佚。《說乳洛》（百二十卷本）、《漢學堂叢書》及《古微書》等均有輯錄。其書記玄女助黃帝制服蚩尤及崑崙天柱、玄洲、祖洲等事，略可供神話研究參考。

〔註4〕耆闍堀山是佛陀說法之地，在王舍城東北面。巴利文 Gijjhakuta 的譯音。

復長，青赤若琉璃，香芬耐久。）仗罷秋容老，詩成午夢回。崑崙人罕到，咫尺問瑤臺。

祭河神

水伯來天上，中原四瀆宗。清搖銀漢影，淺步玉沙蹤。萬里如奔馬，千年矯若龍。星池穿一線，砥柱坼三峰。宕石功猶小，安瀾德最崇。心呑祝靈府順軌佐。